ASTROLOGÍA DE LAS RELACIONES

Richard Idemon

ASTROLOGÍA DE LAS RELACIONES

A la búsqueda de uno mismo
en el reflejo de los demás

Seminarios de Astrología Psicológica

Volumen V

Edición original al cuidado de Howard Sasportas

EDICIONES URANO
Argentina - Chile - Colombia - España
México - Venezuela

Título original: *Through the Looking Glass*
Editor original: Samuel Weiser, Inc., York Beach (Maine)
Traducción: Equipo editorial
Revisión técnica: Montserrat Torné

© 1992 The Richard Idemon Literary Trust
© 1996 EDICIONES URANO, S.A.
   Enric Granados, 113, pral. 1.ª - 08008 Barcelona

ISBN: 84-7953-143-6
Depósito legal: B. 30.755-96

Fotocomposición: Autoedició FD, S.L. - Muntaner, 217 - 08036 Barcelona
Impreso por I. G. Puresa, S.A. - Girona, 139 - 08203 Sabadell (Barcelona)

Printed in Spain

Deseo agradecer a Lynn Kaufmann y Steve Pincus la ayuda que me brindaron durante este seminario, y hacer extensivo un especial reconocimiento a Gina Ceaglio, que lo coordinó y fue una bendición indiscutible. Y quiero dar las gracias a todos los que participaron en él, sin cuya presencia este libro no habría sido posible.

Índice

Tercera parte: Aplicaciones prácticas de la sinastría

Prefacio

La prematura muerte de Richard Idemon el 22 de febrero de 1987, poco después de haber cumplido los 49 años, dejó un importante vacío en la comunidad astrológica, y es muy de agradecer que su personalísimo aporte se conserve en esta obra y en otras. La penetración psicológica y la intuición de Richard aportan profundidad y amplitud a nuestra comprensión de la condición humana, y su manera de integrar la psicología junguiana y la mitología con la astrología da testimonio de su capacidad de correlacionar otras disciplinas con el lenguaje simbólico de la astrología. De intelecto tan brillante como cultivado, dominaba muchos campos: erudito en literatura, aficionado a la historia, actor, gastrónomo, viajero a través del mundo, *bon vivant* y gran conocedor de la vida, todo ello contribuyó a perfilar su estilo carismático como maestro y narrador de cuentos y anécdotas, y a aumentar su objetividad como psicoterapeuta.

Los centenares de estudiantes a quienes Richard enseñó en su Escuela de Estudios Astro-Psicológicos de San Francisco, y las innumerables personas que asistieron a las conferencias que impartió durante años en Estados Unidos, Europa, Sudamérica y África, le pedían continuamente que pusiera por escrito y publicara en forma de libro sus observaciones y su sabiduría. Poco antes de caer enfermo, se comprometió consigo mismo a satisfacer esas peticiones, y estaba recopilando los datos y materiales necesarios para hacerlo. Sin embargo, durante su larga enfermedad comprendió que no se curaría y que no le quedaría tiempo para escribir personalmente el libro, de modo que fundó The Richard Idemon Literary Trust, al que confió la responsabilidad de publicar su obra.

Nosotros, los tres albaceas a quienes Richard designó para que cumpliéramos su promesa, lo conocíamos y lo amábamos: Michael McCloskey, el abogado de su confianza y durante muchos años su devoto discípulo; Jeff Jawer, además de astrólogo, un amigo y aliado leal y sensible, y Gina Ceaglio, su atenta amiga y confidente, que con su cariñoso cuidado procuró aliviarle el dolor durante sus últimos meses de vida.

THE RICHARD IDEMON LITERARY TRUST

Prólogo

Richard Idemon me invitó a que colaborásemos en un seminario de astrología en 1982, cuando me habló por primera vez de su sueño de enseñar astrología en el marco de un «retiro» definido por la belleza, la tranquilidad y el interés histórico. Aunque yo había asistido a varias conferencias suyas en Estados Unidos y en Europa, y me había sentido siempre inspirada y encantada por su excepcional capacidad para hacer del simbolismo astrológico algo que cobraba vida no sólo en el intelecto sino también en la imaginación de su auditorio, hasta entonces no había trabajado nunca con él. Richard quería organizar conmigo un programa de seminarios anuales bajo los auspicios de su Escuela de Estudios Astro-Psicológicos, cada año en una sede diferente, pero igualmente interesante; en aquel momento estudiamos y discutimos con entusiasmo los diversos lugares del mundo que podrían brindarnos la clase de ambiente que él buscaba. Ambos coincidíamos en que la participación debía ser limitada, no sólo para salvaguardar una atmósfera más cercana a la de un grupo que a la de una gran sala de conferencias, sino también para estimular las preguntas y el clima de debate. El primer producto concreto de nuestra naciente asociación fue un seminario de una semana de duración que dimos en 1983 en Orvieto, una pequeña ciudad medieval que se alza sobre una colina en el centro de Italia. El título del seminario era «El viaje del héroe», y todo el inmenso esplendor mítico de los planetas y los signos cobró vida una vez más contra el telón de fondo de La Badia, un monasterio del siglo XII transformado en un hotel de lujo que desde su altura domina las antiguas torres de la ciudad y las tumbas etruscas, allá abajo. El placer y el estímulo de trabajar con Richard fueron tales que no tuve el menor reparo en comprometerme no sólo para el siguiente proyecto, sino también para el otro.

Como yo vivía en Europa y Richard en Estados Unidos, nos pareció lógico alternar continentes. Para nuestro primer encuentro en América, él escogió el Sugarbush Inn, un hermoso hotel en las Green Mountains de Vermont, con todo el encanto intemporal de un viejo hostal de Nueva Inglaterra. Esa conferencia, titulada «A través del espejo», cuyo tema central era el complejo drama de las relaciones humanas, fue el resultado de un año de cuidadosa planificación. Como el número de participantes en aquel seminario, que se dio en agosto de 1985, fue mucho más reducido de lo habitual, pudimos trabajar en un ambiente de grupo relativamente íntimo e informal. Richard estaba en su mejor momento: una fusión mágica de ingenio, entusiasmo y sinceridad, el carisma personal del actor consumado que en su momento había sido y la profundidad intuitiva del profesional de la psicoterapia que era; todo eso junto producía su especial y poderosa forma de enseñar.

Cuando tuvimos organizada nuestra tercera conferencia, titulada «El hilo mágico», que se celebró en 1986 en las montañas Blue Ridge, de Virginia, Richard estaba ya fatalmente enfermo, aunque muy pocos lo sabían, y la impresión que dio fue que su energía y su exposición estaban animadas por el apasionamiento y el dinamismo de siempre. Pero aquel sería el último de esos excepcionales seminarios que encarnaban su ideal de cómo se debe enseñar astrología, con técnicas y en lugares capaces de hablar tanto al alma como a la mente, y de proporcionar no sólo estímulo intelectual, sino también alimento para la vista y la imaginación. En 1987 Richard murió, y nos dejó como herencia su escuela y un rico legado de grabaciones de conferencias, seminarios y talleres, pero ningún libro publicado. Él me comentó una vez que siempre había querido escribir un libro, pero que no sabía por qué jamás se había sentado a hacerlo..., una tragedia mayor para el mundo de la astrología que para él mismo, ya que estaba siempre ocupado generando ideas nuevas mediante sus enseñanzas y, como cualquier actor verdaderamente consagrado a su arte, Richard recibía su recompensa: la respuesta, inmediata e inevitablemente positiva, y la participación de su público.

Este libro es una transcripción de las conferencias que pronunció Richard durante el seminario que dimos juntos en Vermont. Howard Sasportas ha demostrado una estupenda afinidad con él en su trabajo de revisión del material para editarlo, y tanto la ironía y el humor de Richard como su profunda comprensión del mito y la metáfora se dejan ver sin que el lector tenga la menor sensación de que en su estilo personal haya habido ninguna interferencia ajena. Su muerte es una triste pérdida no sólo para quienes lo conocíamos bien, sino también para la astrología en general, porque él fue uno de los astrólogos más originales, dotados y capaces de llegar al núcleo de las cosas que yo haya conocido. Además, era muy divertido escucharlo, porque tenía el extraño don de ser capaz de reírse no sólo de la vida, sino también de sí mismo. En cuanto a mí, estoy sinceramente agradecida de que por fin su trabajo haya podido ver la luz pública.

LIZ GREENE
Londres, diciembre de 1991

Nota del encargado de la edición

Aunque tuve la oportunidad de hablar con Richard en varias ocasiones, durante sus diversas visitas a Londres, y disfruté siempre de nuestros encuentros, nunca pude asistir a sus clases ni a sus talleres. Tras haber terminado la revisión de estas transcripciones, me doy cuenta de todo lo que me he perdido al no haber estudiado nunca con él. Era un astrólogo brillante, de mentalidad notablemente original. Puedo decir con sinceridad que mientras trabajaba con este material tuve muchos momentos de comprensión interior de mí mismo y de la astrología en general; y quiero asegurar al lector que me mantuve tan fiel como me fue posible al lenguaje de Richard y a su tan entretenido estilo didáctico. Me produce una auténtica satisfacción saber que este libro permitirá que un público más amplio tenga la oportunidad de beneficiarse de los conocimientos, la experiencia y la pericia de Richard, y me satisface más todavía saber que, de esta manera, él seguirá vivo en nuestro recuerdo.

HOWARD SASPORTAS
Londres, 27 de octubre de 1991

Introducción

Me complace mucho ver que tenemos aquí a personas provenientes de veintiocho estados norteamericanos, de doce países y de los cinco continentes, y espero llegar a conocer personalmente a tantos de vosotros como me sea posible durante la semana. En otro seminario que dirigí en Italia usé una analogía o metáfora que me pareció adecuada para la ocasión. Acababa de hacer un poco de turismo por el país, y cualquiera de vosotros que haya viajado por allí sabrá probablemente que a muchas de las iglesias las mantienen a oscuras, de manera que cuando uno las visita tiene que poner una moneda de cien liras en una maquinita y hacer girar la manivela para iluminar los frescos y cualquier otra obra de arte interesante que pueda haber. La analogía que establecí entonces fue que ese procedimiento no tenía nada que ver con aprender en una situación como ésta en que nos encontramos ahora. Aquí no se trata de meter una moneda en una máquina para alcanzar la iluminación. Os aseguro que dentro de cinco días os iréis de aquí sin haber obtenido respuesta para todas vuestras preguntas. Lo único que me animo a esperar es que vuestras preguntas se hayan vuelto más refinadas. A decir verdad, algunas de vuestras preguntas tendrán respuesta, pero muchísimo de lo que os va a suceder aquí depende de vosotros y de lo que aportéis.

Vamos a tratar un tema denso, el de las relaciones, que me hacen pensar en un castillo sitiado: todos los que están dentro quieren salir, y todos los que están fuera quieren entrar. ¡Sólo vosotros sabéis dónde os encontráis! Mucha gente cree que estamos pasando por una época importante de cambio y transición social, y que eso somete nuestras relaciones a una fuerte tensión. Hace veinte años que soy astrólogo, y durante todo ese tiempo mis clientes, mis alumnos y mis colegas me han preguntado: «¿Qué es lo que pasa ahí fuera? Toda la gente que conozco está continuamente cambiando, y las relaciones de todos pasan por grandes pruebas y cambios. ¿Qué clase de tránsitos están causando todo eso?». Pues, amigos míos, supongo que en el siglo XII la gente se hacía esas mismas preguntas. La cuestión que creo que hemos de plantearnos es si en la actualidad nuestras relaciones están pasando por más dificultades que nunca, o si simplemente nos parece que es así. Y mi respuesta a esta cuestión es un sí rotundo, y un no rotundo. Creo que las relaciones siempre han sido difíciles, y que en algunos sentidos no lo son más ahora de lo que puedan haberlo sido en cualquier momento de la historia. Tampoco pienso que la razón de nuestros actuales problemas de relación se pueda atribuir solamente al hecho de que Plutón acaba de transitar por Libra y por Escorpio, aunque estoy seguro de que tanto Plutón como los demás planetas exteriores algo tienen que ver en el asunto. Pero, una vez dicho esto, también creo que estamos atravesando una época de cambios tremendos. Al parecer, nos encontramos en una línea divisoria o en una encrucijada, en la antesala de una nueva era (detesto la palabra «era»), de una nueva manera de ser, y esto se refleja en los enormes trastornos y cambios que están teniendo lugar en las estructuras sociales del mundo entero, tanto en Oriente como en Occidente. Lo vemos en la política, en la Iglesia y la religión establecida, en los medios de comunicación y los espectáculos, y en los cambios sin precedentes por los que ha pasado la vida familiar en Occidente. Los últimos cincuenta años han sido testigos de un tremendo cambio en lo que llamamos familia, y este es un tema del que hablaremos mucho esta semana.

Entonces, pienso que las relaciones han constituido siempre un reto, pero también creo que realmente en este preciso momento estamos pasando por un período de crisis excepcional. La señalización que nos sirvió de guía durante tantos años ha desaparecido o, en el mejor de los casos, las señales ya no están en el mismo lugar de antes, como resultado de lo cual la gente está muy confusa. Estoy seguro de que en la sala no hay nadie que no haya venido a esta conferencia con preguntas importantes sobre las relaciones. Y espero que os deis cuenta de que no hablaremos solamente de relaciones amorosas o sexuales, aunque les dedicaremos bastante tiempo. Pero recordad, por favor, que hay otras relaciones importantes en las que también debemos pensar: las que tenemos con nuestros padres, con nuestros hijos, con nuestros hermanos, con nuestros jefes y compañeros de trabajo, y con nuestros amigos. Si sois terapeutas, consejeros o astrólogos en ejercicio, deberéis considerar también las relaciones que tenéis con vuestros clientes. Todas ellas son importantes. Y también está nuestra relación con el colectivo, con el mundo donde vivimos. Y lo más fundamental, la base de todo desde mi punto de vista, es la relación que tenemos con nosotros mismos, porque sólo podemos aportar a nuestras relaciones aquello que somos.

Estoy entusiasmado con esta conferencia, *muy* entusiasmado. Las relaciones, la sinastría y las cuestiones referentes a la sexualidad son parcelas de mi trabajo astrológico que me parecen sumamente atractivas e interesantes. Y en esta sala están sucediendo muchas cosas, hay en circulación una cantidad de energía realmente increíble. Estoy seguro de que va a ser un seminario muy intenso, y no quiero fatigarme. Quizás esto suene muy paternal, pero os recomiendo afectuosamente que os cuidéis esta semana. Descansad bastante, porque será una semana muy larga y en ella sucederán muchas cosas. Estad preparados para sorpresas y hallazgos inesperados, para que pasen cosas que no os imaginabais. Incluso es probable que algunos os encontréis con que vinisteis aquí en busca de una cosa y termináis yéndoos con algo enteramente diferente.

Y os animo a todos a que, si es vuestro deseo, os mezcléis y tratéis entre vosotros para así compartir vuestros intereses y vuestros campos de estudio y de trabajo. Si realmente lo queréis, hasta podéis formar un grupo de tejedores de Virgo o un equipo de arqueros de Sagitario.

Oyente: ¿Y un grupo de boxeadores de Aries?

Richard: Sí, y uno de comilones de Tauro.

Oyente: Yo quiero fundar el Club de Jugadores de Monopoly de Capricornio.

Richard: Bueno, ¿continuamos hasta terminar con todos los signos o puedo seguir con la introducción de esta noche? Ya se puede ver que este seminario va a ser divertido. Varios de vosotros me habéis pedido que hable con más detalle del programa, para daros una idea de los puntos específicos que iremos cubriendo, y en qué momento lo haremos. En realidad no puedo decíroslo, porque no lo sé. Bueno, lo sé pero no lo diré. El hecho es que no puedo decirlo porque no he venido con una comida preparada; no es así como trabajo. Pero os prometo que obtendréis todo lo que tengo para dar. No puedo decir exactamente en qué orden irá saliendo, pero sí que mañana empezaré con la relación entre padres e hijos, porque, a mi entender, ese es el punto donde se inician

todas las relaciones. Mi plan, además, es daros tiempo durante la semana para que vayáis formando grupos de trabajo menores para ir procesando el material de las conferencias de una manera más personal.

Vosotros me conocéis y sabéis que soy un narrador. Me encantan los
cuentos, y esta noche, antes de que terminemos, tengo que meter alguno
aunque sea a presión. La mayoría de vosotros conocéis el cuento *El
mago de Oz*,[1] que yo considero un clásico y que probablemente sea el
cuento de hadas estadounidense más famoso y más arquetípico. También es un cuento sobre la senda que conduce a la conciencia. En él tenemos a una niña que se ha perdido, no sabe volver a casa y finalmente
va a parar a un lugar mágico. Por el camino se encuentra con un espantapájaros que anda en busca de un cerebro, un hombre de lata que busca
un corazón y un león cobarde que va en busca de valor. Para mí, esta es
una hermosa metáfora astrológica y psicodinámica, porque lo que en
realidad se nos cuenta es un viaje de la Luna ansiosa por regresar a su
hogar. La Luna es Dorothy, la niña que ha perdido su casa y a su familia
y quiere volver a encontrarlas. Después tenemos al espantapájaros, Mercurio, en busca de su mente; a Venus, el hombre de lata que anhela un
corazón, y al león cobarde, que, desde luego, anda en busca de su Marte.
La Luna, Mercurio, Venus y Marte van por el Camino de Ladrillo Ama-
rillo, en busca de ese mago, ese brujo omnipotente que va a arreglarlo
todo. Si recordáis el cuento o la película, sabéis ya que por el camino
tienen múltiples aventuras, todas muy específicas y muy importantes. Y
cuando llegan a la Ciudad de Esmeralda, ¿con qué se encuentran? ¿Qué
clase de mago es ese hechicero? Es un charlatán que no tiene nada de
mago. Está detrás de una pantalla, haciendo que unas ruedas chirriantes
proyecten sobre ella imágenes y espejismos. Naturalmente, Dorothy y
sus tres compañeros de viaje sufren una gran desilusión. Se sienten esta-
fados: el mago de quien creían que recibirían todas las respuestas no
tiene ninguna, y se quedan muy desanimados y hundidos al descubrirlo.

Como quizá recordéis, el mago los envía a destruir a la bruja malvada. Podríamos decir que, esencialmente, nuestros personajes van a la
búsqueda de un héroe, que el cuento *El mago de Oz* es un auténtico viaje
del héroe. Durante todo el camino les pasan cosas extrañas y maravillosas. Y cuando vuelven al palacio del mago, una vez realizada su tarea,

1. Frank Baum, *The Wizard of Oz,* Putnam, Nueva York, 1956. [Hay muchas ediciones en castellano, catalán y gallego: *El mago de Oz* (Alianza, Anaya, Alfaguara, Gra-
falco...), *O mago de Oz* (Xerais Galicia), *El màgic d'Oz* (Barcanova, Galera.)]

descubren que es el viaje lo que les ha dado lo que querían y necesitaban, y no el mago. Quiero señalar que lo mismo vale también para la astrología y la psicoterapia. Aquí en el podio no hay ningún mago. Aquí arriba no está sentado ningún hechicero que tenga todas las respuestas, ningún brujo que lo tenga todo atado y bien atado. Lo que os dará lo que andáis buscando es vuestro viaje. Lo que os conducirá a una mayor comprensión, y a vuestra transformación personal, será lo que viváis y experimentéis por el camino. El mayor entendimiento y la transformación más grande no os llegarán mágicamente porque yo os dé las respuestas correctas, aunque puedo aseguraros que sin duda alguna os moveré a haceros una gran cantidad de buenas preguntas. También veo que aquí están representadas unas cuantas escuelas de astrología diferentes, además de diversas escuelas de psicoterapia. Yo no voy a presentarme como el que tiene el único enfoque correcto y verdadero. Puedo ser bastante categórico y fuerte en mi manera de expresar lo que siento, pero no estoy diciendo que mi respuesta sea correcta y la vuestra, errónea. Tomad de mí sólo lo que os parezca útil y adecuado. No predico ningún dogma.

La Luna está llena y veo que esta va a ser una semana muy movida. Además, ahora mismo Mercurio está retrógrado. Todos debéis de estar pensando por qué pudo ocurrírseme dar un seminario con Mercurio retrógrado; pero yo creo que el período en que este planeta está retrógrado es excelente para dirigir la mente hacia dentro y hacia atrás... y eso es en gran parte lo que haremos esta semana. Entonces, os pido disculpas por cualquier enlace de aviones que podáis haber perdido como resultado de ese Mercurio retrógrado, pero ya veréis que habrá valido la pena por la calidad de este seminario.

PRIMERA PARTE

Los elementos básicos de las relaciones

La mitología personal, el trasfondo básico
y los contratos secretos

Hoy, mi tema principal es la relación entre los padres y los hijos, pero quiero empezar estudiando algunas ideas y conceptos que son válidos para todas las relaciones en general. Primero me gustaría describiros una parte muy importante de lo que pienso sobre la astrología; es lo que yo llamo «la teoría einsteiniana de la astrología», basada en la visión de la realidad que tenía Einstein. Antes de él, los científicos veían el mundo a través del cristal de la física de Newton, y el mundo newtoniano era esencialmente un lugar donde todo era lineal y estaba firmemente establecido. Se cuenta que Newton tuvo un súbito relámpago de inspiración cuando vio caer una manzana de un árbol. Se dio cuenta de que lo que atraía la manzana hacia la tierra era la fuerza de la gravedad, y a partir de ahí fue formulando un conjunto de leyes del movimiento, muy exactas y precisas, que valen para todos los cuerpos afectados por la gravedad. Tal como Newton lo veía, el universo era un vasto sistema mecánico que funcionaba de acuerdo con determinadas fórmulas matemáticas. Es decir, que el mundo de Newton era muy fijo; se regía por ideas y expectativas fijas, y respondía a leyes absolutas capaces de explicar todo lo que sucedía en el mundo físico. En muchos sentidos, la astrología tradicional es newtoniana, en cuanto los astrólogos tradicionales creen que una carta describe ciertos acontecimientos que van a suceder (o por lo menos que probablemente sucederán) según el lugar donde estén emplazados en ella los diversos planetas y signos. Ahora bien, yo prefiero considerar la astrología en el marco de la perspectiva einsteiniana de la realidad, que nos dice que lo que observamos depende más bien de la posición del observador que de reglas y leyes matemáticas fijas. Entonces, cabe preguntarse cuál es la posición del observador cuando estudia una carta astral. De paso, al plantear la pregunta pienso en dos tipos de observadores. Uno de ellos eres tú, el astrólogo, porque todo astrólogo interpretará una carta desde el punto de vista de sus propios complejos y de sus vivencias subjetivas (lo que yo llamo «colecciones de mitos»). El otro observador es la persona de cuya carta te ocupas, porque cada individuo interpreta la mitología de su propia carta a su manera. Los consejeros astrológicos, por consiguiente, tenemos la espinosa tarea de averiguar de qué manera interpreta una persona el material mítico que le ofrece su carta. Intentaré explicarlo con más claridad.

Para ello debo empezar por explicaros a qué me refiero al usar la palabra «mito». Algunas personas creen que un mito es una fábula, una fantasía o un relato ficticio, pero os aseguro que no es nada de eso. Un mito es la forma en que un individuo o un grupo explica algo que observa en su universo como un fenómeno natural, y así lo convierte en una metáfora. Los mitos que recordamos y empleamos, y que aún hoy son tan poderosos para nosotros, siguen acompañándonos porque, independientemente del momento o del lugar, describen facetas universales de la naturaleza humana. Los mitos que nos hablan de Edipo, Electra, Perseo o Medea, por ejemplo, están tan vivos y son tan familiares hoy para nosotros como lo fueron para los griegos. Los mitos son algo que está vivo, y bien vivo, y lo mismo se puede decir de la carta astral, que es un mito viviente, un proceso vivo. La tarea del astrólogo o del consejero astrológico es poner de manifiesto el contenido mítico de la carta.

La realidad está en la mirada de quien la contempla, y esto sin duda es válido también para las relaciones, porque nuestras relaciones se derivan básicamente de la imagen que tenemos de nosotros mismos y de la que tenemos del mundo que nos rodea. ¿Cómo nos vemos? ¿Qué imagen tenemos de las personas que nos rodean? ¿Cuáles son nuestras expectativas? Creo que las respuestas a estas preguntas forman el trasfondo básico de nuestro ser, un concepto éste fundamental para mi trabajo, y que iré profundizando con vosotros a medida que el seminario avance. Permitidme que os dé un ejemplo de lo que quiero decir con la idea de que la realidad está en la mirada de quien la contempla. Por ejemplo, si Juana de Arco estuviera hoy aquí y anunciara que san Miguel y santa Catalina le han dicho que se vista de hombre y encabece el ejército francés para expulsar a los ingleses de Francia, es muy probable que le hicieran un diagnóstico de adolescente esquizofrénica y la ingresaran sin pérdida de tiempo en el hospital más cercano, donde la drogarían hasta las orejas. Y la mayor parte del territorio francés se llamaría Inglaterra. Entonces, ¿cuál es la verdad? Muchas personas creen que lo que es cierto y real para ellas, y lo que la mayoría acepta como tal, es efectivamente la verdad. Yo llamo a esto «el sistema saturnino de la verdad», y no creo que esta manera de definir la realidad sea muy útil para el astrólogo de orientación psicológica. Quizá necesitaríamos ver todo esto de una manera ligeramente diferente. Lo ilustraré con una anécdota. Digamos que vas por la calle y por la acera opuesta ves venir muy presurosa a una amiga de quien hace algún tiempo que no sabes nada. Seguro de que te ha visto, la saludas agitando el brazo y con un sonoro «¡Hola!», pero en ese preciso instante ella se tapa la cara con una mano y empieza a andar más de prisa. La cuestión, ahora, es qué ha pasado; en realidad, no tanto qué ha pasado, sino cómo lo interpretas tú. Y la forma en que te explicas lo sucedido depende muchísimo de la mitología, tanto referente a ti como a las relaciones en general, con que te pasees por el mundo. Quizá pienses: «Bueno, ahí va Sue, con un fuerte dolor de muelas, corriendo al dentista», o te digas a ti mismo: «Pero hay que ver el desprecio que me ha hecho esa estúpida. En la vida le volveré a hablar. Seguro que se hace la que no me ve porque está ofendida por no haberla invitado a la cena que di hace seis meses. Pues, ¡se acabó mi relación con ella!». O tal vez encuentres esta otra explicación: «Ajá, ¡seguro que tiene una cita furtiva con su amante! Estoy impaciente por llamarla para meterme con ella».

¿Veis lo que quiero decir? Hay innumerables maneras de explicar una situación determinada. Y lo mismo es válido en astrología: hay innumerables maneras de interpretar cualquier emplazamiento de una carta. A Saturno en Leo en la casa cinco, por ejemplo, se lo podría interpretar de tantas maneras como minutos hay en el día. Yo podría sentarme aquí con vosotros e iros enumerando por lo menos cincuenta modos diferentes de interpretar ese emplazamiento. Y sin embargo, desde el punto de vista de la astrología pura, no hay manera de saber lo que Saturno en Leo en la casa cinco indica, en un sentido mitológico, a la persona que tiene este emplazamiento en su carta. Lo que me interesa destacar es que cada persona va por el mundo con su propio sistema de mitos, y que la realidad de cada cual se fundamenta y se basa en su sistema mítico. Pero no creo que se pueda decir cuál es el sistema mítico de una persona sólo examinando su carta. La carta es la puerta que nos da acceso al sistema mítico de alguien, pero por sí sola no nos dice lo que necesitamos saber para definir el sistema mítico de esa persona. La carta es un poco como el hilo de Ariadna; nos permite acceder al corazón de un laberinto y salir de él, pero en realidad no es el hilo. El verdadero hilo es el proceso de consulta que conduce al astrólogo hasta el mito viviente simbolizado y creado por la carta de esa persona. En otras palabras, al hablar y dialogar con los clientes, vamos descubriendo cómo interpretan los mitos de su carta y de su vida.

Más adelante volveré a este tema, pero ahora quiero plantear otra pregunta: ¿de dónde provienen nuestros mitos? Se puede dividir los mitos en tres categorías básicas. Primero están los *mitos colectivos,* que son los que se refieren al nacimiento y a la muerte, al amor y al matrimonio, al dolor y a la pérdida. Nuestros grandes mitos y nuestros grandes dramas se basan en experiencias humanas muy básicas y universales, compartidas por todos los que vivimos o han vivido. Los grandes mitos de todas las culturas tienen temas similares; las melodías pueden ser ligeramente diferentes, pero los temas son los mismos. Por eso la primera categoría de mitos la constituyen los mitos colectivos, y todos somos sensibles a ellos, de una manera u otra. La segunda categoría la constituyen los *mitos sociales.* Todos vivimos en una época y un lugar determinados, dentro de una sociedad en particular, y hay mitos que se derivan de la sociedad en que vivimos y de aquella en que nos hemos criado. Jung dijo una vez una cosa interesante (la verdad es que dijo más de una cosa interesante, pero esta es la que nos interesa en este momento): que las personas que no han pasado por el proceso de individuación, las que todavía andan proyectando sin reparos su material psíquico por todas partes, tienden a sentir que los demás son como ellas, o que deberían serlo. Tened esto presente, porque es un factor clave que habrá que considerar cuando empecemos a analizar el amplio dominio de las relaciones, específicamente en lo que se refiere a la relación entre padres e hijos. Dicho de otra manera: lo que una persona cree que es normal y habitual es lo que es normal y habitual *para esa persona.* Yo no creo que exista nada a lo que se pueda llamar normal. ¿Qué es lo normal? A una psicoanalista junguiana vienesa le hicieron esta pregunta mientras daba una conferencia. Ella insistió en que no había nada que fuera lo normal, pero el público siguió pidiéndole que les diera su definición del concepto, hasta que finalmente ella les dijo: «Os diré cómo defino lo normal... Si yo lo hago, es normal; si no lo hago, es anormal». ¡Tema archivado!

En cualquier caso, todos vivimos en una sociedad determinada, y nuestra sociedad tiene lo que llamamos «costumbres», que vienen a ser nuestros mitos sociales. Cada persona debe encontrar una manera de convivir con los mitos universales, colectivos (los que se refieren al nacimiento, la muerte, el amor, la soledad, el espíritu de grupo, etcétera), y también un modo de hacer las paces con los mitos de la sociedad en que vive, o por lo menos de adaptarse a ellos. Y cuando, en nuestra condición de astrólogos, hacemos la carta de una persona, es necesario que sepamos algo de sus mitos sociales. ¿Conocéis la historia de unos estudiantes de Harvard que mandaron los datos de nacimiento de una cabra a uno de esos servicios astrológicos que hacen la interpretación de las cartas con un programa de ordenador? No aclararon que se trataba de los datos de nacimiento de una cabra, y los empleados del servicio astrológico pensaron que estaban haciendo la carta de un hombre. Los estudiantes recibieron en su momento una interpretación muy completa, algo así como: «Esta persona tiene una gran capacidad para la dirección de empresas, se graduará en la universidad, conseguirá un buen trabajo y tendrá muchas relaciones». Tal vez esto último al menos fuera cierto. El hecho es que es esencial conocer el entorno social de la persona cuya carta estéis haciendo. ¿Es alguien que vive en el siglo XX en Estados Unidos? ¿Es un negro que vive en Sudáfrica? ¿Es una persona que nació en el seno de una familia católica muy devota? Todo esto forma parte de los diferentes mitos sociales. Para entender realmente la carta astral de alguien, tenemos que saber algo de sus mitos sociales.

Por último, están los *mitos familiares*, de los que hablaré extensamente en conferencias posteriores. Cada familia tiene su propio sistema mítico, representa su propio drama. La psicología profunda abarca la indagación en los mitos psicológicos que hemos heredado de nuestra familia. Delimitar con precisión cuáles son nuestros mitos familiares no hace que las cosas cambien automáticamente para nosotros, pero sí pone esos mitos bajo la luz de la conciencia, donde podemos verlos y examinarlos. Estos tres tipos de mitos –los colectivos, los sociales y los familiares– se combinan para estructurar nuestros *mitos personales*. Cada individuo tiene unos mitos personales que se derivan de su interacción con los mitos colectivos, los mitos de la sociedad a la que pertenece y sus mitos familiares. Sobre el sistema simbólico que constituye la carta astral de cada cual, se levanta la capa superpuesta de la mitología personal. Es posible tener una idea de los mitos que configuran la vida de una persona estudiando su carta, pero también dialogando con ella. «Diálogo» es una palabra maravillosa que se deriva del griego *dialogos,* una combinación de dos palabras: *logos,* que significa «mente, razón y estructura», y *dia,* que significa «a través». La astrología también es un *logos,* o por lo menos debería serlo; sin embargo, tal como a menudo se la practica, tiende a ser una astromancia, un arte adivinatoria, más bien que un arte del *logos.* El diálogo entre el consejero y el cliente puede darnos una visión más clara de la forma en que esa persona interpreta los mitos de su carta y de su vida en general.

Permitidme que os dé un ejemplo. Tomemos el caso de una mujer nacida con el Sol en conjunción con Marte y Júpiter en Aries en la casa uno. Por naturaleza debería ser una persona muy autoafirmativa, dinámica, competitiva, del tipo *yang.* Pero yo os pregunto cómo encaja esto en el entorno social en que nació. La situación es una si proviene de una familia acomodada de la ciudad de Nueva York, o de California, o de casi cualquier parte de Estados Unidos o de Europa occidental. Pero las cosas son completamente diferentes si vive en una comunidad campesina de China, o en una tribu de la selva amazónica. Ya veis hasta qué punto puede ser diferente su experiencia, según la naturaleza de la cultura en la que vive. Aunque últimamente se haya producido una serie de transformaciones y cambios en la conciencia de las mujeres, sigue siendo difícil para una mujer muy *yang* y autoafirmativa vivir siendo totalmente fiel a su propia naturaleza, y la razón de ello está en las expectativas sociales vigentes respecto de cómo debe comportarse una mujer. Es el mismo problema que tiene un hombre con gran predominio de agua, muy lunar, con fuertes características de Piscis o que tenga a Neptuno muy destacado en su carta. Alguien así es místico por naturaleza, tiene una tremenda sensibilidad y más bien quiere escribir poesía y soñar que salir al mundo a competir. Muy pronto empezarán a llegarle mensajes de su familia o de la sociedad, señalándole que hay algo que marcha muy mal en él. A mi modo de ver, este tipo de dilema entre nuestra verdadera naturaleza interior y lo que trata de imponernos la familia o la sociedad es lo que da origen a muchos de nuestros problemas y complejos personales. Todo esto lo iremos viendo en profundidad a lo largo de la conferencia.

Lo que os pido que exploréis esta semana es la forma en que habéis interpretado los mitos de vuestra carta astral. Y cuando comencéis a usar a otras personas como espejos, os sorprenderá la forma en que empezaréis a veros, y a ver vuestra vida, de manera diferente. Hace poco vino a visitarme mi hermano, y como nos pasa siempre que nos reunimos, terminamos hablando de nuestra madre. Al oírnos hablar, pensaríais que no compartimos la misma madre, o que en ella hay dos personas completamente diferentes. Tras haber escuchado su descripción de ella, le dije: «No sé de quién estás hablando, porque conmigo mamá se comporta de una manera totalmente diferente». De modo que aquí hay otro mito que me parece que vamos a tener que romper: el de que todos los padres tratan a todos sus hijos de la misma manera. ¿Habéis escuchado a un padre, o a una madre, decir que ama igual a todos sus hijos? Pues no es verdad, por lo menos en la mayoría de los casos. A este tipo de generalizaciones yo las llamo «afirmaciones marco», y son la clase de afirmaciones que a todos nos gusta hacer. Otra afirmación marco es que todos los padres aman siempre a sus hijos. Tampoco es cierto. Otra es que todos los hijos aman a sus padres. Una vez más, no es verdad.

Permitidme que os haga una pregunta: ¿cuál pensáis que es la necesidad más básica y fundamental en una relación? La gran mayoría de la gente responde diciendo cosas como: el amor, la seguridad, el afecto, el compañerismo, la intimidad o la confianza, pero yo no estoy de acuerdo con ninguna de estas respuestas. *Yo creo que la necesidad fundamental en las relaciones es la revalidación de nuestros mitos básicos.* Y creo que, más que ninguna otra cosa, es eso lo que buscamos en una relación. ¿No es interesante? Esto explica por qué tendemos a establecer ciertas pautas en nuestras relaciones. ¿Os habéis fijado alguna vez en vuestras pautas? Y no me refiero solamente a las relaciones amorosas, íntimas o eróticas, sino también a los amigos que escogéis, a los compañeros de trabajo, jefes y colaboradores que atraéis, a las personas al lado de las cuales quizá cenéis esta noche, o a cualquiera con quien establezcáis contacto durante esta conferencia. Todos queremos mantener y resguardar nuestro trasfondo básico, todos queremos estar continuamente recreando, mediante nuestra interacción con los demás, nuestros mitos, sobre nosotros mismos y sobre la vida en general.

Ilustraré lo que quiero decir con una pequeña lección de historia natural. Estoy seguro de que sabéis que todos los animales tienen territorios. Por supuesto, el territorio varía de una especie a otra, pero os daré como ejemplo específico el de nuestra simpática liebre norteamericana. Esta liebre tiene su territorio, y sólo vive en ese territorio. Ahora, imaginaos que un depredador, un coyote, por ejemplo, persigue a nuestra liebre hasta los límites de su territorio. La liebre volverá atrás para terminar cayendo en las garras mismas del coyote, aunque sepa que éste se la va a comer, con tal de no ir más allá de lo que ella conoce como su territorio. Astrológicamente, yo relaciono esto con el arquetipo de Tauro. Cuando hablo arquetípicamente de un signo, no quiero decir que todas las personas de ese signo sean así. En este caso me refiero a que la seguridad es la esencia del arquetipo de Tauro; seguridad en el nivel material, y protección, comodidad y un afecto que nos nutra emocionalmente son todas necesidades primitivas que yo asocio con el signo de Tauro. Estas necesidades son básicas para todos nosotros, o más exactamente, para la parte de Tauro que todos tenemos. Tauro es el signo que yo asociaría con el Edén, con el refugio seguro donde reina la abundancia. Ahora bien, quizá penséis que el Edén es un lugar maravilloso para estar, y que no querríais abandonarlo jamás, pero las cosas no son siempre así, porque mucha gente vive en edenes muy perniciosos de los que necesitan liberarse. El opuesto de Tauro es Escorpio; el opuesto de este mundo edénico y seguro es la muerte, o el miedo a la muerte. Pasemos ahora del mundo físico de la liebre al mundo psíquico del ser humano. Tal como la liebre, que se mantiene dentro de su territorio básico pase lo que pase, los humanos también vivimos dentro de un territorio psíquico básico, y abandonarlo o ir más allá de sus fronteras lleva consigo la implicación de la muerte, que es la razón por la cual nos resistimos tanto al cambio. De no ser así, estaríamos todos viviendo sin reticencia nuestro lado de Escorpio, quemando viejas cartas, desprendiéndonos de relaciones gastadas, moviéndonos y cambiando cada vez que nos apeteciera. ¿Un trabajo nuevo? Sí, desde luego. ¿Que envejezco? Estupendo, me encanta. ¿Quieres dejarme para irte con otro hombre? Pues mira qué bien, tú vete que ya encontraré yo a alguien más. No hay problema.

Oyente: Pero, Richard, esa actitud no sería demasiado característica de Escorpio, ¿no? Si fuera tan fácil aceptar el cambio, no existiría el clima dramático y de crisis ni la carga emocional que normalmente asociamos con el arquetipo de Escorpio.

Richard: Sí, estoy de acuerdo. Entre Tauro y Escorpio hay una tensión dinámica, y, arquetípicamente, yo defino a Tauro como el trasfondo básico y seguro en el que nos establecemos a fin de mantenernos en unidad con nosotros mismos, y a Escorpio como el anhelo de morir para renacer de otra manera.

Permitidme que os dé otro ejemplo de lo que quiero decir cuando hablo de trasfondo básico. Tomemos el caso de la persona que afirma: «Nunca puedo establecer una relación con alguien que me ame y me trate bien». Como siempre digo, si tú piensas que en el anuncio que publicaste pedías un poeta y no se te presentan más que camioneros, mejor será que revises el anuncio, porque lo más probable es que se te esté presentando lo que pides *inconscientemente,* en lugar de lo que dices que quieres. Mi teoría es que el trasfondo básico es aquello que cada cual equipara con la supervivencia y, por consiguiente, lo más fundamental, aquello a lo que queremos aferrarnos. De modo que si tu mito básico (o el trasfondo básico de tu realidad) dice que nadie podrá amarte jamás porque no te lo mereces, entonces las únicas personas a quienes podrás aceptar en tu vida serán las que te garanticen que revalidarán ese mito. Si apareciera alguien ofreciéndote un amor auténtico, lo más probable sería que dijeras que es demasiado bajo, o está demasiado gordo, o es muy viejo, o que es rubia y tú prefieres a las que tienen el pelo de color castaño, porque necesitas encontrar una manera de racionalizar y explicar por qué esta no es una relación adecuada para ti, que te permita agarrarte bien a tu trasfondo básico. El intento de aferrarnos a nuestro trasfondo básico es la razón principal de que nos quedemos atascados en una repetición interminable de pautas. O tal vez, mientras crecías, tuviste que ocuparte de tus padres alcohólicos, y esa experiencia contribuyó a que te formaras un mito básico que dice que tú eres el (o la) más fuerte, y de ahí que tengas que hacerte cargo de todas las pobres criaturas heridas del mundo. Si es así, y por más que te quejes y protestes porque no dejas de atraer hacia ti a los seres más débiles y desvalidos, las únicas personas que podrán acercársete para establecer una relación contigo serán las que entren en la categoría de los pobres y dolientes.

La psicoterapia, la psicología profunda y el psicoanálisis se concentran en el intento de hacer aflorar a la conciencia nuestro mito básico, a fin de que podamos tomar conciencia de él y quizá cambiarlo o transformarlo de tal manera que nuestro mundo se ensanche o se abra. En este aspecto, el psicoterapeuta representa el papel de Lucifer, al tentarnos a abandonar el Paraíso: un relato arquetípico que yo asocio con el hecho de abandonar el trasfondo básico. Este relato bíblico (que, por cierto, proviene de una historia babilónica más antigua) nos habla de tener que abandonar un lugar familiar, donde nos sentimos a salvo y seguros, para salir al mundo y renacer en él. Observad que es la serpiente, un antiguo símbolo de Escorpio, quien se introduce en el jardín para tentar a Eva, incitándola a hacer algo que en última instancia la llevará (junto con Adán) a alejarse de su Edén. «Lucifer» significa «el portador de la luz», y es Lucifer quien hace tomar conciencia a Adán y Eva de su condición humana, y así les da la posibilidad de renunciar a la conciencia animal, protegida y segura, con que vivían en el Edén, y aventurarse en el mundo. Prácticamente todos los mitos relacionados con el tema que puedo recordar se refieren al cambio y la transformación del trasfondo básico, y tienen un cierto aroma plutoniano. Uno de ellos es el rapto de Perséfone, la típica niña de mamá, todavía ligada por el cordón umbilical a Deméter, la madre arquetípica, posesiva y narcisista, que no quiere dejar ir a su hija. Esta unión entre la madre y la hija convoca la presencia de Plutón, que emerge de las profundidades para precipitar la separación. Deshacer el trasfondo básico es, en muchos casos, cortar lo que yo llamo «el cordón umbilical psíquico», es decir, el vínculo psicológico que nos conecta con nuestros mitos familiares y con nuestra familia de origen. Aunque os hayáis mudado de una punta a otra del continente, e incluso a otro continente, para distanciaros de vuestros padres, todavía es posible que estéis ligados a ellos por el cordón umbilical psíquico, que puede seguir existiendo incluso después de que ellos hayan muerto. Cortar el cordón umbilical psíquico es, en cierto sentido, abandonar nuestro trasfondo básico. Desde mi punto de vista, el psicoterapeuta puede ser un aliado que se ponga de parte del héroe que llevamos dentro y nos anime a esgrimir la espada para enfrentarnos al dragón. Lo peor que puede sucedernos por hacer esto es la muerte, o quizá la locura..., es decir, los ámbitos de Plutón y Neptuno. Pero sacar la espada y avanzar más allá de nuestro trasfondo básico representa también la promesa de una mayor individuación, más autorrealización y mayores logros en esta dimensión, y de poder liberarnos en mayor medida de las viejas pautas y de los complejos que siempre nos han inhibido e inmovilizado. Y ahora, ¿cómo os sentís ante la propuesta de explorar vuestro trasfondo básico y luego aventuraros más allá de sus fronteras y de sus parámetros?

Lo primero que necesitamos es saber cuál es nuestro trasfondo básico. Una vez que conozcamos el territorio, tendremos la posibilidad de ir más allá de él. Hay algo que siempre me ha preocupado. Se trata de algo que seguramente no se puede aplicar a ninguno de vosotros, pero conozco a muchas personas que llevan veinticinco años estudiando astrología, o que han estado quince o veinte años sometiéndose a psicoterapia o a un psicoanálisis profundo, y aunque como resultado de ello han aprendido muchísimo sobre sí mismas, todavía no han cambiado. Sí, ahora tienen explicaciones mucho más racionalizadas de por qué hacen lo que sea que hagan, pero siguen sin cambiar. ¿Cuál es, entonces, el ingrediente que les falta y que hace que la gente cambie? En primer lugar, es un misterio. En segundo lugar, es ese momento en el tiempo en que tenemos el coraje suficiente para dar el primer paso por encima de esa frontera psíquica que, hasta ese instante, ha significado para nosotros la seguridad. Y tal vez la única manera de poder afirmar que realmente hemos empezado a cambiar sea mirar lo que está sucediendo en nuestras relaciones. Las relaciones son nuestro espejo.

Por ejemplo, digamos que uno de tus mitos es que sólo tienes relaciones con tipos indeseables y, debido a ello, te sigues relacionando con tipos indeseables para revalidar tu mito. Ahora bien, si te has esforzado mucho por liberarte de tu trasfondo básico, quizás un día te encuentres con la clase de tipo indeseable por quien normalmente te sentirías atraída y, mira por donde, no sientes la misma poderosa atracción por él que solías sentir siempre en esa situación. Te encuentras con otro y te dices a ti misma: «Dios mío, ¡pero si no me ha pasado nada! ¡No me lo puedo creer!». Este es un ejemplo clásico para mucha gente. Él tiene todos los malos ingredientes necesarios para que tú te enamores instantáneamente de él, y, sin embargo, la magia no funciona: no pasa nada. Este tipo de experiencia indica que tú has cambiado y que, aunque no te hayas librado del todo de tu trasfondo básico, ya has empezado a desprenderte de él. Tienes un atisbo de otro mundo, aparte del Edén conocido y familiar de tu trasfondo básico, y, tal como dijo en una ocasión Thomas Wolfe, un escritor fuertemente canceriano, no puedes dar marcha atrás. Una vez que has mordido la manzana, no hay nada que hacer. Y como ya dije antes, nuestra parte de Escorpio es la que nos acicatea a seguir avanzando, la que nos fuerza a morder la manzana. Nos dice: «Pruébala, que te gustará..., muerde la manzana, corta el cordón umbilical y vete de casa». Hasta Cristo invita a hacer eso a sus seguidores: «Aquel que me siga no debe tener padre ni madre, hermano ni hermana, marido o mujer, sino que debe estar solo y seguirme». Esta es su manera de decir: «Corta el cordón umbilical y renuncia a tu trasfondo básico». Ahora bien, no se trata de algo que nos suceda de repente, sino de un proceso que dura toda la vida. La carta astral puede ser un indicador tremendamente útil de la naturaleza de nuestro trasfondo básico, pero lo que no puede decirnos es de qué manera lo hemos interpretado. Y otra cosa que no puede decirnos es si todavía estamos en pleno atasco o si ya hemos dado nuestros primeros pasos para salir de él a explorar el resto del mundo. ¿Cómo puede uno descubrir estas cosas? *Dialogos*. Como astrólogos, es necesario que converséis con vuestros clientes para sondear cómo han interpretado el trasfondo básico que se revela en su carta, y para descubrir si han dado los primeros pasos hacia el exterior. Cuando alguien os pida una lectura, debéis empezar por descubrir *por qué* lo ha hecho. Este conocimiento, unido a lo que os dice la carta, es vuestro camino de entrada al sistema mítico de vuestro cliente.

Creo que hay básicamente dos tipos de relaciones: las estáticas y las eróticas (véase la tabla 1). En realidad, la mayoría de nosotros mantenemos relaciones en las que se mezcla lo estático y lo erótico. Quisiera empezar explicando mejor lo que entiendo por erótico, porque es una palabra que con frecuencia se interpreta erróneamente. No me refiero a erótico como sinónimo de sexual, sino en el sentido en que usaban el término los antiguos griegos. Hay muchos mitos griegos referentes al dios Eros, y sólo en uno de ellos nos lo presentan como el hijo de Afrodita que anda por el mundo disparando flechas a la gente. En los primeros mitos referentes a esta deidad, Eros representaba la fuerza primaria que se adueñaba de la materia y del caos y los unía, valiéndose de la pasión, para crear el universo y la vida. Mi definición de «eros» es la de una fuerza que reúne dos o más entidades separadas, de tal manera que las transforma por completo. Es verdad que el sexo puede ser erótico, pero lamentablemente lo es en una parte muy pequeña, lo cual quizá sea la razón de que en este país estemos tan obsesionados por el sexo y seamos tan adictos a él. Estamos atrapados en una búsqueda constante del tipo de sexo erótico que verdaderamente nos recargue las pilas y nos transforme. Pero no sólo el sexo puede ser erótico. Si funciona, también puede serlo la relación entre el terapeuta y el cliente. Por supuesto, cualquier relación erótica se siente como arriesgada y peligrosa, porque el verdadero erotismo implica rondar alrededor de la frontera del trasfondo

Tabla 1. *Características de los dos tipos de relación.*

ESTÁTICA	ERÓTICA
1. Sin riesgo	1. Arriesgada
2. Seguridad y precaución (objetivo principal)	2. Intimidad y crecimiento (objetivo principal)
3. Monotonía	3. Diversidad
4. Sin cambio	4. Abierta al cambio
5. Comunicación limitada	5. Comunicación abierta
6. Sin enojo ni pasión	6. Autoafirmativa. Apasionada
7. Engaño	7. Confianza
8. Papeles definidos. Proyecciones	8. Papeles variados y cambiantes
9. Dependencia	9. Independencia
10. Padres-Hijo. Simbiosis	10. Adulto-Adulto
11. Vertical	11. Horizontal

básico, que no es un lugar donde uno se sienta seguro ni mucho menos. Y las grandes historias de amor (me refiero a las del tipo de Tristán e Isolda o Romeo y Julieta) son eróticas porque en ellas hay siempre algo peligroso y potencialmente trágico. En sí mismo, el romance no tiene por qué ser trágico; lo que lo encamina hacia la tragedia es el componente erótico. Sobre esto tengo mucho más que añadir más adelante. También es perfectamente posible una relación erótica entre un padre o una madre y un hijo o una hija, y no estoy hablando de incesto ni de ninguna clase de abuso sexual del niño. Porque en la visión lineal de nuestro mundo judeocristiano tendemos automáticamente a sexualizar el erotismo, y damos por sentado que cualquier cosa que ponga en juego sentimientos realmente profundos debe ser sexual. Pero no es necesariamente así, en absoluto.

Creo que por lo menos el noventa por ciento de las relaciones de la mayoría de las personas son más bien estáticas que eróticas. (No olvidéis que no hablo solamente de amantes y de esposos, sino también de cualquier relación en la cual el objetivo sea la intimidad, y esto puede suceder tanto con nuestros hijos y nuestros amigos como con nuestra pareja.) No conozco a nadie cuyas relaciones sean totalmente eróticas, porque es imposible mantener siempre el erotismo en una relación. Sin embargo, diría que hay cierta cantidad de personas en nuestra cultura, tal vez un diez por ciento, en cuyas relaciones el elemento erótico resulta suficiente para mantenerlas en el nivel de algo vivo y capaz de transformarse. El objetivo básico de la relación estática es la seguridad, evitar el riesgo. Una relación estática es aquella en la que todo se hace con miras a mantenerla en su lugar: «Hace veinte años que estoy con el bueno de Joe, y aunque me aburra mortalmente, al menos lo conozco a fondo y sé qué es lo que va a decir o hacer en cualquier momento». Estoy seguro de que habéis visto parejas así en los restaurantes: ella está sentada mirándose las uñas y él está sentado mirando al techo. La única conversación se reduce a preguntar: «¿Quieres tomar café o té?», y lo más probable es que al preguntarlo ya sepan la respuesta.

La relación erótica, sin embargo, es arriesgada. En ella no hay garantías. Erotizar una relación es introducir en ella un elemento de riesgo. ¿A cuántas personas conocéis que han estado conviviendo durante años y a quienes después de casarse la relación se les desmorona? En cierto sentido, casarse «des-erotiza» la relación, porque lo erótico está siempre al borde del peligro, del riesgo y de lo desconocido. Lo erótico nos saca del mundo de Tauro y nos acerca al de Escorpio, pero para la persona cuya relación es estática, el objetivo principal es la seguridad, el hecho de estar a salvo, como suele ser el caso con los padres y los hijos. Los padres se sienten a salvo y seguros cuando sus hijos son réplicas exactas de ellos mismos, o por lo menos réplicas exactas de como les gustaría ser a ellos. La relación padre-hijo se erotiza cuando el progenitor deja que el hijo se vaya y le dice: «Sé tú mismo, aunque seas totalmente diferente de mí, incluso de un modo que yo no pueda soportar. Te amo lo suficiente para dejarte ir. Como quien sopla un diente de león, te dejo en libertad de salir al mundo». En realidad, la mayor parte de las relaciones entre padres e hijos no son tan abiertamente eróticas, y por eso muchos hijos, para poder crecer y evolucionar, tienen que pasar por el proceso, tremendamente doloroso, de cortar el cordón umbilical y arrancarse a ellos mismos de sus padres. Si fracasan en el intento jamás lograrán la individuación y, en cambio, terminarán devorados y engullidos por el padre o la madre, o por ambos.

Para alguien que permanece en una relación estática, el hecho de que todo siga siendo igual significa seguridad, y por ello no puede permitir que suceda nada diferente. Desconfiad de las personas que os digan que no cambiéis nunca, que sois maravillosos tal como sois, de los que quieren que sigáis siendo tan dulces e inocentes (o lo que sea) como sois ahora. Este tipo de amigos o de pareja tienen planes ocultos para vosotros, que os exigen que sigáis siendo los mismos (probablemente porque si cambiáis, también ellos tendrán que hacerlo, y eso no les apetece demasiado). Observad lo que sucede si de verdad empezáis a hacer un cambio importante; observad cómo las personas que supuestamente son vuestros amigos, vuestros aliados, vuestros seres queridos, intentan sutilmente socavar cualquier cambio importante que estéis iniciando. Si vuestro papel en las relaciones es el del enfermo, el doliente, el alcohólico o el drogadicto que necesita ayuda, o el que tiene siempre unos kilos de más o tremendos problemas con su pareja, entonces tenderéis a entablar relaciones con personas que actúen con vosotros como una madre, un padre o un terapeuta. La gente que desempeña estos papeles no quiere que cambiéis, porque esto haría que vuestra relación saliera de lo conocido para entrar en lo desconocido, e incluso podría romperse, fracasar por completo. Quizás esos amigos que prefieren las relaciones estáticas os digan cosas como: «Mira, Richard, me encantaría que cambiaras y te rehicieras, que encontraras a una persona que te viniera bien, que te ayudara a estabilizarte y a no seguir bebiendo tanto». Pero fijaos en lo que sucede si empezáis a cambiar, fijaos en cómo intentan bloquear o socavar vuestros intentos de cambio.

En terapia familiar se llama «paciente identificado» a la persona de la familia de quien se considera que tiene el problema: la pobre madre con su corazón débil, el mal hijo que es un delincuente juvenil, el desdichado padre que bebe demasiado o la pobre hermana con su bulimia. Con frecuencia, se culpa de todos los problemas que pueda tener la familia al comportamiento del paciente identificado, cuando en realidad a éste se lo utiliza como un recurso para desviar la atención de la auténtica fuente de conflictos en el seno de la familia; o si no, el paciente identificado es quien está viviendo y expresando lo que todos los demás niegan y rechazan en sí mismos. Entonces, aunque la familia insista en que el hijo adolescente deje de hacer de las suyas, o en que el padre deje de beber, observad lo que sucede si efectivamente el paciente identificado empieza a cambiar: los demás cerrarán filas de tal manera que no pueda lograrlo, porque el objetivo principal de la familia es la homeostasis, es decir, mantener el sistema familiar tal como está. También puede ser que los miembros de la familia jueguen al juego de las sillas y la música, y que se vayan turnando para actuar como el paciente identificado. Es casi como si necesitaran tener en su seno a una persona dispuesta a cargar con la sombra familiar, es decir, alguien que exprese y dé vida a los impulsos y las características que el resto de la familia está negando. Hay incluso sociedades enteras que convierten a ciertos sectores de la población en figuras de la sombra. Durante los dos últimos milenios, las mujeres se han visto relegadas a este papel. El cristianismo clasifica a las mujeres en tres grupos: el tipo de la Virgen María es la mujer buena que sigue siéndolo; el tipo de María Magdalena es la mujer mala que se vuelve buena, y además está Eva (la tentadora responsable de que la humanidad fuera expulsada del Edén), que es la mujer buena que se vuelve mala. O, como dicen en Italia, hay dos clases de mujeres: *la madonna e la putana*. Sea como sea, en el mundo cristiano las mujeres se han visto empujadas al papel de chivo expiatorio del colectivo. Este tipo de cosas suceden en todas las sociedades, como pasó con los judíos en Alemania y como pasa con los negros en Estados Unidos y en Sudáfrica, o con los homosexuales en casi cualquier sociedad. Las familias hacen lo mismo cuando llevan a uno de sus miembros a asumir el papel de la sombra o el chivo expiatorio familiar. Y cuando hablo de familia no me refiero sólo a las relaciones de consanguinidad, sino también a las personas que cada uno de nosotros introduce en su vida. La familia que tiene sentido para nosotros no la forman únicamente nuestros consanguíneos o nuestra familia de origen (lo que yo llamo «accidentes de nacimiento»), sino también las personas que hemos ido reuniendo a nuestro alrededor, que por lo común sirven además al propósito de mantenernos en nuestro lugar, pese al hecho de que algunas de ellas den la impresión de que nos estén estimulando a cambiar.

No hace mucho tuve un caso que es un claro ejemplo de lo que quiero decir al hablar de personas que en realidad no desean que cambiemos, por más que digan lo contrario. Vino a mi consulta una mujer muy gorda a pedirme que tratara a su marido, un triple Piscis alcohólico. Me dijo que no podía seguir viviendo con él; que era impotente desde hacía veinte años, y que ella debía trabajar para mantener a la familia. Tenía seis hijos, uno de ellos casado, y ya estaba hasta la coronilla. Entonces, trabajé algún tiempo con el hombre, que después siguió con otra terapia, se las arregló para dejar el alcohol y terminó orientándose repentinamente por una senda espiritual; incluso empezó a enseñar yoga en hospitales para enfermos mentales. Después de haber hecho todos esos cambios, vino de nuevo a mi consulta. Me dijo que su mujer lo había abandonado y que se sentía muy mal. Supuse que debía de haber andado otra vez dándole a la botella y que por eso ella lo había dejado, pero me dijo que no había vuelto a probar el alcohol, y que los problemas habían empezado después de que él dejara de beber, cuando un día, al mirarla, se dio cuenta de lo gorda que estaba y de lo poco atractiva que la encontraba, y se lo dijo. Y a renglón seguido me contó algo muy interesante. Aunque él era miembro de Alcohólicos Anónimos y no tenía la intención de volver a beber en su vida, para celebrar el Año Nuevo su mujer llevó a casa algunas botellas y se empeñó en que él bebiera, diciéndole que, si era un hombre de verdad, no tenían por qué hacerle daño un par de copas. Él se negó, y poco después ella lo abandonó.

Esta historia me lleva a otro tema al que pienso dedicar bastante tiempo: en todas las relaciones hay planes ocultos o contratos secretos, que la mayoría de las veces, para las personas implicadas, son inconscientes. Os daré un ejemplo de un plan oculto o contrato secreto muy común entre la gente, pero recordad que en realidad nadie habla abiertamente de estas cosas tal como yo voy a hacerlo. La parte del hombre en el contrato podría ser: «Me gustaría casarme contigo porque eres un pobre ser dañado y herido, y estar contigo me hace sentir más seguro de mí mismo y con más dominio. Me casaré contigo, pero con la condición de que te sigas sintiendo siempre desvalida y herida, para que yo pueda sentirme mucho más fuerte y capaz, y una persona más equilibrada de lo que en realidad soy». Entonces, la mujer puede pensar para sus adentros que el trato parece bastante bueno, de manera que su parte del convenio es: «Te prometo que seguiré sintiéndome desvalida y herida, si tú me prometes que nunca te mostrarás pasivo ni vulnerable, y que siempre te harás cargo de mí y me resolverás todos los problemas. Si estás de acuerdo, firma aquí, en la línea de puntos». Estas son las relaciones que yo llamo «simbióticas». Muchos de nosotros estamos profundamente metidos en relaciones simbióticas sin tener siquiera demasiada conciencia de ello. Ahora bien, ¿qué sucede cuando una de las personas rompe el contrato? ¿Qué pasa, por ejemplo, si un día esa mujer débil y desvalida se cansa de serlo y le dice a su marido que va a salir a enfrentarse con el mundo, y que quiere conseguir un trabajo y unos buenos ingresos? Puede ser que el marido, aunque sea rechinando los dientes, le diga que el plan le parece estupendo y que nada le gustaría tanto como ver que ella hace algo que le satisface. Entonces, ella se enfrenta con el mundo, consigue un trabajo y acaba por ganar más que él. ¿Y qué sucede? Pues que probablemente él la abandona por su secretaria o hace algo parecido. ¿O qué pasa si de pronto el «Señor Fuerte y Equilibrado que Siempre lo Tiene Todo Calculado» se pone enfermo o sufre un ataque cardíaco de poca importancia, y decide que ya no quiere seguir siendo un dinámico agente de bolsa de Wall Street, sino que va a dedicarse a cultivar bonsáis o petunias para exposición, o que simplemente se quedará ahí sentado y se dedicará a soñar? Pues que, al hacer eso, quizás haya roto su parte del contrato, y es probable que su mujer encuentre alguna razón para abandonarlo. Muchas mujeres acuden a mí como consejero para decirme que su marido tiene que cambiar, que es un cerdo chovinista, un asqueroso machista. Quieren que él tenga más en cuenta sus necesidades sexuales, que aprenda a ser mejor amante, que se comunique más con ellas y les dedique más tiempo. Y que les ayude con las tareas de la casa y sea mejor padre. Hasta que finalmente las cosas llegan al punto en que el muy cabezota se da cuenta de que, si no quiere quedarse sin mujer y sin familia, lo mejor es que cambie. A regañadientes, se somete a terapia y hace grandes progresos, se pone más en contacto con su *anima,* y empieza a mostrarse más comunicativo, sensible y comprensivo, y a ocuparse más de los niños. ¿Qué sucede entonces? Que su mujer lo deja.

Oyente: ¡Apuesto a que se va con el terapeuta!

Richard: No, eso no, porque *todos* los terapeutas somos personas increíblemente sensibles y comprensivas. No, se va con el basurero. Y lo más probable es que antes de un año ya haya conseguido que se someta a terapia. ¿Veis a qué me refiero? Lo que decimos y pensamos que queremos puede ser muy diferente de lo que quiere realmente nuestro trasfondo básico. El tipo de contratos que hacemos en nuestras relaciones se deriva directamente de nuestro trasfondo básico, de los mitos que tenemos sobre nosotros mismos, unos mitos que hemos absorbido de un modo indiscriminado de nuestra familia y de la sociedad en que vivimos. Todo eso contribuye a que dentro de una relación tengamos un plan oculto o un contrato secreto. Cuando trabajo con parejas (y cuando digo pareja me refiero simplemente a dos personas, es decir, que un padre y su hijo pueden ser una pareja), mi estrategia consiste en llegar al fondo de la situación para descubrir cuál es el contrato vigente entre esas dos personas, y os aseguro que descubrir y admitir los contratos que establecemos puede ser algo muy doloroso.

Las relaciones estáticas se basan en la monotonía; las relaciones eróticas se basan en la diversidad. A menudo, lo que en realidad queremos es que nuestras relaciones tengan un poco de ambas cosas, y yo personalmente no veo por qué eso no ha de ser posible. Pero lo que hacemos en muchos casos es casarnos con la relación erótica, convertirla en una relación estática y después sentirnos obligados a salir en busca de otra persona con quien las cosas sean más eróticas. Cuando la encontramos, pensamos que deberíamos dejar la relación estática existente y casarnos con nuestra nueva relación erótica, que a su vez termina por convertirse en una relación estática. Y entonces, ¿qué? Pues que de nuevo nos encontramos diciendo: «Por Dios, ¿adónde se ha ido lo erótico? Tengo que encontrar una manera de recuperar esa magia en mi vida». Y empezamos a repetir el proceso hasta convertirnos en otra Liz Taylor o en cualquiera de esas personas que tienen una relación tras otra y andan constantemente en busca de esa magia erótica, de ese algo que, según creen, se encuentra fuera de sí mismas.

La relación estática se basa en el mantenimiento del orden establecido, mientras que la relación erótica está abierta al cambio. Es muy erótico decirle a alguien: «Mira, no puedo prometerte que estaré contigo hasta que la muerte nos separe, porque mis sentimientos podrían cambiar. Lo único que puedo prometerte es sinceridad y una comunicación abierta». Es sorprendente lo erótica que puede ser la sinceridad. La relación estática tiene una comunicación limitada; uno no se siente seguro diciendo lo que realmente quiere o necesita, porque eso podría desequilibrar la relación, y el objetivo principal de una relación estática es mantenerla a salvo y segura. Una de las reglas ocultas de una relación estática es no decir nunca lo que realmente se piensa, no hablar jamás sinceramente con la otra persona. Entonces uno se muerde la lengua y reprime sus sentimientos. Es increíble la cantidad de personas que viven juntas y, en realidad, no se conocen; hay muchísimos padres e hijos que no se conocen realmente los unos a los otros.

Otra regla de la relación estática es no enojarse. Durante este seminario hablaré mucho del enojo, porque creo que no puede haber pasión en una relación que de cuando en cuando no deje margen para expresar la rabia. Cuidado con esas personas que dicen: «Oh, mis abuelos tenían una relación maravillosa. Jamás se levantaban la voz»; pero naturalmente, después resulta que nunca, o casi nunca, se acostaban juntos. El enojo está permitido en el seno de la relación erótica, pero no en la relación estática, porque puede abrir puertas que conducen a lo inesperado. Si la rabia se expresa pueden producirse cambios. La relación erótica es autoafirmativa y apasionada. La pasión, sin embargo, es como la comida; puede ser que tengamos los ojos más grandes que el estómago. Dicho de otra manera, con frecuencia nuestra avidez de pasión es mayor que la capacidad que tenemos de resistirla. Y cuando realmente la conseguimos, ¿la queremos en realidad? La relación estática se basa en una buena dosis de engaño, y es necesario que seamos falsos, porque si expresáramos nuestros sentimientos, podría suceder que toda la relación se desmoronara a nuestros pies, de modo que nos sentimos más seguros sin decir ni pío. La relación erótica se basa en la confianza, y no me refiero tanto a confiar en la otra persona como a confiar en nosotros mismos. Hemos de tener cierta cantidad de confianza en nosotros mismos para poner las cosas en claro con nuestra pareja, para mantener una comunicación abierta y hablar de lo que sentimos que anda mal en la relación. Hacerlo da miedo, porque es algo que podría poner en peligro nuestra cómoda, segura y familiar relación si resulta que la otra persona no puede enfrentarse con lo que hemos sacado a relucir. A esto yo lo llamo «el efecto Humpty-Dumpty* uraniano»: todos los caballos del rey y todos los hombres del rey no pueden recomponerlo, pero con él se podría hacer una buena tortilla.

---

* Personaje de una conocida canción infantil inglesa: Humpty-Dumpty es un huevo que se sienta sobre un muro, se cae y se rompe, sin que todos los caballos del rey ni todos los hombres del rey puedan volver a juntarlo. *(N. del E.)*

Creo que la confianza en uno mismo es el sistema mítico que prepara el terreno para potenciales relaciones eróticas. La relación estática se basa en papeles definidos y proyecciones específicas, mientras que la relación erótica es variada y pone en juego papeles cambiantes. No hay nada de malo en que yo tenga una relación con alguien y asuma diversos papeles en diferentes momentos. Según lo que sea necesario en un momento dado, puedo actuar como el padre en ocasiones, o como la madre en otras, o como la hermana o el hermano mayor, o el buen amigo, o el compañero inseparable de mi pobre pareja herida. Esta forma de cambiar de papel es erótica. Es excitante porque uno no sabe qué esperar de un día para otro. Tanto podría enfermar y necesitar que mi pareja me cuide, como convertirme repentinamente en una celebridad mundial y una persona muy poderosa. En cambio, la relación estática se basa en papeles y proyecciones muy estrictos y claramente definidos: yo debo ser siempre el papá, y tú la niña desvalida, sin que eso pueda cambiar jamás, porque entonces la relación ya no sería estática; se convertiría en algo erótico e incierto. Con frecuencia he visto relaciones estáticas que se desmoronan por completo cuando uno u otro de los miembros de la pareja pasa por experiencias psicológicas cuyo resultado es un cambio de identidad importante: por ejemplo, cuando una mujer hasta entonces infantil o dependiente empieza a integrar su *animus* y a convertirse en una persona fuerte e independiente por derecho propio, o cuando un hombre hasta entonces «muy macho», al integrar su *anima,* comienza a dejar ver su aspecto más tierno, dependiente o vulnerable. En el caso de que los papeles definidos muestren este tipo de alteraciones, se ha violado el contrato e invariablemente la relación se romperá, a menos que pueda adaptarse a esos cambios, lo cual nos coloca ante otra de las reglas referentes a las relaciones, la que yo llamo «el efecto ondulatorio». Si arrojamos una piedra a un estanque, creamos un círculo de ondas que se van alejando a través del agua. De modo similar, cualquiera que experimente un cambio o una variación de personalidad importante provocará automáticamente ondas que afectarán a cualquier relación que tenga.

Tal como ya he dicho, la base de la relación estática es que cada persona represente un papel claramente definido según las proyecciones que configuran el ambiente. En otras palabras, la relación estática se basa en la dependencia, porque cada persona depende de que la otra exprese o manifieste ciertas facetas no reconocidas de su «otro yo». Puede ser que el hombre haya renunciado totalmente a su *anima* y espere que su compañera se haga cargo de la función femenina en su totalidad, o bien que la mujer renuncie a su *animus* y espere que el hombre cargue con la parte de la función masculina que le corresponde a ella. Si lo expresamos en términos astrológicos, es frecuente que las mujeres asuman la función agua o la función tierra por los hombres, mientras que ellos asumen una buena parte de la función aire o de la función fuego por las mujeres.

Os lo aclararé con un ejemplo. La última vez que fui a Francia estuve en casa de un matrimonio; los dos son amigos míos. Le pregunté a ella si pensaban viajar a Estados Unidos, y me dijo que en efecto quería que su marido fuera a Houston porque estaba enfermo y allí tendría una buena atención médica especializada. Le pregunté cómo sabía que estaba enfermo, y me respondió que en realidad él no se lo había dicho, pero ella estaba segura. También me contó que él se negaba a ir al médico a menos que ella le pidiera hora y lo llevara a la consulta mediante alguna treta, porque pensaba que era invulnerable y que jamás podría sucederle nada parecido a una enfermedad grave. Por eso ella había ideado un complicado plan según el cual los dos irían pronto a visitar a sus amigos de Houston, pero además había combinado las cosas de modo que, al mismo tiempo que ellos estaban allí de visita, también hubiera un especialista alojándose durante unos días en la misma casa. Así pensaba engatusarlo para conseguir que se sometiera a un completo examen médico. Más tarde, ese mismo día, hablé con el marido y le comenté que su mujer me había dicho que estaban planeando irse de vacaciones a Texas. Me contestó que sí, y tras hacerme un guiño, me contó que ella había planeado el viaje como una estratagema para hacerle ver a un médico. Él sabía perfectamente cuál era la intención de ella. Es decir, que el contrato «acordado» entre ambos estipulaba que la mujer tenía que asumir la función tierra del marido y responsabilizarse del cuerpo de él. Este era el juego que los dos habían estado jugando. Ella le recordaba que tenía que bañarse o ir a cortarse el pelo, o le advertía que estaba fumando mucho o tomando demasiado café, y que debía moderarse. Su contrato establecía papeles fijos en asuntos como éstos, y no dejaba margen para ningún intercambio de papeles. Dejadme que os diga algo: si os sentís aburridos en una relación, es probable que hayáis establecido algún contrato tácito con reglas fijas y claramente definidas que precisan a quién le está permitido asumir tales o cuales papeles. Por consiguiente, la relación se ha vuelto aburrida, porque ambos sabéis siempre lo que va a hacer la otra persona.

La relación estática se basa en la dependencia, mientras que la relación erótica da margen a una independencia y una diversidad mayores. En el mundo hay mucha gente para quien el peor miedo es no tener una relación de pareja. La relación estática se vincula en buena medida con la recreación de la simbiosis inicial entre los padres y el hijo, un tema del que luego me ocuparé con mucho más detalle. En cambio, la relación erótica tiene un carácter de adulto a adulto. Y no hay razón para que no podamos tener una relación de adulto a adulto con nuestros hijos ya mayores o, ahora que somos adultos, con nuestros padres. La cuestión es cuántos lo hacemos. ¿Acaso no nos decimos: «Oh, Dios mío, tengo que ir a casa para Navidad y pasar por todos los rituales de siempre con mamá y papá»? Decís que ya sois mayores, pero tal vez no sea esa la imagen mental que tienen de vosotros vuestros padres, o incluso la que vosotros tenéis de vosotros mismos. La relación estática es una relación vertical basada en jerarquías como la del que manda y el que obedece, el que está a cargo de las cosas y el que está en situación de dependencia, una especie de esquema en el que una persona siempre está en una posición superior con respecto a la otra (aunque en algunas relaciones estáticas los papeles se inviertan de cuando en cuando). En cambio, la relación erótica es horizontal, una relación de iguales en la que las dos personas se miran de frente desde la misma altura, en vez de mirarse la una a la otra de arriba abajo. No me entendáis mal, no estoy sugiriendo que todos debáis cambiar de inmediato todas las tendencias estáticas que tengáis, rehacer vuestros contratos y volveros totalmente eróticos. No es a eso a lo que me refiero, aunque fuera posible. Lo que digo es que debéis verificar hasta qué punto las relaciones que mantenéis se basan en las características que he calificado de estáticas, y qué posibilidades tenéis de cambiar ciertos aspectos de vuestro comportamiento a fin de empezar el proceso de erotización de vuestras relaciones. Un buen punto de partida sería abrir las líneas de comunicación. Podéis pensar que eso es fácil, pero no lo es tanto. Os sugiero que empecéis diciéndole a vuestra pareja: «Mira, hay algo de lo que quiero hablar...», y a partir de ahí, adelante.

Oyente: Me he quedado realmente sorprendido por tu insistencia en que la ausencia de enojo es una regla de las relaciones estáticas, y en que no podemos lograr intimidad ni pasión a menos que dejemos cierto margen para el enojo.

Richard: Sí, yo considero que Marte es un planeta clave en las relaciones, y más adelante hablaremos mucho de él y del enojo. En resumen, mi definición del enojo es autoafirmación más pasión. Mientras crecíamos, la mayoría de nosotros no vimos expresar el enojo de un modo saludable, lo que significa que en este sentido nunca tuvimos unos buenos modelos. Le tenemos miedo porque lo que hemos presenciado o vivido son sus deformaciones, en lugar de un enojo claramente expresado. Y con frecuencia, nos asusta tanto nuestra propia rabia como la de otras personas cuando se dirige hacia nosotros. Además, está el hecho de que la sociedad nos dice que enojarse no es cristiano. De modo que aprendemos a poner la otra mejilla, y entonces nos atacan por la espalda.

Me gustaría hablar un poco de la simbiosis antes de empezar a ocuparme de algunos aspectos fundamentales de la relación entre padres e hijos. «Simbiosis» es un término derivado de dos palabras griegas: *sym,* que significa «juntos», y *bios,* que significa «vida». Las relaciones simbióticas se producen con bastante frecuencia en el mundo animal, y también se dan algunas relaciones fuertemente simbióticas entre los seres humanos. Hay tres tipos básicos de relaciones simbióticas. La primera categoría es el *comensalismo,* que significa literalmente «comer en la misma mesa». El comensalismo tiene lugar cuando dos organismos conviven en una situación en la que ni se dañan ni se benefician el uno al otro. Se lo ve en la naturaleza cuando animales de diferentes especies comparten el mismo territorio o el mismo abrevadero, lo cual encaja a la perfección con la definición de comer en la misma mesa. Al adentrarnos en el Oeste de Estados Unidos, por donde todavía vagan los bisontes, nos encontramos con liebres que corretean tranquilamente entre las patas de los bisontes, sin que las dos especies se hagan daño, pero también sin que se ayuden la una a la otra. Algunas relaciones humanas son así, y en su gran mayoría caen en la categoría de estáticas. La regla principal es no hacer olas, es decir, no apasionarse demasiado, no pedir nada, simplemente que cada cual se quede donde está. Mientras se observe esta regla, todos se sienten seguros compartiendo la misma mesa.

El segundo tipo de relación simbiótica es la que se llama *mutualismo*; en ella, los dos organismos (y en algunos casos, tres) se benefician del hecho de estar juntos. Un ejemplo es la relación existente entre el rinoceronte y el pájaro garrapatero. Al rinoceronte le molestan las garrapatas y está más que feliz de brindar transporte gratuito sobre su lomo al garrapatero, a condición de que se las coma. A este pájaro le encantan las garrapatas, y el rinoceronte lo abastece, comida tras comida, de sabrosos ejemplares. Las abejas y las flores tienen una relación mutualista:

las abejas polinizan las flores mientras recogen el néctar para fabricar miel. No hace mucho tiempo estuve en África y tuve ocasión de participar en un safari. Una de las cosas más interesantes que aprendí fue que a la jirafa, la cebra y el ñu les gusta andar juntos. La razón de ello es que la jirafa tiene una vista agudísima, la cebra un oído muy sensible, y el ñu un olfato notable. Es decir, que los tres juntos constituyen un organismo sensorial perfecto. Eso es mutualismo. Muchas relaciones humanas también son mutualistas. Ella cocina, limpia la casa y educa a los niños, y él trabaja fuera, gana el dinero necesario para mantener a la mujer y a la familia, y está de acuerdo en tratarlos con afecto y justicia. Al final, una relación como esta suele volverse muy aburrida. ¿Durante cuánto tiempo se puede vivir de ese modo, y qué pasa con la necesidad que tienen estas personas de algo más apasionado y erótico?

El tercer tipo de relación simbiótica se llama *parasitismo*. En ella, el huésped está sujeto a diversos grados de incomodidad o sufrimiento, mientras el parásito se beneficia. Todos sabéis lo que son los parásitos; es probable que cualquiera de vosotros que haya estado en algún país tropical haya experimentado en su propia carne la molestia de los parásitos no humanos. El turista que en uno de estos países agarra un parásito no se beneficia en absoluto de esa nueva adquisición, y hasta podría morirse como resultado de ella, en tanto que el parásito puede vivir y prosperar alegremente a costa de su recién hallado huésped. También los microbios y los virus tienen una especie de relación parasitaria con nosotros. Y el parasitismo es muy común entre los seres humanos también. Por ejemplo, una persona crónicamente débil, desvalida y enferma suele vivir absorbiendo la energía de alguien más vigoroso, fuerte y resistente. En realidad, lo habitual es que la persona débil tenga el auténtico poder en este tipo de relación, porque son seres sumamente hábiles para conseguir que los demás los cuiden y hagan toda clase de cosas por ellos. Son lo que yo llamo «vampiros psíquicos». Lo que termina por suceder es que devoran al huésped y tienen que sustituirlo por otro. Tan pronto como te han vaciado de toda la «sangre», es decir, de toda la energía psíquica, te dejan para irse en busca de otra persona. Hay mucha gente así, y más vale cuidarse de ellos, porque los astrólogos y los consejeros psicológicos somos especialmente vulnerables a los vampiros psíquicos. Cualquiera de vosotros que esté muy identificado con Júpiter o con Saturno, lo cual significa que puede dar la impresión de ser muy paternal, tendrá también una especial propensión a atraer a este tipo de parásitos.

Oyente: A una relación parasitaria, ¿la calificarías de estática o de erótica?

Richard: Buena pregunta. Como los papeles están tan fijos y establecidos, la relación parasitaria es normalmente estática, y sin embargo, lo interesante es que puede dar la impresión de ser erótica. Ello se debe a que cualquier relación en la que haya destrucción recíproca, o en la que una de las personas se esté destruyendo, la gente implicada la puede sentir como erótica. Todo depende de la forma en que se interprete lo que está sucediendo. Hay algunos huéspedes que efectivamente buscan parásitos. Recuerdo a una mujer que me contó que siempre va detrás de hombres que le roban el dinero, la golpean y la abandonan por otras mujeres, o de quienes termina por descubrir que ya están casados. Es un verdadero ejemplo de un huésped en busca de un parásito, y en ella hay una parte que admite que ese tipo de relaciones le resulta muy excitante. Le sugerí que debe de haber en este mundo hombres buenos y amables a quienes ella también podría encontrar atractivos. Hasta llegué a hablarle de un amigo mío, de quien sé que hace mucho tiempo que trata de salir con ella, y movió la cabeza negativamente mientras me decía: «Oh, no, es demasiado bueno». Los hombres buenos son los últimos en su lista.

Oyente: Y en tu trabajo de consejero, ¿cómo te proteges de los vampiros o parásitos psíquicos?

Richard: Es necesario que los consejeros definamos muy claramente los límites para protegernos de este tipo de personas. Para jugar a este juego se necesitan dos personas, y si nosotros nos negamos a participar, el otro tendrá que irse a buscar su alimento a otra parte.

Oyente: Pero entonces podríamos quedarnos sin clientes.

Richard: En realidad, probablemente tengamos mejor clientela.

Antes de hablar específicamente de las relaciones entre padres e hijos, quiero que me digáis a qué planeta consideráis como el principal planeta del amor. Me parece que os oigo decir Venus, ¿no? Ya veo que sois un grupo muy listo. Más tarde dedicaré un tiempo a definir eso que se suele llamar amor. Los griegos tenían por lo menos ocho palabras diferentes para nombrarlo, mientras que nosotros no tenemos más que una, lo cual hace pensar que nuestra sociedad está bastante desorientada cuando se trata de saber qué es eso del amor. (Una vez oí decir que los esquimales tienen doce o catorce palabras diferentes para referirse a la nieve.) Decimos que amamos el mar, a Dios, a nuestros hijos, a nuestra novia, y en cada uno de estos casos diferentes usamos la misma palabra. No es raro que «amor» sea una palabra tan cargada, e incluso tabú, ni tampoco que nos intimide. Alguien se te acerca y te dice que te ama, que es lo que a casi todo el mundo le gustaría oír, pero párate a pensarlo un minuto. Esa persona, ¿quiere decir que te ama de la misma manera que ama el mar, o que te ama como ama a Dios? Para mí, el planeta más básico y fundamental que tiene que ver con el amor no es Venus, sino *la Luna*. Y lo digo porque la Luna es el niño arquetípico en la carta, y es ella también quien funciona como receptor emocional. La Luna indica, por su signo, su casa y sus aspectos, cómo vamos por el mundo dando y recibiendo alimento (físico y emocional).

El emplazamiento de la Luna (junto con la casa que tiene a Cáncer en la cúspide) nos proporciona los detalles referentes al tipo de mitos que tenemos sobre lo que alimenta física y emocionalmente. La primera experiencia amorosa que tenemos es la que se da entre la madre y el niño. Digo la madre, pero a quien realmente me refiero es a la persona que más nos nutrió afectivamente en nuestra infancia, y que puede haber sido una sustituta materna: la abuela, una niñera o alguna otra persona que nos cuidara, incluso el padre, según los casos. Sea como fuere, la primera vivencia que tenemos del amor y de la nutrición física y emocional proviene de la Luna. Yo, además, relaciono a la Luna con la *madre interior.* Esto puede parecer una paradoja (de las que la astrología está llena), pero lo que quiero decir es que el planeta que es el indicador de nuestro niño interior lo es también de nuestra madre interior. No tendemos a pensar que el necesario aporte de nutrición afectiva sea algo que debería venirnos de dentro, sino que lo consideramos más bien como algo que nos debe llegar de fuera. El proceso de cortar el cordón umbilical es decisivo para que podamos tener relaciones de adulto a adulto. Este proceso requiere además que podamos ver y dar nombre a nuestros mitos, como también que, en función de nuestra necesidad de nutrición afectiva, identifiquemos y recuperemos las proyecciones y las expectativas que hemos depositado en los demás. En otras palabras, la madre interior nace por mediación de las intuiciones que nos llegan de nuestro interior. No hay más que una Luna que esté en sintonía con el niño interior, perpetuamente hambriento, que llevamos dentro, y es nuestra propia Luna. Aceptar este hecho significa que debemos renunciar al mito colectivo de que ahí fuera hay alguien que va a encontrarnos, sanarnos, cuidar de nosotros, amarnos y hacer que nos sintamos bien con nosotros mismos. De modo que cortar el cordón umbilical te hace avanzar en dirección a la individuación, y te concede el don de ser consciente de que el pecho perfecto y rebosante está dentro de ti, de que por más viejo que seas y sin que importen tus circunstancias, puedes encontrar un puerto seguro, un hogar, una matriz, un pecho a donde puedes volver, porque ese lugar lleno de amor y de afecto está siempre dentro de ti.

Astrológicamente, el proceso de cortar el cordón umbilical supone un cambio de Cáncer a Leo, porque cuando salimos de Cáncer, dejamos atrás los cuatro primeros signos, los personales, y entramos en Leo, que inicia el segundo grupo de cuatro signos, los sociales. Jung habló muchísimo de las personas a quienes él llamaba «nacidas dos veces». Para ser una persona nacida dos veces, tienes que cortar no sólo el cordón umbilical que te ata a tu familia, sino también el que te ata a la sociedad a la que perteneces. Cortar el cordón umbilical que te conecta con tu familia implica un cambio de Cáncer a Leo. Cortar el cordón umbilical que te ata a tu sociedad implica un cambio de Escorpio a Sagitario, el primero de los signos universales.

La Luna es la clave para entender la naturaleza de nuestra necesidad de nutrición afectiva, una necesidad que intentamos proyectar hacia fuera, en busca de alguien que nos brinde lo que necesitamos; pero esto no nos resultará, porque, como ya he dicho, la única persona que realmente sabe cómo darnos por completo el afecto que necesitamos es nuestra madre interior, la madre nutricia que llevamos dentro. El niño que también llevamos dentro, y que sigue estando al acecho aun cuando se supone que ya somos adultos, dice: «Sé que estoy enamorado cuando encuentro a la persona que automática e intuitivamente sabe lo que necesito y es capaz de dármelo». Nuestro niño interior espera también que el ser amado se haga responsable de remediar cualquier cosa mala que nos suceda, e incluso puede echarle la culpa de que deje que nos pasen cosas malas. El niño que llevamos dentro cree que el ser amado debería saber, antes que nosotros mismos, qué es lo que queremos y necesitamos para estar bien, precisamente lo que un bebé espera de su madre. De pequeños, cuando algo nos hacía sufrir, esperábamos que mamá supiera cómo remediarlo, que se diera cuenta de la causa de nuestra incomodidad. ¿Estábamos hambrientos, teníamos los pañales mojados, nos molestaba el viento, o se nos clavaba un alfiler? Y si ella no podía calmar nuestro dolor, nos sentíamos traicionados y nos enfadábamos y nos enfurecíamos con ella de una forma increíble. Del mismo modo, el niño interior que sigue habiendo en nosotros cuando ya somos adultos espera que la figura materna de turno en nuestra vida pueda darse cuenta de qué es lo que nos hace sufrir y sepa exactamente cómo remediarlo.

Una de mis historietas favoritas es de Jules Feiffer, y la tengo colgada en una pared de mi casa. En el primer cuadro se ve a un hombrecito sentado en posición fetal, enroscado en una concha y diciendo: «Yo vivo en una concha». En los cuadros siguientes se ve que la concha está en una caja dentro de una cueva, que en realidad forma parte de un castillo protegido por una fortaleza rodeada de gruesos muros, y que todo el conjunto se encuentra en el fondo del mar, lo que nos dice a las claras cuál es su manera de mantenerse a salvo del mundo. El cuadro siguiente nos muestra a una mujer que anda por el mar en un bote de remos, buscando al hombrecito. Y en el último cuadro vemos de nuevo al primer personaje diciendo algo así como: «Si realmente me amaras, me encontrarías». Dentro de nosotros hay un niño perpetuamente ávido. Una de las peores cosas que se le puede decir a un niño es que se está portando como un bebé; una de las peores cosas que se le puede decir a un adolescente es que se está comportando como el niño; una de las peores cosas que se le puede decir a un adulto es que está actuando como un adolescente, y creo que finalmente el círculo termina por cerrarse, porque cuando uno ya es muy viejo, a algunas personas les hace gracia que tenga actitudes infantiles. Sea como fuere, cargamos con un mito social que dice que estar desvalido y necesitado o ser narcisista es malo, y además algo que ya deberíamos haber superado. Lo que sucede entonces es que vamos depositando todas estas cosas en la sombra, desde donde rebosan y van aflorando poco a poco en función de las necesidades que sentimos en nuestras relaciones supuestamente adultas.

¿Tenéis algo que preguntarme sobre esto?

Oyente: Creo que cuando una pareja empieza a tener hijos, necesitan hacer que su relación se estabilice para que los niños no tengan que crecer en una atmósfera de tensión e incertidumbre. Y al hablar de estabilidad, no me refiero a que la relación se vuelva estática.

Richard: Aunque he presentado el concepto de relaciones estáticas y eróticas de manera muy lineal, en realidad las cosas no son así. En la vida, todos tenemos necesidad de seguridad y protección, y de cierta estabilidad. No estoy diciendo que todas nuestras relaciones debieran ser por completo eróticas, ni que lo que buscamos en una relación estática sea decididamente negativo. No sería muy cómodo casarse con alguien y no saber nunca si por la noche nuestra pareja volverá a casa o no. Hay personas a quienes una situación como esta podría parecerles deliciosamente erótica, pero la mayoría no queremos aguantar semejantes extremos de inseguridad e inestabilidad. Es necesario que haya cierto equilibrio entre lo erótico y lo estático. O sea, que no estoy dando a entender que todos debamos hacer las maletas para trasladarnos inmediatamente de Tauro a Escorpio. Tauro es una parte nuestra fundamental y arquetípica, y se la ha de respetar y concederle su lugar. Necesitamos la seguridad y la estructura que nos ofrece Tauro, pero creo que debemos tratar de liberar a los demás de nuestras proyecciones infantiles, es decir, de nuestras expectativas de que alguien se convierta para nosotros en un padre o una madre artificial, haciéndose cargo de nuestra necesidad de seguridad y protección. Para que nuestra relación con otras personas tenga un contenido erótico, sea más interesante y excitante y nos ayude a crecer, es necesario que concedamos a los demás este tipo de libertad. Y dicho sea de paso, esto no vale solamente para vosotros y vuestra pareja, sino también para otros tipos de relación, como la amistad, por ejemplo.

Durante esta semana, muchos de vosotros examinaréis en profundidad vuestras relaciones, y después de lo que hemos hablado quizá decidáis que algunas de ellas no son tan intensas. Pero recordad que estoy hablando del tema de una forma sumamente teórica. Creo que no hay por qué arreglar lo que no está roto. Si tú y tu pareja sois felices en vuestra relación, ¿para qué molestaros en cambiarla? Es necesario que los astrólogos seamos cuidadosos porque, como ya he dicho, la carta está en la mirada de quien la contempla. Algunos astrólogos corren el riesgo de mirar la carta de una persona y decirle cómo piensan ellos que debería vivir, algo que, por supuesto, tiene que ver con las proyecciones del propio astrólogo. No hay una manera ideal de establecer una relación. Lo que funciona para una persona no le dará resultado a otra. Lo que nos sirve en un período de la vida ya no nos irá bien después de haber crecido y estar en pleno proceso de individuación. No debería haber normas estrictas referentes a lo que está bien o mal para nosotros, en la vida o en las relaciones. Pero si vamos creciendo y cambiando, necesitaremos dar cabida a estos cambios en nuestra vida y nuestras relaciones, en lugar de obstinarnos en sofocar nuestro crecimiento en aras de la seguridad y del empeño de mantenerlo todo tal como siempre ha sido. Entre nosotros hay quienes pagan un precio altísimo por su tranquila seguridad, pero yo me pregunto si vale la pena. Por eso insisto en la importancia de que mordamos la manzana y nos despeguemos de nuestro trasfondo básico.

La Luna: Dar nombre al niño interior

¿Cuál es vuestro objetivo en la vida? ¿Quedaros en el Edén, llevando un estilo de vida inconsciente, o morder la manzana y perder la inocencia y la simplicidad? Normalmente, yo elijo morder la manzana. Soy un mordedor de manzanas compulsivo, y por consiguiente, en mi vida he tenido que renunciar muchas veces a la paz y la tranquilidad. Es mi decisión, aunque también tengo que confesar que, según la ocasión y el lugar, a veces he optado por no morder la manzana. Sin embargo, de una manera u otra, creo que todos tenemos bastante claro si somos o no el tipo de persona a quien le gusta morder manzanas.

Si dedicáis algún tiempo a leer biografías de personas famosas, veréis que la mayoría de los que se han distinguido por algo, especialmente por su talento creativo, son gente del tipo que yo llamaría erótico. Son los que asumen riesgos. Si leéis biografías de Beethoven, Van Gogh, Mozart, Shakespeare, Dostoievski, Tolstoi, Miguel Ángel o Abraham Lincoln, no tardaréis en daros cuenta de que la vida que llevaron fue intensamente erótica. Quizás entre vosotros haya quienes piensan que la vida está marcada por el destino, y que depende de él que llevemos o no una vida erótica, es decir, una vida en la que estemos abiertos al cambio y al riesgo, y en la que seamos sinceros y veraces sobre lo que somos y el sitio donde estamos. Sin embargo, yo sigo creyendo que en diversos momentos de la vida, en cierta medida por lo menos, tenemos la posibilidad de elegir. Robert Frost es uno de mis poetas favoritos, y me gusta de forma muy especial su poema «The Road Not Taken» [El camino que no elegimos], que nos habla de alguien que está en una encrucijada y tiene que decidir cuál de los dos caminos ha de tomar. Y más recientemente, me impresionó mucho un libro de M. Scott Peck, *The Road Less*

Traveled ¹ donde habla de las formas en que podemos encarar la vida para alcanzar un nivel superior de entendimiento de nosotros mismos y, en general, para llevar una existencia más rica. Creo que en diversos momentos de la vida llegamos a alguna encrucijada, y si escogemos un determinado camino, avanzaremos en la dirección de lo erótico, pero si elegimos el otro, nos dirigiremos hacia lo estático. No quiero decir que un camino sea siempre el acertado y el otro, siempre el equivocado, ya que eso depende de lo que está bien para cada cual en cada momento. La cuestión es cuál es la opción correcta para mí aquí y ahora.

Hoy voy a referirme principalmente a la Luna y a la forma en que se relaciona con la madre interior y con nuestras vivencias infantiles, pero antes de empezar con este tema quiero decir unas palabras sobre Venus. En la mitología se la describe con frecuencia como una diosa prostituta. Ya sea bajo la forma de Isis, Ishtar, Cibeles o Afrodita, normalmente se la presenta como egocéntrica y narcisista, y totalmente obsesionada por los placeres de su cuerpo. La religión y la cultura judeocristianas la consideraron repugnante y perversa, y optaron por excluirla sin más de su panteón, razón por la cual la mayoría de nosotros no entendemos en realidad ni valoramos el arquetipo viviente que esta figura representa. De hecho, la sociedad moderna no tiene un arquetipo aceptable que exprese el poder de lo femenino y de la sexualidad femenina. Aunque hemos conservado los arquetipos femeninos asociados con deidades como Deméter, Hera y Atenea, a Venus la hemos expulsado del panteón. La diosa de la satisfacción sexual y de los placeres del cuerpo es inaceptable en nuestra sociedad judeocristiana, en la que, realmente, no entendemos a Venus. Pensamos que es un elemento muy perturbador. Después de todo, era el complemento natural del Ares griego y el Marte romano, y por eso la mitología nos los presenta como amantes. Podríamos decir que Venus estaba enamorada del dios de la guerra, y que se sentía naturalmente atraída por él. De hecho, algunas de las mayores calamidades de la mitología, entre ellas la guerra de Troya, las desencadenó Afrodita (el nombre griego de Venus). A ella le encanta ver al guerrero con sangre en las manos; esas cosas la excitan. Hay, pues, algo arquetípico en Tauro y en Libra, los signos regidos por Venus, pero especialmente en Tauro, que es bastante primiti-

1. M. Scott Peck, *The Road Less Traveled,* Simon and Schuster, Nueva York, 1988. [Hay traducción al castellano: *Un camino sin huella,* Emecé, Barcelona, 1996.]

vo y a quien la sangre, las vísceras y la sensualidad le encantan. Con esto quiero decir que Venus no es la dama vestida con demasiada elegancia que come bombones reclinada en un diván, en el césped, a la sombra de los árboles, tal como correspondería a la imagen astrológica que muchos tienen de ella. En realidad, no es nada de eso. Es taimada, astuta y sensual, y no es leal en absoluto.

La Luna es el niño esencial y perpetuo que todos llevamos dentro. Lamentablemente, como nuestro niño interior tiene ciertos rasgos que no aprobamos o que no nos gustan, tendemos a tratarlo con brutalidad, y para hacerlo solemos recurrir a Saturno. La Luna es el niño arquetípico, mientras que Saturno es el padre arquetípico. Saturno es la parte de nosotros que dice: «Crece, deja de lloriquear, basta de lamentos y a trabajar». También nos dice: «Hazte cargo de ti mismo y mantén controlado a ese chiquillo fastidioso». Sin embargo, ni darle una paliza, ni encerrarlo con llave en un armario, ni obligarlo a que deje de ser tan infantil y crezca de una vez, son las maneras adecuadas de tratar a nuestro niño interior. Finalmente, en realidad esos intentos de ponerlo a raya no funcionan. Caer en lo que yo llamo «el juego Luna-Saturno», que implica negar o reprimir al niño que hay en nosotros, sólo sirve para que esté cada vez más enfadado y se vuelva cruel.

Creo que la Luna es uno de los planetas clave en los problemas de adicción (al igual que Venus, de quien me ocuparé más adelante). La Luna se vuelve adicta porque se siente emocionalmente insatisfecha. Los problemas con la adicción pueden derivarse de nuestro niño interior –tal como nos lo muestra la Luna–, que clama por la atención afectuosa, el cuidado y la satisfacción emocional que tan intensamente necesitamos en el pasado, pero que no recibimos. Como en la historieta de Feiffer de que os hablé en la conferencia anterior, nuestro niño interior frustrado (la Luna) dice: «Si realmente me hubieras amado, me habrías encontrado. Pero como no me encontraste, eso significa que no me amas, lo cual quiere decir que me has abandonado y me has dejado solo, y yo necesito encontrar alguna especie de consuelo para sentirme satisfecho y bien conmigo mismo». De esta manera, la Luna puede formar parte de la causa fundamental de la personalidad adictiva. ¿Cuántos de vosotros creéis que tenéis alguna adicción? Unos cuantos, ya me lo imaginaba. Podríais preguntarme a qué me refiero al hablar de adicción. Una adicción, tal como yo lo veo, es algo que necesitamos hacer o tomar para sentirnos mejor. Nos sentimos mejor con nosotros mismos por haberlo hecho.

Oyente: ¿Puedes decirnos algo más sobre lo que llamas «el juego Luna-Saturno»?

Richard: Sí, es el que tiene lugar cuando uno niega su Luna, la reprime, la encierra bajo llave o la proyecta. Esto, por supuesto, tiende a ser mucho más común en los hombres que en las mujeres, por razones que pronto veremos. Lo que sucede es que Saturno, el superyó y el cínico arquetípico, viene y empieza a encarnizarse con la Luna: «No tendrías que ser tan débil, no deberías estar tan triste ni sentirte tan desvalida, ni mostrarte tan necesitada, no habrías de tener sentimientos (especialmente si eres hombre), no deberías ser tan infantil (especialmente si eres madre)», etcétera, etcétera. Cuando Saturno se encarniza con la Luna, ésta reacciona de manera muy semejante a como lo haría un niño herido, y finalmente empieza a expresar sus sentimientos negativos de un modo inconsciente. El niño puede parecer pasivo y obediente, pero tan pronto como Saturno afloja su presión sobre él, o está ocupado con alguna otra cosa, la Luna vuelve a hacerse cargo de la situación y se arma el gran lío. Por ejemplo, tomemos el juego de la dieta, que es una de las situaciones favoritas de Saturno y la Luna. La Luna se queja de que se siente sola y desvalida, de que lo está pasando muy mal, y dice que realmente necesita una porción de pastel de chocolate. Saturno se apresura a responderle: «Escucha, gorda de mierda, ya sabes que puedes llegar a ser diabética porque es cosa de familia, y que tienes la presión alta, y que ya estás demasiado gorda y no hay ropa que te entre, y que por eso tú misma no te aguantas y tu marido dice que te dejará si no pierdes peso. O sea, que es mejor que no te comas ninguna porción de pastel de chocolate, imbécil indisciplinada, porque en realidad lo que a ti te hace falta son diez días comiendo sólo apio sin sal». Y quizá le hagas caso y te pongas durante diez días a hacer una dieta de apio. Y ya llevas nueve y no te falta más que uno, pero para entonces el niño que hay dentro de ti, que ha estado todo ese tiempo encerrado en el armario sin que nadie le haga caso, se ha convertido en un tiranosaurio furibundo, como los que se ven en las películas de terror. Al noveno día, la puerta del armario se abre de golpe, dejando salir al niño rabioso, que vocifera con insistencia: «¡Quiero pastel!». Pero a esas alturas, con una porción no basta. Hace nueve días, una tajadita delgada hubiera satisfecho todos tus anhelos, pero eso era antes. Ahora el niño no sólo quiere un gran trozo de pastel de chocolate, sino también dos helados y por lo menos una caja de galletas. Y acabas con un terrible empacho. ¿Qué sucede entonces? Pues que la cadena vuelve a empezar y Saturno reaparece y te cae encima como una tonelada de ladrillos: «Ahora sí que te tengo, gorda, has fracasado. Y si pensabas que antes te consideraba mala, mira, no sabrás lo que es serlo de verdad hasta que no te diga lo que pienso de ti ahora».

La gente puede pasarse toda la vida repitiendo esta rutina, en vez de hacer una pausa para preguntarse: «A ver, un momento, ¿qué es lo que necesita realmente ahora mi niño interior? Me siento solo, o sea que tal vez eso signifique que sería bueno telefonear a un amigo y pedirle que venga a hacerme compañía. O quizá lo que necesita mi niño interior sea un abrazo, o tal vez me sintiera mejor conmigo mismo si hiciera las paces con ese amigo con quien me peleé el otro día. O puede ser que sólo necesite estar un tiempo a solas y salir tranquilamente a dar una vuelta por el parque». ¿Veis a lo que me refiero? Puede haber cosas muy concretas que necesitáis hacer para calmar a vuestro niño interior, y que van desde expresar claramente algo que os está molestando hasta tomaros un momento para sentaros a descansar, a escribir una carta o a leer un libro.

Por regla general, cuando empezáis a sentiros empujados hacia algún comportamiento adictivo, deberíais deteneros un momento a preguntaros qué es lo que de verdad necesita vuestro niño interior para sentirse nutrido emocionalmente. Por supuesto, el crío de dos años que lleváis dentro puede decir: «Yo no sé lo que necesito para sentirme nutrido emocionalmente. Tú eres mi mamá y tendrías que saberlo, decírmelo y hacer que todo vaya bien». Seguir con este juego en la edad adulta terminará por envenenar vuestras relaciones. Lo que realmente necesitamos todos es asumir la responsabilidad de nuestro niño interior, aunque debo admitir que a menudo esto es más fácil decirlo que hacerlo. Además, hemos de tener cuidado con el lenguaje y el vocabulario que usamos para describir a nuestro niño interior. Si lo acusamos de ser un mocoso insolente o una niña horrible, es evidente que no le estamos demostrando amor ni comprensión. Sería mucho mejor que pudiéramos darnos cuenta de que el mocoso insolente o la niña horrible es así porque tiene necesidades legítimas que hemos negado, a las que no hemos hecho caso o que no hemos satisfecho. Si la madre afectuosa y justa que llevamos dentro puede abrirse con amor y comprensión a las necesidades de su niño interior, es posible incluso que lleguemos a descubrir que no es el pastel de chocolate lo que verdaderamente necesitamos o anhelamos.

Las adicciones son lo que yo llamo «corchos antidolor», tapones para contener el dolor; son la manera que tenemos de bloquear y no sentir nuestro auténtico sufrimiento. En otras palabras, adquirir una adicción es una forma de evitar el dolor. Dicho sea de paso, cuando os hablo de adicciones no me refiero solamente a las más obvias, como la comida, el alcohol, las drogas, el café o los cigarrillos. ¿Acaso no hay adictos a las relaciones, al trabajo, a dormir o a embobarse frente a la pantalla del televisor? Las adicciones pertenecen a Tauro en el sentido de que nos mantienen firmemente atrincherados en nuestro trasfondo básico. Mantenernos a salvo dentro de los límites del trasfondo básico es uno de los objetivos principales del comportamiento adictivo. Apartad la adicción y veréis cómo sale al ruedo un monstruo rabioso. Cuando cortáis con cualquier forma de comportamiento adictivo os veis expulsados del Edén y tenéis que afrontar vuestro dolor, debéis enfrentaros con la persona que realmente sois. Por eso las adicciones son tan difíciles de abandonar. Podríais llegar a ser adictos a una determinada relación y preguntaros: «Dios mío, ¿por qué no puedo liberarme de esta relación que me hace tanto daño?». Una de las razones de que no podamos liberarnos de una relación difícil puede tener que ver con nuestro mito básico. Una relación adictiva se basa generalmente en un contrato inconsciente que no queremos violar.

Si disponemos los siete planetas interiores de la siguiente manera: la Luna, Mercurio, Venus, el Sol, Marte, Júpiter y Saturno, entonces la Luna es el primer planeta y Saturno el último, y forman una pareja. Mercurio y Júpiter también forman una pareja, al igual que Venus y Marte, y la disposición deja al Sol en el medio. Yo considero al Sol como el planeta que puede arbitrar los dilemas planteados por los opuestos. El Sol es la conciencia, el impulso que nos conduce a ser conscientes de nosotros mismos y a formar nuestro propio yo. El análisis transaccional cree que el adulto que hay en nosotros (el Sol) es el que arbitra entre el padre interior (Saturno) y el niño interior (la Luna). Es parecido a lo que dicen los freudianos, para quienes el superyó (Saturno) está constantemente tratando de aplastar y controlar al ello, es decir, el estrato más primitivo de la personalidad (la Luna). Los freudianos dirían también que el yo (el Sol) está entre el superyó (Saturno) y el ello (la Luna) e intenta ser el árbitro entre los dos.

El primer paso para trabajar con esta situación es tratar de tener una idea más clara de lo que siente vuestra Luna por vuestro niño interior. Al hacerlo, no olvidéis que también hay mitos sociales sobre la Luna. Nos referimos a ella como un planeta femenino e infantil y, dado que nuestra sociedad tiende a devaluar lo femenino y lo infantil, mucha gente reprime su Luna. Es obvio que la Luna es más a menudo un problema para los hombres, porque en nuestra sociedad no se admite que los hombres sean «femeninos»; es decir, que no se los considera hechos para ser pasivos o demasiado receptivos emocionalmente, o para mostrar su lado sensible y afectuoso. También actuar como un niño es menos aceptable en un hombre que en una mujer. Después de todo, hasta la época de mi abuela a las mujeres se las seguía considerando niñas eternas. Se suponía que en presencia de ellas no se debía decir malas palabras, lo mismo que en presencia de los niños. Nora, la heroína del drama de Ibsen *Casa de muñecas,*[2] fue una de las primeras mujeres emancipadas en la literatura, pero todavía Ibsen nos la presenta como una jovencita que actúa de un modo infantil. Sólo ahora empiezan las mujeres a liberarse de tales estereotipos, pero la forma en que se las ha descrito en el pasado hace que integrar la Luna sea más fácil para ellas que para los hombres.

Entonces, ¿qué debemos hacer para brindar nutrición emocional a nuestra Luna? ¿Cómo empezamos a ser nuestra propia madre? Estas son cuestiones importantes, porque la incapacidad para integrar la propia Luna aumenta la probabilidad de que la proyectemos en nuestras relaciones, y además da origen a más relaciones de naturaleza simbiótica. (No quiero decir que haya nada de malo en la simbiosis, y todos tenemos en mayor o menor medida relaciones simbióticas, pero un exceso de ella nos mantiene en una situación de dependencia e infantilismo.) Uno de los primeros pasos importantes en la integración de la Luna es identificar y dar nombre a nuestro niño interior, y descubrir qué es lo que necesita para sentirse emocionalmente nutrido.

Vamos a examinar la Luna en los cuatro elementos y a ver qué es lo que esto nos dice respecto de la tarea de identificar y dar nombre a nuestro niño interior. Recordad que voy a hablar en términos generales, porque en realidad hemos de tomar en consideración la totalidad de la carta al referirnos a cualquiera de sus partes. En términos generales, sin embargo, la Luna en un signo de tierra dice: «Si me amas, me tocarás, me acariciarás, me alimentarás y me darás cosas reales y tangibles como demostración de tu amor por mí». O sea, que una Luna en tierra podría ver el amor como una buena comida o un anillo de diamantes. El amor es que nos toquen, nos abracen, nos alimenten y nos proporcionen cosas

---

2. Henrik Ibsen, *Casa de muñecas.* [Hay muchas ediciones en castellano: Alianza, Edaf, Espasa-Calpe, Península, Sarpe, etc.]

buenas. Es muy diferente de la Luna en un signo de agua, que dice: «Si me amas, fúndete conmigo, llora conmigo, sé uno conmigo. Si me amas, siente lo que estoy sintiendo incluso antes de que lo sienta yo». Los signos de agua están arquetípicamente acostumbrados al dolor, porque están relacionados con la transformación.

Tendemos a considerar el dolor como algo malo, pero no hay nada de malo en él. Es más, lo interesante es que el dolor es erótico, mientras que el placer es estático. El placer pertenece a Tauro, y el dolor a Escorpio. Cuando hablamos de la Pasión de Cristo, no nos referimos al hecho de que haya disfrutado de su crucifixión. El propio Jung dijo que realmente no cambiamos mientras no hemos sufrido lo suficiente. Vistos de esta manera, el sufrimiento y el dolor pueden conducir a la iluminación, aunque en nuestra sociedad occidental no queramos equiparar el dolor y el sufrimiento con nada positivo. En nuestra sociedad somos tan Tauro, tenemos tantas riquezas y tanta comodidad, que consideramos que «dolor» es una mala palabra, y con frecuencia lo equiparamos con la muerte. Incluso pensamos que pagando podemos escapar del dolor, que si tenemos suficiente dinero, viviremos eternamente. Pero las cosas no funcionan así, ¿verdad? Entonces intentamos negar el dolor, por más que sea nuestro camino hacia la transformación.

Cuando relaciono los signos de agua con el dolor, me refiero a éste como algo bueno que nos ayuda a aprender y a crecer. Cáncer es el despertar del dolor del amor maternal. El amor de la madre por el hijo es doloroso. No sólo es físicamente doloroso dar a luz (o eso me han dicho, dado que es una experiencia que no tendré jamás en esta vida), sino que también es doloroso destetar al niño, verlo crecer y tener que dejar que se vaya. El proceso de cortar el cordón umbilical psíquico es, en su totalidad, doloroso tanto para el padre y la madre como para el hijo, y esto es algo que habría que reconocer plena y abiertamente. Escorpio es el dolor de lo erótico, el dolor de desear y cuidar apasionadamente de algo o de alguien con quien quisiéramos fundirnos, pero sin que jamás podamos conseguirlo del todo, porque dos entidades separadas nunca pueden convertirse en una sola, pese a todas las engañosas ilusiones que nos inspire el sexo. Podemos fundirnos momentáneamente en un maravilloso orgasmo, pero después volvemos a separarnos otra vez, a quedarnos con lo que los franceses tan bellamente llaman *la petite mort,* la pequeña muerte. Piscis también simboliza el dolor: es el dolor de la compasión, cuando nuestros sentimientos y emociones están abiertos hacia la totalidad del colectivo, cuando nos sentimos en unidad con todos, y cuando nuestros límites se desploman totalmente. Escorpio se relaciona con la muerte y el morir, pero Piscis representa la disolución, que con frecuencia puede parecer mucho más aterradora que la muerte. Creo que la mayoría de nosotros escogeríamos antes la muerte que la locura.

La Luna en aire es un emplazamiento curioso, porque dice: «Si me amas, dame espacio y no me aprisiones». El aire es esencialmente objetivo, y dice: «Para tener una imagen clara de algo, tengo que tomar distancia ante ello, alejarlo de mí. Si estás invadiéndome o sofocándome, ¿cómo puedo retroceder para tener espacio?». La Luna en aire dice también: «Si me amas, comunícate conmigo, háblame, respóndeme. Dime lo que estás pensando, pero recuerda que no has de sofocarme ni devorarme hasta que no quede nada de mí». La Luna en fuego dice: «Si me amas, juega conmigo. Sé positivo. Estimúlame a hacer cosas y yo haré lo mismo contigo. No quiero tener que enfrentarme con la negatividad, de modo que no seamos negativos. Mi lema es ir hacia delante y hacia arriba. Sé valiente y atrevido, ten coraje, ¡y adelante!».

Sólo con este análisis, muy básico y simplista, de la Luna por elementos, ya podemos ver los tipos de problemas que la Luna en conflicto puede generar en una relación. ¿Qué sucede si yo tengo la Luna en aire y quiero distancia y espacio, y tú la tienes en agua y quieres proximidad emocional, ternura y fusión? Para que la relación funcione, tendremos que negociar un poco: «Yo tengo claro cuáles son mis necesidades, y veo que tú necesitas nutrición emocional, pero yo no puedo convertirme de pronto en un tipo de persona con la Luna en un signo de agua sólo porque tú lo necesites. Lo que sí puedo hacer es encontrar maneras de darte el alimento emocional que necesitas, sin traicionar por eso los principios básicos de mi propio ser». O si no, una mujer con la Luna en agua quizá tenga que aceptar que su marido, que la tiene en aire, no puede darle ese alimento que ella necesita, y por lo tanto deberá encontrar la manera de brindárselo a sí misma, o bien tendrá que hallar a otras personas que puedan satisfacer las necesidades de su Luna en agua. Una vez dicho esto, quiero añadir que si una persona sigue atrayendo parejas, amigos y compañeros que son fundamentalmente incapaces de satisfacer sus necesidades, es probable que ella misma se esté creando esta frustración como consecuencia del tipo de mitos básicos a los que está enganchada. Es obvio que esto debe de remontarse a la relación que tenía con sus padres en la infancia y a los mitos familiares vigentes en aquel momento. Ya veis cómo pueden generarse problemas en la niñez si un padre o una madre con la Luna en tierra o en agua intenta brindar afecto a un niño que la tiene en aire o en fuego. Como ya he dicho, todos tendemos a creer que los demás son como nosotros, o que deberían serlo. Sin embargo, según el elemento donde se encuentre, la Luna tiene necesidades muy diferentes, y la clave para proporcionar a otras personas alimento emocional es hacerlo de acuerdo con el signo de su Luna, y no con el de la nuestra.

Os daré un ejemplo específico. Si un niño tiene la Luna en aire, necesita espacio y distancia para sentirse amado y cuidado; pero, ¿qué pasa si su madre la tiene en un signo de agua y la manera natural que ella tiene de amarlo hace que él se sienta devorado y tragado? Digamos que ella tiene la Luna en Escorpio y le está casi todo el tiempo encima. Las madres con la Luna en Escorpio pueden mezclar los sentimientos maternales con sentimientos eróticos (y con eróticos no me refiero a explícitamente sexuales, sino a que ella tiene lo que otros podrían sentir como una necesidad avasalladora de conexión y de contacto). Cuando hay problemas entre el padre o la madre y el niño, éste supone que la culpa es suya, porque los niños siempre ven las cosas de manera muy subjetiva. Entonces, el niño de este ejemplo pensará que debe de haber algo que anda mal en él, porque su madre busca aproximarse íntimamente, y él la aparta. La madre supone a su vez que algo no anda bien en el niño, porque las madres no individuadas piensan que sus hijos han de ser tal como son ellas. Por lo tanto, el niño llegará a la conclusión de que en su forma de ser de aire hay algo que no va bien, y que debería parecerse más a su madre, con su Luna en Escorpio. Cuando crezca, es probable que se case con una mujer que tenga la Luna en Escorpio, o una conjunción Luna-Plutón o algo parecido, y todo el sistema se establecerá de nuevo, lo cual servirá para reforzarle la creencia de que hay algo que no va bien en él, porque no puede lograr que sus relaciones funcionen. Si no habéis cortado el cordón umbilical que os ata a vuestros padres, os veréis obligados a mantener ese material no elaborado entre vosotros y vuestros padres en las relaciones que vayáis teniendo más adelante en la vida. También es probable que recreéis con vuestros hijos las mismas experiencias que tuvisteis con vuestros padres, y esta es precisamente la forma en que las pautas se van pasando de generación en generación. Cualquiera de vosotros que haya trabajado con las cartas de diferentes generaciones de una misma familia sabrá exactamente a qué me refiero. Es como si una maldición familiar se fuera pasando de padres a hijos *ad infinitum,* hasta que al final aparece alguien que se las arregla para liberarse del modelo heredado. Os aseguro que el material psíquico no elaborado con el que seguís cargando, procedente de vuestros mitos familiares y sociales, se irá transmitiendo a las generaciones que vengan detrás de vosotros. La persona que se convierte en el héroe o la heroína al cortar la conexión umbilical no sólo se libera de la maldición familiar, sino que también libera a sus descendientes de la repetición inconsciente de los mitos y modelos de la familia.

Oyente: A partir de la carta de alguien, ¿se puede decir si esa persona será el héroe, o todo el mundo tiene la posibilidad de serlo?

Richard: Todos podemos ser el héroe o la heroína en nuestra propia vida, pero la gran pregunta es si nos adueñaremos de la espada, y esto no se ve en la carta. Los tránsitos y las progresiones indican cuándo hay oportunidad de apoderarse de la espada y actuar heroicamente, cortando el cordón umbilical, pero si se sacará partido de esa oportunidad o no ya es otra historia. Quizá los dioses estén llamando a tu puerta; pero, ¿estás tú en casa para abrirla? Es probable que quienes llegan a la conclusión de que su carta está equivocada, o de que la astrología no funciona porque no les sucedió nada importante durante tal o cual tránsito, se hayan perdido la ocasión de crecer y cambiar, porque estaban dormidos o simplemente no estaban dispuestos a morder la manzana y embarcarse en un viaje de transformación. Cada uno puede ser el héroe o la heroína de su propia vida, pero para eso debe estar dispuesto a permitir que las transformaciones se produzcan cuando los tránsitos y las progresiones lo requieran. Tengo que recordaros una vez más que la manera de crecer o de transformarse *no es* mutilar o golpear al niño interior. Todo lo que alguna vez sentisteis o aprendisteis sigue estando vivo y presente dentro de vosotros, y no podéis hacerlo desaparecer de un manotazo. Pero tampoco querréis que sea ese material el que os gobierne y controle vuestra vida, de modo que necesitáis encontrar un buen equilibrio entre ejercer un control excesivo sobre vuestro niño interior y dejarle la rienda suelta. Para conseguirlo necesitáis evocar a vuestra madre interior, con el fin de que ayude a crecer al niño que hay en vosotros, prestándole la atención adecuada, la nutrición y el aliento que necesita, pero que jamás recibió de vuestra madre externa y real. Si todavía estáis tratando de que vuestros padres reales se conviertan en los padres ideales que necesitáis, pero que nunca tuvisteis, no conseguiréis liberaros de vuestros modelos y mitos familiares. Tendréis que encontrar a vuestros propios padres *inte-*

riores ideales, y entonces podréis cambiar. A veces es necesario un desastre o una experiencia dolorosa para convertirse en el héroe que puede cortar el cordón umbilical psíquico que lo ata a sus padres. Es lo que le sucedió a Core cuando Plutón la raptó y la violó, y este es el tipo de situación que yo llamo «volverse humano por medio de una catástrofe». En particular, los tránsitos de Urano, Neptuno y Plutón pueden humanizarnos mediante catástrofes, y en este sentido son regalos de los dioses, que nos sacuden y nos hacen pedazos para arrancarnos del mundo interior fijo y saturnino de nuestro trasfondo básico.

Me gustaría ilustrar algunas de las cosas que os he ido diciendo con extractos tomados del estudio de las cartas de una pareja con la que he trabajado en terapia. El hombre tiene la Luna en Capricornio, y la mujer la tiene en Libra, y llevaban tres o cuatro años de casados cuando vinieron a consultarme. Ambos se quejaban de no sentirse amados en su relación, y ya habían llegado al punto de iniciar los trámites del divorcio. He aquí un ejemplo del tipo de diálogo que se producía entre ellos. Ella, con la Luna en Libra y la necesidad de comunicación que esto conlleva, lo acosaba preguntándole cómo podía ser que él nunca le dijera que la amaba. Y él, con la Luna en Capricornio, le contestaba: «Ya sabes que yo no soy uno de esos hombres que andan por ahí declarando su amor». Ella le decía entonces que no entendía por qué no podía hacerlo, ya que ella lo hacía continuamente. «Sí, tanto que me sacas de quicio. ¿Acaso no te he demostrado mi amor? Mira la hermosa casa que te he comprado», contestaba él con una clara muestra de que la Luna en Capricornio equipara el amor con las cosas sólidas y tangibles. Pero ella replicaba: «Para mí, esas expresiones materiales del amor no significan nada», y él le recordaba que había trabajado como un esclavo para comprarle un hermoso anillo de brillantes y un abrigo de visón, y para llevarla de vacaciones a un balneario de lujo. Y ella seguía con que eso no tenía importancia y más bien la sofocaba, y que lo único que quería era que él le dijera que la amaba. Entonces él se quejaba de que ella nunca cocinaba, y su mujer le decía que detestaba la cocina, que era una pésima cocinera y que no le gustaba ensuciarse las manos, y que, además por suerte tenían cocinera. Él insistía en que quería que fuera *ella* quien cocinara para él, como lo había hecho su madre, y ella le recordaba que no era su madre y que, si tanto la echaba de menos, se fuera a vivir con ella, y le decía que creía que a él le gustaba cómo guisaba la cocinera que tenían, y él respondía algo así como: «Sí, es buena cocinera, pero de todos modos yo quiero que tú me hagas la comida».

En las sesiones de terapia les expliqué cómo cada uno de ellos interpretaba de diferente manera lo que era ser amado y demostrar amor: él de acuerdo con su Luna en Capricornio y ella de acuerdo con su Luna en Libra. Con el tiempo, él empezó a enviarle postales de esas que se anuncian con una frase como: «Si tú no sabes decirlo, ellas lo dirán por ti». No importa lo que vosotros penséis de esas postales; para ella significaron muchísimo. Finalmente, él comenzó incluso a recortar pequeños poemas de periódicos y revistas para dárselos, o a dejarle bajo la almohada mensajes en los que le decía cuánto la amaba. Como la Luna en Libra de ella se conmovió con esos gestos, él dejó de regalarle esas cosas tan caras con las que ella sentía que intentaba comprarla, y empezó a hacerle pequeños obsequios que tenían un significado simbólico para ambos: una rosa roja o amarilla y cosas parecidas. Comenzaron a brindarse el uno al otro más afecto del modo en que cada cual lo necesitaba, aunque ninguno de los dos podía cambiar por completo y convertirse en alguien que no era. Pero se las arreglaron para encontrar en sí mismos algo para darse el uno al otro, lo cual hizo que los dos se sintieran más amados y apreciados.

Oyente: ¿Y ella empezó a cocinar para él?

Richard: Sí, pero mal, y desde luego, no todas las noches. Aun así, a él no le importaba: lo que le preparaba ella le sabía mejor que la comida que les hacía la cocinera.

Tomemos ahora por ejemplo a una Luna en agua y una Luna en aire. Es probable que la persona de aire se sienta sofocada y ahogada por la persona de agua. Cuanto más se retraiga y retroceda la persona de aire, tanto más la perseguirá la de agua, o bien reaccionará con malhumor, enfurruñándose y resoplando para expresar su insatisfacción. Es frecuente que los padres con la Luna en agua deseen «comerse» a sus hijos. Y a menos que este tipo de padres puedan encontrar alguna manera distinta de satisfacer su tremenda necesidad de vínculo e intimidad emocional, tendrán unos problemas terribles con un hijo que tenga la Luna en aire. No hay una fórmula fácil para resolver ese tipo de dilemas, pero hay maneras de empezar a trabajar con ellos. Una vez traté a un padre con la Luna en fuego, que tenía un hijo con la Luna en agua. La respuesta del padre para cualquier cosa era: «Escúdate en una sonrisa», y pensaba que su hijo, con la Luna en Piscis, era muy débil y llorón, y de ninguna manera un *hombre* de verdad. Cuando los matones de la escuela le daban una paliza, el padre le decía: «Mañana será otro día. Búscate amigos mejores para jugar y sonríe». Naturalmente, el hijo sentía que su padre no tenía en cuenta sus sentimientos, de manera que se desconectó emocionalmente de él, con lo cual el padre se enfadaba más y se sentía más frustrado. Después de trabajar algún tiempo con él, llegué a conseguir que admitiera que aunque no pudiera identificarse con los sentimientos de su hijo ni compartirlos, por lo menos podía aceptarlos sin juzgarlos.

Oyente: ¿Puedes decirnos algo más sobre las necesidades de la gente que tiene la Luna en Libra, comparadas con las de quienes la tienen en Escorpio?

Richard: Libra es el signo del matrimonio y nos dice, de modo arquetípico, cómo debería ser esta unión. «Dos lados pueden equilibrarse el uno al otro –nos dice Libra–, pero cada uno no tiene que ser el otro. Una relación de pareja equilibrada exige espacio y objetividad. Es preciso respetar a la otra persona como individuo por derecho propio.» Por lo tanto, Libra no piensa que dos puedan convertirse jamás en uno. Escorpio, sin embargo, sí lo cree. El signo de Escorpio sigue al de Libra porque el dolor de la soledad de un signo de aire debe ir seguido por la necesidad de vínculo emocional del agua. Escorpio intentará continuamente unir a dos personas como si fueran una.

En la próxima conferencia, hablaremos más de la Luna y de su importancia en las relaciones.

La relación entre padres e hijos y el corte del cordón umbilical psicológico

Quiero seguir con el tema que estábamos trabajando durante la última sesión y decir algo más sobre la relación entre padres e hijos, poniendo un énfasis especial en la Luna. Una de las cosas fundamentales que hay que entender en lo que respecta a cualquier relación es que sólo se puede amar a otra persona en la medida en que uno se ama a sí mismo. Y esto es algo que parece que muchas personas quisieran volver del revés: piensan que si alguien las amara, entonces aprenderían a amarse lo suficiente para poder amar a su vez. Pero eso no funciona así. Nuestra primera experiencia de las relaciones se inicia con la que tenemos con nuestros padres, y todas las relaciones posteriores se verán influidas por ella. Gran parte de nuestra capacidad de amar procede de los mitos establecidos en nuestra familia. Pero, ¿cuánto amor necesita un niño para sentirse bien consigo mismo? Esto es algo que nadie ha sido capaz de precisar jamás. No creo haber encontrado nunca a un niño a quien se haya amado demasiado. He conocido a niños que han sido demasiado *poseídos*, pero no demasiado queridos. Además, otra cosa que hay que considerar es hasta qué punto puede uno tolerar la intimidad. En gran parte esto tiene que ver con la Luna en la carta. La intimidad es como la comida; podemos tener los ojos más grandes que el estómago. Es importante darse cuenta de que cada uno de nosotros tiene su propio nivel de «tolerancia a la intimidad», que también puede variar en diferentes épocas de la vida y de una relación a otra. Dicho de otra manera, de ciertas personas uno puede tolerar una dosis mayor que de otras. ¿Os habéis dado cuenta de ello?

Creo que la dinámica de la familia de origen influye en la tolerancia de cada cual a la intimidad. Ciertas familias tienen reglas sobre la intimidad, sobre las personas con quienes está permitido intimar, durante cuánto tiempo y en qué circunstancias. Por ejemplo, podemos encontrar a una madre que es muy afectuosa y cuida mucho de su hijo mientras este es muy pequeño, pero todo eso cambia cuando el niño se hace un poco mayor. Cuando empieza a cortar el cordón umbilical psicológico (lo cual sucede aproximadamente a los dos años, una fase a la que se alude a veces como «los terribles dos años») y aprende a caminar y a hablar, y comienza a corretear por todas partes diciendo que no a todo, es probable que la hasta entonces afectuosa madre empiece a sentir rechazo por el niño. O quizás una madre o un padre se muestren afectuosos con su hijo hasta la adolescencia, y entonces algo sucede. Esto puede pasar si una madre o su hija tiene en su carta un aspecto Luna-Venus. Cuando la hija llega a la pubertad, la madre empieza a verla como su rival. De pronto la puerta se cierra y la intimidad desaparece. El mismo tipo de rivalidad puede darse entre padre e hijo a esa edad; es lo que yo llamo el período de «entrechocar las cornamentas». El padre es bueno y afectuoso hasta que el hijo llega a la pubertad y la adolescencia; entonces el muchacho deja de ser un niño para convertirse en un hombre en ciernes, un rival que un día habrá de superar y reemplazar al padre. En muchos casos, el muchacho entra en la fase más vigorosa de su virilidad precisamente en la época en que la potencia y el poder de su padre declinan. ¿Y cómo puede manejar esta situación el padre?

Otro caso es que el padre sea muy afectuoso y cálido, capaz de establecer una tierna intimidad con su hija hasta que ella llega a la pubertad, y parece como si, de la noche a la mañana, toda la dinámica familiar se modificara y cambiara por completo. Lamentablemente, la mayoría de las familias no se dan cuenta de la clase de problemas y de corrientes ocultas que surgen cuando un niño llega a la pubertad, e incluso si los perciben, es común que se muestren renuentes a hablar con claridad de lo que está sucediendo. Es asombrosa la cantidad de tabúes que hay en el seno de un sistema familiar con respecto a hablar abiertamente de lo que sucede durante la transición de un niño a la adolescencia y luego a la condición de adulto joven.

Hace poco trabajé en un caso en el que la madre había sido una gran belleza; era una mujer a la que yo llamaría del tipo Afrodita. Acababa de cumplir los cuarenta años, una edad muy crítica para una mujer identificada con Afrodita. No sé si entendéis a qué me refiero al decir que una mujer está identificada con Afrodita o Venus. Es hermosa y seductora;

usa su encanto y su atractivo físico para conseguir lo que quiere. Este es su poder. Creo que, hasta cierto punto, la mayoría de las mujeres se identifican con Venus, pero algunas están muy influidas por este arquetipo. Es la maldición de la belleza. ¿Jamás habéis pensado que la belleza pueda ser una maldición? Todo el mundo se esfuerza mucho por adquirirla o conservarla, pero también puede ser una maldición, especialmente alrededor de los cuarenta años, cuando ya no se es tan joven y la edad núbil quedó atrás. Lo que sucedió en el caso del que os estaba hablando fue que la madre llegó a los cuarenta precisamente cuando la hija cumplía los catorce y empezaba a convertirse en una gran belleza que de hecho se parecía muchísimo a su madre cuando era joven. Y, aunque la madre no tenía conciencia de ello, empezó a ver a su hija como a una rival.

Imaginaos la situación. La madre llega a los cuarenta y comienza a sentirse vieja, y tiene que usar más cosméticos y esforzarse mucho más en el gimnasio para mantenerse en forma, y cuidar más su aspecto y su apariencia, mientras que junto a ella está la belleza natural y joven de una hija a quien, naturalmente, los hombres ya empiezan a mirar. Incluso el padre de la niña (el marido de la madre) comenta lo atractiva que se está volviendo su hija, y dice a la madre algo como: «Se parece a ti cuando eras joven». Entonces la hija se ve atrapada en un callejón sin salida. Siempre se ha sentido cerca de su padre, pero ahora que él empieza a sentirse atraído por ella como mujer, las cosas cambian. También él puede estar captando inconscientemente el hecho de que la madre se pone muy rígida cuando él besa a la hija o se la sienta en las rodillas como lo ha hecho siempre desde que era pequeña. Quizá la madre haga comentarios como: «¿Qué está pasando entre vosotros dos?», o: «Dejad de hacer eso, que es desagradable».

En este caso en particular, no pasó mucho tiempo sin que tanto el padre como la hija empezaran a recibir mensajes advirtiéndoles que esas cosas ya no estaban bien vistas. Simultáneamente, la madre comenzó a decirle a la hija cosas como: «Estás tan flaca que pareces un alambre, ¿por qué no comes un poco más?». Entonces la chica empezó a comer más y a aumentar de peso, y cuanto más comía, más se acercaba a ella la madre, pero más la rechazaba el padre, que empezó a hacerle reproches de este estilo: «Por Dios, con una figura tan bonita, ¿por qué te estás engordando tanto que pareces un cerdito? ¿Por qué no llevas una vida más activa y juegas un poco al tenis para quitarte de encima esos michelines?». Lo que sucedió fue que muy pronto la hija se volvió bulímica. De paso os diré que tiene una cuadratura en T formada por la Luna, Venus y Plutón, un indicador clásico de la anorexia y la bulimia. Luego volveré a la astrología. Ya podéis ver cómo la muchacha estaba atrapada entre la madre y el padre. Si hacía lo que quería la madre y comía más, perdía el amor del padre. Si no comía en exceso, perdía el amor de la madre. Es muy duro para un adolescente caer en semejante trampa, tener que escoger entre la madre y el padre. La chica se sentía desgarrada. Además, si la dinámica familiar se convierte en una fuente de estrés, si la relación entre los padres es mala o si se siente rechazado por uno de ellos, el adolescente se culpará a sí mismo, y esta imagen negativa de sí seguirá pesando en su vida adulta.

En vuestra carta, la Luna refleja el tipo de experiencias que vivisteis por mediación de vuestra familia, y además os inclina a creer que vosotros creasteis esas circunstancias. Los niños viven en un mundo muy narcisista, todopoderoso, y no ven la vida de la misma manera que los adultos. El niño que hay en vosotros todavía está vivito y coleando cuando llegáis a la edad adulta, y no ve el mundo tal como lo percibe vuestra parte adulta, más madura y racional. Por ejemplo, si vuestros padres se divorcian y después de que papá se vaya os quedáis con mamá en casa, podéis deducir que papá no os quiere lo suficiente para quedarse con vosotros, o podéis creer que fuisteis vosotros la causa de la separación de vuestros padres. Lo interesante es que los padres potencian este tipo de mitos cuando dicen a sus hijos cosas como: «Mamá y papá no se entienden bien. Quisiéramos separarnos, pero vamos a seguir juntos porque los dos os queremos mucho». Los padres se convencen de que seguir juntos por los niños es un acto de amor, cuando en realidad les están haciendo un daño enorme, porque un niño pequeño no puede cargar con semejante responsabilidad.

O considerad otro ejemplo, el caso clásico de lo que sucede cuando muere uno de los padres. Si el niño aún es pequeño, es probable que sienta, en algún nivel profundo, que ha sido la causa de la muerte de su padre o su madre. Los niños razonan de manera muy primitiva. Es frecuente que piensen cosas como: «Estoy tan furioso con mamá... Ojalá se muriera». Si tu madre te quitó la caja de galletas antes de que te hubieras comido todas las que querías, o si te regañó mucho, puede ser que momentáneamente hayas sentido ganas de matarla. Entonces, si resulta que ella se muere, es probable que tú creas que la culpa fue tuya, que la causa de su muerte fue tu deseo negativo. También podrías sentir que si realmente ella te hubiera amado, jamás se habría ido. Este tipo de situación puede crear un sistema de creencias según el cual la persona que te ama terminará por abandonarte tarde o temprano. He observado que muchos niños a quienes se les ha muerto uno de los padres, o que provienen de un hogar que se deshizo cuando eran pequeños, terminan por crearse un sistema mítico en virtud del cual más adelante encuentran a alguien que los abandona. Es decir, inconscientemente se preparan para que los abandonen. Para ellos, el abandono es el desastre definitivo, y se las arreglarán para crear la misma situación en sus relaciones posteriores. No quiero decir con esto que todos los niños que pierden a uno de los padres reaccionen exactamente de esta manera, pero con frecuencia la respuesta clásica es rechazar a la gente. Estoy seguro de que muchos de los que hayáis pasado por ello sabréis a qué me refiero. Una variante de este guión podría ser que abandonéis vosotros antes de que os abandonen. Es probable que encontréis este tipo de problemas y rupturas cuando la Luna está en aspecto con Urano, Neptuno o Plutón. Más adelante volveré a hablar del abandono.

Dar nombre a algo nos confiere poder sobre ello. Esta es una manera de interpretar el cuento de hadas sobre Rumpelstiltskin, que es un enano muy colérico, un símbolo del niño rabioso y primitivo que todos llevamos dentro. En el cuento, si la reina no puede adivinar su nombre, debe cederle a su primogénito. Quizá nuestro deseo sea relegar al inconsciente a ese niño colérico y dolido que llevamos dentro –deshacernos de él–, pero la manera de trabajar con este aspecto de nuestra psique es darle nombre, reconocer ese remanente del pasado que es nuestro niño interior, en lugar de negarlo o suprimir su existencia. Si la reina puede nombrar a Rumpelstiltskin, podrá conservar a su hijo. De la misma manera, el secreto para enfrentarnos a nuestros complejos de la niñez es nombrarlos, reconocer y admitir lo que son. ¿Cuál es el nombre del mito con que cargáis desde la niñez? ¿Es Cenicienta? ¿Es Peter Pan? Vuestro mito puede ser uno de los clásicos, como Edipo, Electra o Hamlet, pero no necesariamente tiene que estar relacionado con este tipo de relatos. Dar nombre al mito de vuestra familia es decisivo. Esta es la clase de cuestiones que me gustaría investigar con vosotros esta tarde. Dar nombre a vuestro mito es el primer paso que hay que dar para llegar a dominarlo. Dar nombre a las cosas es la base de la psicoterapia, a la que se solía denominar «terapia del habla». Por eso quienes trabajan como consejeros psicológicos deben aprender a escuchar cuidadosamente lo que les dicen sus clientes. Escuchar la historia de un cliente es una manera de encontrar un nombre para su mito familiar. Aquí reside la diferencia entre el astrólogo y el psicoterapeuta. El astrólogo empieza por hacer una lectura, mientras que el terapeuta empezará preguntándole a una persona por qué ha ido a consultarlo. Pedir a los clientes que os cuenten su historia, que os digan qué es lo que les pasa, que describan de qué manera ven eso que llamamos vida o qué imagen tienen de la relación o de la crisis en que se encuentran, es el primer paso en el proceso para llegar a definir su mito. Creo que una de las principales funciones del psicoterapeuta es precisamente ésa, la de ayudaros a definir y determinar el nombre de vuestro mito. Una vez que lo sepáis, sabréis qué clase de espada necesitáis para enfrentaros a él y ahuyentarlo. Si es una pequeña criatura que muerde, como una ardilla, no es necesario que la ataquéis con un machete; tal vez os baste con un pulverizador. ¿Entendéis a qué me refiero? Necesitáis encontrar el arma adecuada para combatir algo, y no podréis encontrarla mientras no sepáis con qué os enfrentáis. Podríais limitaros a cerrar los ojos, apuntar en una dirección aproximada y apretar el gatillo; pero, ¿es así como se da en el blanco?

Creo que la Luna también tiene mucho que ver con nuestras experiencias preverbales. Me refiero a las vivencias e impresiones que tuvimos antes de llegar a la fase cognitiva del desarrollo del lenguaje, antes de que tuviéramos palabras para nombrar las cosas. Si la astrología tiene tanto que ofrecer a la psicoterapia es porque al mirar la Luna en una carta es posible detectar los primeros traumas, los que tuvieron lugar en la etapa preverbal. Os daré un ejemplo. Estuve trabajando con una mujer que había estado durante muchísimos años en análisis; su problema inicial, el que la llevó a tratarse, era en parte la frigidez. También se mostraba muy paranoica con el tema de la violación, y solía tener toda clase de fantasías centradas en él. Se acercaba a los cuarenta, se había casado y divorciado dos veces, y tenía un hijo de su primer matrimonio. A menos que estuviera muy bebida (y ya empezaba a tener problemas con el alcohol) no podía tolerar que nadie la tocara, ni siquiera su hijo. Cuando su marido la tocaba, se ponía absolutamente rígida de miedo; pero a pesar de haberse sometido a psicoanálisis durante muchos años, las raíces de su frigidez seguían siendo una incógnita. Al mirar su carta vi que tenía una conjunción Luna-Plutón en la casa cuatro. La Luna indica el tipo de circunstancias (tanto prenatales como posnatales) con que nos enfrentamos en la infancia, cosas que sucedieron al comienzo mismo de nuestra vida y con las que cargamos incluso en la edad adulta. De esa conjunción Luna-Plutón en la cuarta deduje que mi consultante había sufrido un trauma grave en sus primeros años, cuando todavía no hablaba. Tal como he dicho antes, el problema que se plantea al indagar qué perturbaciones tuvieron lugar en una época tan temprana es que con frecuencia resulta imposible recuperarlas en el nivel consciente, porque se refieren a sucesos que ocurrieron antes de que tuviéramos la habilidad verbal necesaria para definirlos o expresarlos de manera coherente. Esos primeros traumas pueden volver a la superficie de manera simbólica, como por ejemplo en sueños, ensoñaciones o fantasías recurrentes. Incluso pueden revelarse por mediación de las percepciones sensoriales. Por ejemplo, yo he tenido siempre una reacción muy fuerte ante el aroma de los lirios del valle. Nunca había comprendido por qué. Si estoy en un lugar donde abundan estas flores, los ojos se me empiezan a llenar de lágrimas. Al principio pensé que no era más que una alergia, pero no podía dejar de sentir que había algo emocional asociado con ese lagrimeo. Como en el jardín de casa, cuando yo era niño, jamás hubo lirios, y mi madre no usaba ese tipo de perfume, en realidad me hallaba en un callejón sin salida respecto al origen de esa reacción. Un día, finalmente, le pregunté a mi madre si para ella los lirios del valle tenían algún significado, y me dijo que jamás había podido soportar su olor. Entonces me contó que, de muy pequeño, yo tuve una niñera, Ruby, que solía usar hasta empaparse una colonia llamada Lirio del Valle. Mi madre había intentado inútilmente conseguir que dejara de usarla. Resultó que aquella niñera se había ido de casa cuando yo tenía unos seis meses. De modo que ya veis cómo cosas de un pasado tan remoto pueden quedar registradas en el nivel emocional y sensorial, y acompañarnos durante toda la vida.

Pero volvamos a la historia del caso que os estaba contando, sobre la mujer con la Luna en conjunción con Plutón en la cuarta casa. La Luna estaba nueve grados por detrás de Plutón, de modo que por progresión secundaria debe de haber hecho conjunción con su Plutón natal cuando ella tenía ocho o nueve meses. O sea, que lo que natalmente era una promesa se convirtió en una conjunción exacta en ese momento, y yo pensé que en esa época debió de haberle sucedido algo traumático. Al principio sospeché algo relacionado con el incesto, porque los contactos entre la Luna y Plutón pueden indicar problemas de esa naturaleza. Más adelante volveré al tema del incesto, pero en este caso no se trataba de eso. Le pregunté por su infancia, y me dijo que no sabía mucho de los comienzos de su vida, salvo que había nacido en Rumania, que su padre había muerto poco antes de la guerra, y que ella y su madre habían terminado por huir de Europa y emigrar a Estados Unidos. Como su madre se negaba a hablar del pasado, eso era lo único que mi clienta sabía.

Abreviando, empecé a trabajar con su terapeuta principal, que también estaba atascado con respecto a este caso. Como él trabajaba con hipnosis, le sugerí que le hiciera una regresión a los ocho o diez meses, para ver cómo podía haberse manifestado en aquel momento la progresión de la Luna sobre Plutón. Le llevó más de seis meses hacerla regresar a aquella fase de su vida, pero finalmente lo consiguió. Al volver a aquel período, mientras se encontraba en trance hipnótico, empezó a sollozar profundamente y a dar gritos histéricos, pero sin poder hallar palabras para describir lo que hacía que se sintiera así. Entonces el terapeuta y yo decidimos que era necesario hablar con la madre y preguntarle qué había sucedido entonces. Finalmente, la madre nos lo contó. Cuando mi clienta tenía nueve meses, los nazis invadieron la pequeña aldea rumana donde vivían. Fue entonces cuando los alemanes mataron a su padre. Más aún, fusilaron a todo un grupo de hombres de la aldea en presencia de la niña y de su madre. Después, violaron a la madre y manosearon brutalmente a la pequeña. La madre jamás había vuelto a hablar de ese horrendo episodio de su vida, en la esperanza de que su hija no lo recordara. Pero muy dentro de sí, ésta conservaba el recuerdo, que era la fuente de su ulterior frigidez y de sus fantasías de violación recurrentes. ¿Veis, pues, cómo nuestras primeras experiencias (o nuestros mitos familiares) pueden afectarnos desde un nivel profundamente inconsciente, aunque no las recordemos conscientemente? En este caso, a la mujer le gustaban los hombres y le gustaba la idea de que la tocaran y de tener un contacto sexual, pero la niña que seguía habiendo en ella no podía soportarlo. Esa niña no se había recuperado nunca del dolor y el trauma de aquella experiencia. En ella, lo que necesitaba sanar era la parte lunar, no el Sol ni Saturno.

Si el origen de la herida es la Luna, el lugar que necesitamos sanar es la Luna. Ahora bien, eso no se puede lograr diciéndole simplemente a la Luna que crezca de una vez. Lo que mejor puede sanarla es una madre o un padre que la ame. En psicoterapia, el terapeuta puede representar ese papel, el de un progenitor afectuoso que nutra emocionalmente al cliente hasta que éste sea capaz de hacerlo solo. El terapeuta puede capacitar al cliente para que descubra o construya dentro de sí una madre o un padre interior amante y afectuoso.

Oyente: ¿Puedes explicarnos brevemente qué otros tipos de terapia, además de la hipnosis, podrían servir para trabajar con vivencias y traumas preverbales?

Richard: Sí, las terapias que se centran en las emociones, y también las que trabajan con el cuerpo. La terapia reichiana es una de ellas, y también el rolfing, al igual que otros tipos de terapia primaria. Las cosas que suceden muy pronto en la vida quedan más grabadas en el cuerpo que en la psique. El cuerpo recuerda y retiene cosas; al trabajar terapéuticamente con él, podéis alcanzar y liberar lo que está acumulado en la psique. La psique también recuerda las cosas simbólicamente, y por eso la interpretación de los sueños, que la mayoría de los freudianos y junguianos practican, es otra buena manera de acceder a los recuerdos preverbales. Las terapias puramente verbales o cognitivas no son tan útiles como el trabajo corporal o el que se realiza elaborando los sueños, cuando se trata de hacer aflorar los primeros recuerdos o traumas de la vida.

Debemos recordar que la Luna no es casi nunca algo aislado en la carta. Puede estar en aspecto con Marte, con Saturno o con Urano. Los aspectos mayores difíciles de la Luna nos dan pistas referentes a la naturaleza de las vivencias preverbales.

Oyente: Un planeta que forme un aspecto separativo con la Luna, ¿puede indicar acontecimientos que se produjeron antes del nacimiento?

Richard: No deja de ser una idea, pero no puedo darte una respuesta definida porque jamás se ha probado de un modo satisfactorio que en el útero el niño reciba efectivamente cosas que le llegan del mundo exterior. Yo, sin embargo, estoy muy abierto a la posibilidad de que sea así. El embrión en desarrollo flota en el líquido que se forma en el útero materno, de modo que es probable que sea receptivo tanto a la energía psíquica de la madre y a sus necesidades, como a todo lo que a ella le va pasando, en general, a lo largo del embarazo. Es un hecho que el feto es sensible a lo que la madre come, bebe o introduce en su cuerpo, de modo que en alguna medida debe de ir aprendiendo cosas del medio exterior. Pero, como os estaba diciendo, los aspectos de la Luna indican experiencias y traumas que tuvieron lugar en la fase preverbal del desarrollo del niño.

Más adelante examinaremos con mayor profundidad los aspectos lunares, pero antes quiero insistir en que es muy importante la etapa de la infancia en que se produjo un trauma u otro acontecimiento; cuanto más temprana es la vivencia, menos accesible es para la mente consciente, y más probable es que origine un complejo o una fobia. Con frecuencia, los complejos y fobias más profundos se revelan por mediación de los sueños, especialmente cuando son recurrentes o de temas similares, y también en los que tenemos durante períodos de grandes conflictos o de estrés. Otra cosa que es necesario considerar es el grado de poder o de efecto que tiene sobre un niño una experiencia preverbal, algo que puede ser un poco difícil de evaluar, porque una vivencia que quizás un adulto no considere demasiado intensa podría parecerle sumamente importante a un niño. Por ejemplo, yo trabajé una vez con un niño que acababa de entrar en la etapa verbal de su desarrollo. El problema era que siempre chillaba y lloraba cuando lo tomaban en brazos. Resultó que su abuela solía decirle cosas como: «Eres tan rico que podría comerte». Como el niño se tomaba al pie de la letra esas afirmaciones, llegó a creer que, efectivamente, cualquiera que le demostrase amor quería comérselo, razón por la cual protestaba cuando los amigos o familiares trataban de levantarlo o de tenerlo en brazos. Incluso llegó a insistir en que la gente que lo rodeaba estuviera siempre comiendo galletas, como si intentara asegurarse de que de ese modo no tendrían tanta hambre como para querer comérselo. Aunque suene raro, es verdad. Finalmente, la madre le preguntó por qué siempre quería que la gente comiera galletas, y así se enteró de los miedos provocados por la inocente expresión de afecto de la abuela. Tal como ya he dicho, es difícil evaluar el poder o la influencia que puede tener sobre un niño una experiencia temprana.

Digamos que, accidentalmente, una madre deja caer a su bebé, lo cual es algo que podría suceder. Algunos niños no se sentirán afectados por ello, mientras que otros pueden quedar traumatizados si el episodio se repite. Tenéis que aprender a hacer las preguntas adecuadas. En este caso, podríais preguntar a la madre cuántas veces le sucedió esto, o averiguar desde qué altura cayó el bebé, y hasta puede ser necesario preguntar sobre qué aterrizó al caerse. Además, debéis averiguar cuál fue la reacción de la madre después de dejar caer al bebé, porque también quedará almacenada en el banco de memoria del pequeño. ¿Y si el niño tenía una madre alcohólica que se volvía torpe cuando estaba bebida? Un bebé de dos semanas que está en manos de una madre que bebe no tiene la capacidad de relacionar el hecho de que lo haya dejado caer con el de que esa mañana su madre se haya bebido tres copas de coñac o de ron a modo de desayuno. Ni tampoco, si no recibe el mejor de los cuidados, puede entender que la razón de ello es que a su madre no la cuidaron bien cuando era pequeña. Ni, si la madre parece inquieta o desdichada, puede atribuírselo al hecho de que está pasando por momentos difíciles en su relación de pareja. No son estas las cosas que un niño puede pensar o de las que puede darse cuenta. Pero lo que sí podría concebir alrededor de la experiencia de que lo dejen caer repetidas veces es el mito de que el mundo «de ahí fuera» es un lugar peligroso, y que incluso la gente que te ama, te acaricia y te proporciona alimentos y afecto también puede dañarte. La carta puede proporcionar algo de información sobre la capacidad potencial para tener experiencias traumáticas precoces. O sea, que si veis un aspecto o un emplazamiento que sugiere un trauma en la infancia, debéis hacer preguntas para determinar los posibles efectos de la experiencia. Será necesario descubrir en qué momento sucedió, porque las vivencias más tempranas son las que más huella dejan. Y también necesitaréis establecer con qué frecuencia se produjo algo como dejar caer a un niño. Si sólo se lo dejó caer una vez, no lo registrará de la misma manera que si le sucedió repetidas veces. Y, como ya he dicho, es necesario que indaguéis de qué manera reaccionaron la madre y el resto de la familia ante el incidente. Si la madre se puso histérica y empezó a lloriquear por su pobrecito hijo, y llamó sin tardanza a la policía o a una ambulancia, eso equivaldrá a potenciar todo el episodio y hacerlo más traumático aún para el niño. Lo más probable es que la familia se enfrentara a la crisis como era habitual en ella, o sea, de la misma forma en que se enfrenta a las crisis en la actualidad. Quizás el modelo familiar de afrontar una crisis no sea llorar y quejarse; podría ser echar la culpa de lo sucedido a otra persona. Estos son, precisamente, algunos de los modelos o juegos típicos que se emplean en las familias.

La psicoterapia se puede usar en unión con la astrología para favorecer la sanación de traumas y complejos precoces. Por ejemplo, tomemos el caso de una persona que en su niñez se sintió rechazada, maltratada y abandonada por sus padres, y que ahora inconscientemente intenta establecer la misma dinámica con todos los terapeutas a quienes acude. Es como si su objetivo en la terapia fuera convertir al terapeuta en alguien malo o rechazador. Si el terapeuta es capaz de manejar este tipo de transferencia, entonces el mito del cliente empieza a perder parte de su poder. Puede parecer que esto es bueno, pero para la persona con un complejo profundamente arraigado, renunciar a su propio mito es casi como morirse, porque los mitos forman los cimientos de nuestro ser. Demostrar que un mito es erróneo o despojar de él al cliente es comparable con la muerte o con que a uno se le mueva el suelo bajo los pies. La gente peleará hasta su último aliento para preservar su sistema mítico. Sin embargo, mediante la psicoterapia, el terapeuta tiene la posibilidad de ofrecer un modelo de progenitor afectuoso, en quien se puede confiar y que no va a dejar que el bebé se le caiga cada vez que lo levante y lo tenga en brazos. Lo que sucede entonces es que la imagen nueva, recién formada, de un progenitor atento y afectuoso (la que el cliente puede ver en el terapeuta) empieza a contraponerse al trauma originario, o a borrarlo. Creo que el daño que se produce durante la fase preverbal del desarrollo del niño es el que más tiempo necesita para sanar; está tan profundamente arraigado que se necesitará mucho tiempo para que nuevas imágenes y expectativas vayan reemplazando a las antiguas. En términos astrológicos, yo lo expresaría diciendo que el daño producido en un nivel lunar es el que más tarda en sanar; probablemente necesitaréis abriros a la exploración de esa herida temprana recurriendo a formas no verbales de terapia, y os hará falta también un terapeuta capaz de actuar como un progenitor sustituto a largo plazo. Es preciso establecer una transferencia prolongada, merced a la cual se vea al terapeuta como a una madre o un padre afectuoso, o mejor aún, esperémoslo, como una combinación de ambos. Esto disminuye el poder de la experiencia original. Es necesario contrapesar el poder de la experiencia temprana con el de la experiencia terapéutica. Es de esperar y desear que en la carta del terapeuta haya una configuración que indique una buena disposición a asumir el papel de un progenitor afectuoso. El terapeuta que trabaja durante mucho tiempo con un cliente debe ser el tipo de persona capaz de ofrecer el modelo de un progenitor cariñoso y atento. Esto puede estar indicado por una Luna fuerte y nutricia en la carta del terapeuta, pero también se puede manifestar de otras maneras.

Oyente: Hace poco leí algo sobre un estudio que se hizo en Rusia. Pusieron a una gata en una habitación del piso superior, y a sus gatitos en un cuarto de la planta baja. A la madre le colocaron un dispositivo electrónico de medición, y cuando administraron una descarga eléctrica a los gatitos, en la otra habitación, registraron también una reacción simultánea en la madre. Eso me hizo pensar. Si a un bebé de tres días se le muere la madre, puede ser que de algún modo lo registre en su psique, aunque conscientemente no sepa que ella ha muerto.

Richard: No me sorprendería en absoluto que eso fuera cierto. De hecho, creo firmemente que esas cosas suceden. La mayoría de nosotros sin duda estaríamos de acuerdo en que, entre personas que están profundamente conectadas, suceden más cosas de lo que pueda parecer a primera vista.

Oyente: Hay algo que a mí me confunde. ¿Tú utilizas la carta para deducir el tipo de traumas que tuvo una persona en su infancia, o analizas los problemas actuales de la persona y después intentas remontarlos a los traumas de infancia que sugiere la carta?

Richard: Se puede hacer de las dos maneras: ir de la carta a la persona, y también, de la persona a la carta. Ciertos indicadores revelan heridas y traumas de la niñez, o por lo menos te ayudan a orientar mejor la investigación. De modo que te aconsejo que examines los indicadores de la carta natal, pero también que recojas información de los propios clientes; si escuchas cuidadosamente lo que te cuentan, tendrás una idea de lo que les está sucediendo en los niveles psíquicos más profundos. El problema que tienen muchos astrólogos es que no saben escuchar, o no dan suficiente tiempo a la persona para que cuente su historia. Lo que nos explican los clientes debería alentarnos a hacer ciertas preguntas que profundicen más en su pasado y en su inconsciente. ¿Os dais cuenta de lo que quiero decir? Hay un antiguo proverbio árabe que dice que, si nos han sido dadas dos orejas y una lengua, debemos escuchar dos veces más de lo que hablamos. Es algo que han de recordar tanto los terapeutas como los astrólogos. Entonces, la respuesta a tu pregunta es: sí, se puede trabajar de las dos maneras. El consejero psicológico que ha estudiado astrología tiene una ventaja sobre su colega que desconoce esta materia, porque la carta nos da indicios muy claros y visibles de lo que está pasando en la psique de una persona.

Oyente: Creo que lo que acabas de decir se puede conectar con lo que nos has contado de la mujer que tuvo ese terrible trauma cuando era un bebé, en Rumania. Me da la impresión de que tú pasaste por el proceso que acabas de explicarnos. Sabías que la mujer tenía un historial de frigidez, y eso te indujo a examinar la Luna y sus primeras progresiones en la carta de ella. En otras palabras, mediante su carta localizaste un acontecimiento que resultó ser el origen de sus problemas, y entonces volviste a la terapia para trabajar en esa experiencia traumática. O sea, que vas del cliente a la carta y viceversa.

Richard: Sí, así fue exactamente como trabajé en ese caso. Al no estar capacitado para practicar el hipnotismo, no fui yo quien se encargó activamente de la terapia, pero por lo menos empezamos a abrir el panorama centrándonos en la experiencia sugerida por las primeras progresiones de la Luna en su carta. Tiene que haber una especie de partida de ping-pong entre la astrología y la psicología. No es necesario trazar fronteras fijas entre estas dos disciplinas, que pueden alimentarse y nutrirse la una a la otra. A mí me parece que la astrología ofrece el modelo de la condición humana más perfecto que existe, mucho mejor y más completo que cualquier modelo que haya propuesto ningún psicólogo. El modelo astrológico resume y contiene dentro de sí todos los modelos psicológicos. Uno puede decir cosas en la jerga de Freud, Jung, la Gestalt o el Análisis Transaccional que pueden ser traducidas en términos de astrología básica. Por eso yo llamo a la astrología el lenguaje del mínimo común denominador. Sin embargo, la astrología no ofrece una práctica ni un método, no ofrece ninguna clase de terapia, que es precisamente lo que la psicología tiene para ofrecerle. Se puede utilizar la carta para identificar un problema, pero a partir de ahí, ¿adónde se va?

Quisiera volver a lo que estaba diciendo antes respecto a contraponer una vivencia traumática temprana a una transferencia positiva actual con un terapeuta. A la frecuencia de la experiencia traumática en la niñez se le contrapone la frecuencia de la nueva experiencia positiva en la edad adulta. Esa es la razón de que, por lo menos en el psicoanálisis, se sugiera que una persona que está elaborando algunas de esas vivencias vitales de la infancia vaya a terapia dos o tres veces por semana, o quizás incluso diariamente, si el dinero y el tiempo se lo permiten. Cuanto más frecuente sea la nueva experiencia, más probabilidades tiene uno de llegar a recrear creencias y valores nuevos. Repito que el poder y la intensidad de esa temprana experiencia infantil quedan contrarrestados por el poder de la experiencia reciente en el contexto de la situación terapéutica. Según Platón, Sócrates dijo: «Eros es el mayor de los maestros». ¿Qué quiso decir con eso? Seguramente no se refería a irse a la cama con alguien. Eros es el mayor de los maestros, y *eros* es lo que sucede cuando entre terapeuta y cliente se da una transferencia terapéutica sanadora, que sirve para contrarrestar la frecuencia y el poder de las heridas y los traumas de la infancia. ¿Hay alguna pregunta más sobre este punto?

Oyente: ¿No dirías tú que quien trabaja simultáneamente como astrólogo y como terapeuta con un cliente se enfrenta con un dilema? Si empiezas por hacer la carta, podrías terminar diciendo a los clientes cosas que tal vez todavía no estén del todo preparados para oír; en cambio, en el proceso de la terapia, la persona ve las cosas cuando ya está en condiciones de verlas. Puedes decirle a alguien que su carta indica tal o cual cosa, pero tú sabes que te está oyendo sólo con la cabeza.

Richard: Sí, es verdad. Estoy de acuerdo en que esto puede ser un problema, porque da origen a una tendencia a etiquetar y definir las cosas con demasiada rapidez, antes de que el proceso pueda desplegarse por sí solo.

Oyente: Por eso yo prefiero hacer la carta después de haber trabajado algún tiempo con esa persona. Por lo menos, entonces ya conozco mejor al cliente y puedo evaluar con más precisión lo que debo decirle y de qué manera.

Richard: Eso también es válido para las sinastrías. Una de las cosas que realmente puede interferir en una relación es hacer demasiado pronto una comparación de las cartas. En cierta época yo lo hacía. Conocía en una fiesta a una persona que me parecía atractiva y le decía algo más o menos como esto: «Hola, soy Richard, ¿qué día naciste?». Cuando ya tenía los datos del nacimiento, le pedía que no se fuera y le explicaba que estaría ocupado durante unos diez minutos en la habitación de al lado y luego volvería. Lo que hacía era cotejar la carta para ver cómo armonizaba con la mía. ¿Os suena familiar? Sí, ya veo que también vosotros lo habéis hecho.

Ahora me gustaría dedicar algún tiempo a hablar de la Luna. Ya nos ocupamos de ella en relación con los elementos al analizar los problemas que se plantean cuando hay una situación de «mezcla de Lunas», como se da entre un padre o una madre con la Luna en fuego o en aire (en signos *yang,* positivos o masculinos) y un hijo o una hija con la Luna en agua o en tierra (en signos *yin,* negativos o femeninos). Es probable que el niño con la Luna *yin* se sienta como un bicho raro, como si estuviera fuera de lugar en esa familia. Digamos que ambos padres tienen la Luna en signos de fuego y el hijo la tiene en un signo de agua, en Escorpio, por ejemplo. Es probable que el mito de la familia esté en la línea de: «Ánimo, sé positivo, hay que ver el lado luminoso de la vida, no hay mal que por bien no venga, no seas negativo, prohibido llorar, diviértete y reunámonos todos para alabar al Señor». ¡Y les toca este mocoso con la Luna en Escorpio! Él, al ver todo ese amor, esa luz y esa diversión, piensa que algo huele mal, que hay gato encerrado. Se queda ahí sentado, observando a esos padres joviales y felices, pero a él no van a venderle esos mensajes positivos que emiten sin cesar. Es probable que desde muy temprana edad haya hecho lo que la mayoría de la gente con una fuerte influencia de Plutón o de Escorpio hace de forma regular y periódica, es decir, tener una catarsis emocional similar a la erupción de un volcán, momentos en los cuales su madre se alejaba flotando hacia la estratosfera, donde estaba a salvo de sus efusiones emocionales, y su padre se iba a jugar un buen partido de béisbol. Simplemente, no podían enfrentarse con semejante demostración de emoción. Entonces, el niño pensaba: «Algo debe de andar mal en mí». Ya veis que no se le ocurre pensar que algo ande mal en sus padres; su conclusión es que es él quien falla, que en su manera de ser hay algo que no está bien. Esto significa que para obtener la aprobación de sus padres, y para sentirse bien consigo mismo, tendrá que bloquear o suprimir una manera de ser que para él es muy natural; es decir, tendrá que ocultar sus sentimientos y sus estados anímicos más oscuros y negativos.

Os invito a todos a descubrir qué signos lunares tienen vuestros padres. La mayoría de vosotros sabéis la fecha en que nacieron, de modo que podéis averiguar en qué signo tienen la Luna. Por supuesto, debido al movimiento relativamente rápido de nuestro satélite, no podréis calcular sus aspectos más exactos si no conocéis la hora del nacimiento. Por lo tanto, si vuestros padres viven, preguntadles a qué hora nacieron. Si no podéis averiguar la hora exacta, tendréis que usar una carta solar o una carta de mediodía para deducir el margen de los aspectos posibles de la Luna. También podéis experimentar con diferentes horas de nacimiento para ver qué tipo de aspectos lunares se forman. Lo más probable es que conozcáis bastante bien a vuestros padres, de modo que mediante este tipo de experimentación, aunque no podáis situar la Luna por casa, deberíais ser capaces de intuir cuáles son los aspectos lunares con más sentido y, por consiguiente, más probables.

También deberíais comparar lo que yo llamo la *orientación* de vuestra Luna con la orientación de los signos lunares de vuestros padres. Los signos tienen *modalidad,* es decir, pueden ser cardinales, fijos o mutables. También tienen *funciones,* o sea, son de fuego, aire, tierra o agua. Y además tienen *polaridad,* es decir, que pueden ser yang o yin, masculinos o femeninos. Yo creo que también se puede clasificar los signos según su *orientación,* con lo cual me refiero a la forma en que están orientados en el tiempo y en el espacio. Aries está orientado en el tiempo y en el espacio de manera muy diferente a Piscis. La orientación de Aries es algo así como «yo, aquí, ahora», mientras que la de Piscis es más bien «no yo, no aquí, no ahora» (algunas personas podrían expresarlo como: «No estoy, salí a almorzar»). En otras palabras, se podría decir que la orientación de Piscis es «todo el mundo, en todas partes, todo el tiempo». Cada signo se orienta en el tiempo y en el espacio de diferente manera, y creo que es importante entender estas diferencias arquetípicas. Aries se orienta directamente hacia sí mismo, mientras que Libra se orienta directamente hacia los demás. La orientación de un signo es su punto de amarre.

La idea de la orientación de los signos puede ser para algunos de vosotros un concepto nuevo, de modo que permitidme que os lo explique un poco más. Los cuatro primeros signos del zodíaco son signos arquetípicos personales, lo cual significa que están orientados hacia sí mismos. Creo también que los cuatro primeros signos (Aries, Tauro, Géminis y Cáncer) son signos «premorales». Con esto no quiero decir que sean amorales o inmorales, sino que son arquetípicamente primitivos. No me refiero a que no sean evolucionados, y os ruego que no lo entendáis así. Cuando los describo como primitivos, lo que quiero decir es que están más cerca que los demás signos de las fuerzas elementales de la naturaleza. En los seres humanos existe un nivel instintivo que está conectado con los cuatro primeros signos, en particular con los dos primeros, Aries y Tauro. Los signos personales son signos fundamentales que tienen mucho que ver con la supervivencia. Su foco está puesto en el desarrollo del yo: ¿Quién soy? ¿Qué quiero? ¿Qué me gusta? Están orientados hacia el principio del placer. Aries es el placer de encontrarse a uno mismo. Tauro es el placer de los sentidos. Géminis es el placer de experimentar y conocer, y es un signo muy infantil. ¿Habéis observado alguna vez a los niños cuando apenas saben hablar? Les encanta decir cosas como «blabla, bleble, blibli, bloblo, blublu», palabras que no significan nada. ¡Y también los Géminis adultos a menudo se comportan así! Cáncer es el placer de sentir y, curiosamente, también el placer de la herida, del dolor. Un momento, pensaréis quizá, ¿no es algo enfermizo encontrar placer en el dolor? En realidad, no, si consideráis a cuánta gente le encanta sentarse a ver seriales por la televisión. Cáncer es el placer de estar abierto a los sentimientos.

A los signos del segundo grupo (Leo, Virgo, Libra y Escorpio) los llamo signos morales o sociales, no porque su moral sea ejemplar, sino porque son tan sensibles en relación con los demás como consigo mismos. Su orientación se desplaza hacia lo que no es el yo, es decir, hacia los demás, lo cual alcanza su culminación en Libra, el signo arquetípico de las relaciones. Por esta razón, los segundos cuatro signos se interesan por temas como la validación, la conexión interpersonal, las reacciones sociales, los grupos de iguales, etcétera.

En cuanto a los últimos cuatro signos, constantemente les estoy cambiando el nombre. Podríamos llamarlos signos universales, signos del colectivo, o incluso signos transpersonales. Aquí el interés ya no se centra en mí y en mí, ni en mí y en ti, sino *en mí y en todo el mundo*. De hecho, cuando se llega a Acuario y Piscis, el sentimiento del yo puede desaparecer por completo. A veces, a los cuatro últimos signos los llamo «posmorales», porque son los que creen en la importancia de la totalidad, los que creen que la humanidad en su conjunto es mucho más importante que aquellas cosas que sólo lo afectan a uno personalmente, o que sólo afectan a uno y a alguna otra persona. Los cuatro últimos signos son más abstractos que los anteriores, y de alcance más amplio. Os ruego que no entendáis que esto significa necesariamente que sean más evolucionados. Por favor, no lo interpretéis así.

Comparemos ahora la Luna en estas diferentes categorías, y veréis con más claridad lo que quiero decir. Supongamos que una madre tiene la Luna en Acuario, lo cual probablemente signifique que quiere brindar afecto a todo el mundo, pero de una manera desapegada y abstracta. Quizá participe en obras de caridad, trabaje de un modo desinteresado para salvar las secuoyas o encabece un grupo empeñado en resucitar el círculo social del vecindario, o tal vez sea un miembro activo de la asociación Hijas de la Revolución Americana. Es un tipo de madre estupendo para un niño con la Luna en Sagitario o en Capricornio, pero no tanto para un pequeño con la Luna en Cáncer. Yo trabajé en una situación madre-hija que era exactamente la de este ejemplo: la madre tenía la Luna en Acuario y la hija la tenía en Cáncer. La hija no dejaba de acusar a la madre de no quererla bastante. La madre, simplemente, no entendía de qué le estaba hablando su hija, y le decía cosas como: «No seas tonta, eres mi hija y te quiero muchísimo». La hija le respondía entonces: «Seguro, y quieres al cartero tanto como a mí, y a todos los perritos y gatitos del mundo tanto como a mí». Y la madre le contestaba: «Sí, cariño, claro, porque forman parte del universo», y la hija seguía con que quería que la amara más a ella, y al decirlo quien hablaba era su Luna en Cáncer. O sea, debéis tener en cuenta la orientación de la Luna. Alguien con la Luna en un signo personal estará siempre orientado hacia sí mismo; él será lo primero.

¿Y qué hay de la madre con la Luna en un signo personal? Tal vez no sea lo bastante objetiva para ver la clase de alimento emocional y afectivo que necesita su hijo. Los signos personales tienen más tendencia a pensar que todo el mundo debería ser como ellos. Para un padre o una madre que tenga la Luna en un signo personal puede ser difícil entender realmente a un niño que actúa de un modo diferente del de ellos. Os ruego que no toméis esto como una regla rígida; sólo estoy presentando estos ejemplos como posibilidades.

Oyente: ¿Te ha parecido alguna vez que los padres con una Luna personal quieren que sus hijos se ocupen de ellos y los cuiden?

Richard: Sí, buena observación. Es como si los padres que tienen la Luna en un signo personal cambiaran de papel para tratar de conseguir que el hijo satisfaga sus necesidades y responda a ellas, en vez de actuar de la manera habitual. Sí, creo que a menudo es así, y me he encontrado con bastantes casos que lo demuestran.

Consideremos ahora la Luna en un signo social, es decir, de Leo a Escorpio. El problema para la gente con la Luna en un signo social, y a menudo esto también es válido para la Luna en un signo universal, es que con frecuencia no saben lo que necesitan o quieren en un momento dado. Ello se debe a que los signos sociales están orientados hacia los demás, hacia lo que no es el yo. Por ejemplo, ¿cómo se las arregla Libra para saber alguna vez lo que quiere? Libra dice: «Dime lo que quieres y entonces sabré lo que yo quiero», o: «Quiero algo cuando lo quieres tú». Con semejante orientación, es frecuente que las personas que tienen la Luna en signos sociales se enfrenten con el problema de no saber en realidad lo que las nutre emocionalmente o lo que las hace sentir bien hasta que establecen una relación con alguien. También podríais encontraros con que los padres que tienen la Luna en un signo social tienden a nutrir emocionalmente más a la pareja que al hijo, así como es probable que no lleguen a entender realmente el «carácter infantil» de un niño (eso les pasa también a los que tienen la Luna en un signo universal). El hecho de que no estén en contacto con su propia parte infantil significa que tienen dificultades para relacionarse con sus hijos. Considerad el caso de una madre con la Luna en Piscis que tenga un hijo con la Luna en Cáncer. Podríais pensar que como los dos signos están en trígono, esa madre con la Luna en Piscis ha de ser por naturaleza capaz de tratar con ternura y afecto a su hijo con la Luna en Cáncer, pero eso no es necesariamente cierto. El mensaje oculto de la Luna en Piscis es: «Sí, está muy bien ser sensible, afligirse y compadecerse, pero debemos hacerlo en un sentido más amplio, cristiano y universal, y no cediendo a nuestros propios sentimientos personales y egoístas». Es decir que, para la Luna en Piscis, complacerse en las propias necesidades personales no está bien, pero eso es precisamente lo que más le interesa a la Luna en Cáncer.

Un razonamiento similar es válido cuando se considera a la Luna en las diferentes modalidades, es decir, cuando se compara la Luna en un signo cardinal con la Luna en un signo fijo o mutable. Se puede apostar con seguridad a que todo el mundo piensa que los demás son exactamente como ellos o deberían serlo, de modo que preguntémonos qué sucede cuando un padre o una madre tiene la Luna en un signo fijo y su hijo la tiene en un signo mutable. Los niños con la Luna en signos mutables son generalmente muy variables, están llenos de afecto y tienden a pasar por cambios anímicos y estados emocionales muy diversos; son de una manera hoy y de otra mañana, se comportan así en un minuto y de otro modo en el siguiente. Ahora bien, si el padre o la madre de uno de estos niños tiene la Luna en un signo fijo, como Tauro, ¿os imagináis lo que puede suceder? Pensará que a su hijo le pasa algo, y desde luego, nada bueno. Lo interesante es que hay una gran complicidad entre padres e hijos: si algo anda mal en la relación entre uno de los padres y un hijo, tanto el padre o la madre como el niño estarán tácitamente de acuerdo en que la culpa es del niño. Este acuerdo es muy poderoso, y exige demasiada energía para imponérselo a un niño, sobre todo a un niño muy pequeño que aún considera que los padres son lo más cercano a Dios que hay. Por más mal que pueda tratarlo el padre o la madre, en la mente del niño su progenitor siempre tiene razón. Por eso, si un niño tiene un temperamento muy diferente del de uno de los padres, éste le pone la etiqueta de «raro» o «malo», o lo mira como a un loco o un delincuente. El mensaje que transmite un padre o una madre en este caso es: «Si te parecieras más a mí (o por lo menos, a como a mí me gustaría ser), entonces te aprobaría, pero como no te pareces a mí, no puedo aceptar tu manera de ser». ¿Qué efecto pensáis que tiene esto sobre el niño? Probablemente, empezará a negar o a reprimir su propio signo lunar. Si de una manera u otra siente que su Luna es inaceptable para el padre o la madre, la negará y terminará por vivir alguna especie de Luna artificial con la que le parezca que puede obtener el amor del padre o de la madre. Reprimir la propia Luna y partir de un lugar falso puede dar origen a una psicosis o a la esquizofrenia. Si sentís que alguna parte de vosotros es totalmente inaceptable para la familia o la cultura en la que habéis nacido, la única forma de resolver la situación es desconectaros de vuestro verdadero ser. Y si os desconectáis demasiado, podríais terminar con una total desconexión de la realidad.

Oyente: ¿Hay alguna modalidad o alguna posición por signo de la Luna que se preste más al tipo de negación o de escisión a que te refieres?

Richard: No, puede suceder con la Luna en cualquier signo. Lo que realmente importa es la cantidad de presión que imponen los padres a un niño para que sea diferente de lo que realmente es. El factor clave es la presión familiar. Si una niña, por ejemplo, tiene la Luna en un signo de agua y el resto de la familia tiene poca agua o no está viviendo su parte de agua, entonces se convertirá en el chivo expiatorio que debe expresar la sombra de la familia, el agua que los demás miembros no expresan. Dicho de otra manera, la familia necesita que ella reaccione de un modo excesivamente emocional, para así poder culparla de ser demasiado sensible o delicada. ¡Todas las familias necesitan un chivo expiatorio! Y si ella no se prestara a asumir ese papel, o si se fuera, los demás miembros de la familia se verían obligados a enfrentarse con su agua no integrada.

Oyente: ¿Serviría de algo que el padre o la madre y el hijo tuvieran la Luna en el mismo elemento, como en el caso de unos padres con la Luna en Escorpio y un hijo que la tuviera en Piscis?

Richard: No, no necesariamente. Ya os he dado el ejemplo de la madre con la Luna en Piscis y la hija con la Luna en Cáncer, en que la Luna está en el mismo elemento, pero en un caso es mutable y en el otro, cardinal. No sólo la modalidad es diferente, sino que la orientación de estas dos Lunas también lo es. Es verdad que en cierto nivel ambas poseen el carácter afectuoso y nutricio asociado con la Luna en un signo de agua, y sin embargo puede haber problemas debido a sus diferentes orientaciones: a Escorpio le interesa la relación erótica, mientras que a Piscis le interesa la relación universal, empática y compasiva. Y si se plantea un problema por esta razón, lo que generalmente sucede es que los padres dan por sentado que lo que ellos hacen está bien y lo que hace el niño está mal.

Oyente: ¿Qué pasa en el caso de que el niño tenga un elemento predominante que en el resto de la familia no es muy fuerte o que incluso falta?

He observado que en estos casos la familia suele poner al niño entre la espada y la pared. Subconscientemente, quieren tener la energía del elemento que les falta y que el niño podría proporcionarles, pero al mismo tiempo le hacen sentir que, en realidad, no hay lugar para él en la familia debido a que es muy diferente.

Richard: Sí, estoy de acuerdo contigo. Sólo una familia excepcional puede aceptar plenamente o con facilidad el carácter diferente de un niño. Lo más común es que a los hijos se les haga cargar con la sombra de los padres, con lo que ellos no han vivido. Tomemos, por ejemplo, a la pareja típica, el señor y la señora Libra, que llevan a su hijo a terapia porque lo han arrestado por haber cometido un delito menor. Es probable que digan que no entienden cómo pudo hacer eso, teniendo una familia tan buena, donde nadie bebe, todos van a la iglesia, nunca se enfadan ni se levantan la voz, y de S-E-X-O jamás se habla, de modo que no comprenden lo que ha pasado con el muchacho. Para mí es bastante obvio que en la carta del chico hay algo que recoge y expresa las partes no vividas de las cartas de los padres. Es el fenómeno que yo llamo «echar fuera al que sobra» (o a la que sobra), en donde está en juego una confabulación, con frecuencia inconsciente, para excluir a un miembro de la familia. Dicho sea de paso, no siempre es el hijo quien desempeña ese papel; también a uno de los padres podría tocarle cargar con la sombra de la familia, haciéndole sentir que en realidad no forma parte de ella. La terapia familiar moderna se basa en la premisa de que si se va a tratar a alguien que es el miembro que sobra o a quien se hiere de esa manera, entonces hay que tratar a toda la familia y trabajar con ella. El problema está en el sistema familiar, no solamente en la persona a quien el resto de la familia excluye.

Hay algunas otras cuestiones importantes que me gustaría examinar con vosotros. ¿Qué sucede si un padre o una madre y un hijo tienen la Luna en el mismo signo? ¿Qué significa eso? Yo llamo a esta situación «Lunas siamesas», y creedme que puede estar llena de toda clase de peligros potenciales. A primera vista parece algo estupendo que un padre o una madre y uno de sus hijos compartan la misma Luna, pero no siempre es así. Con el mismo signo lunar, es posible que ambos se fusionen y se conviertan en una única persona, de modo que así el corte del cordón umbilical se dificulta muchísimo. Es una clásica situación del tipo Deméter-Core, en la que la madre se ve reflejada en la hija o el hijo, que entonces puede terminar cargando con mucho material psíquico de la madre. También entre padre e hija, o entre padre e hijo, pueden darse problemas derivados de tener el mismo signo lunar. Hay tanta proximidad que al padre le resulta difícil separarse del hijo, y a éste separarse del padre.

Otro problema que se genera en esta situación es el de la inversión de papeles entre el padre o la madre y el hijo. Nadie está seguro de quién se supone que es el papá o la mamá y quién se supone que es el niño. Yo tengo el mismo signo lunar que mi padre, y él solía decirme cosas como: «Vaya, mira, a veces todo se me mezcla y me parece que tú eres el padre y yo el niño». Y yo solía contestarle que a mí me pasaba lo mismo. Las cosas llegaron hasta el punto de que por la noche yo le leía cuentos para que pudiera dormirse cuando él tenía insomnio. Claro que otras veces él me los leía a mí, pero aquello conllevaba mucha confusión en cuanto a nuestros respectivos papeles.

Oyente: Yo tengo el mismo signo lunar que mi madre, y era como si me estuviera preparando para mi futura profesión haciendo de padre de mi madre. Sería interesante ver cuántas personas que comparten la misma Luna con uno de los padres han acabado siendo astrólogas o terapeutas.

Richard: Sí, sería un tema de estudio interesante. Te sugiero que te dediques a ello.

Oyente: ¿Qué pasa con un matrimonio en que los dos tienen el mismo signo lunar?

Richard: Ahora no estamos estudiando el tema de las relaciones conyugales, y este es un problema específico que veremos más adelante. Por el momento, baste con decir que se suele plantear el mismo tipo de dificultades, es decir, que puede haber confusión con respecto al papel de cada cual en la relación. Quizá parezca una suerte que los dos miembros de la pareja compartan la misma Luna, porque entonces cada uno de ellos puede entender qué tipo de alimento emocional necesita el otro, pero muy frecuentemente esto da origen a una batalla o conflicto centrado en la cuestión de cuál de los dos es el hijo y cuál el padre en la relación. Es similar al conflicto que suele plantearse cuando un niño tiene la misma Luna que uno de sus padres.

¿Recordáis la película *Gente corriente*, con Donald Sutherland y Mary Tyler Moore? Era una película muy profunda y convincente, un perfil psicológico impecable de cierta clase de familia. Mary Tyler Moore representaba a una madre que estaba muy identificada con un hijo que se había ahogado hacía poco. Probablemente las dos Lunas estaban en conjunción, o quizá la Luna de ella estuviera en conjunción con el Sol de él, o viceversa, o algo parecido. En todo caso, entre esa madre y el hijo perdido había una tremenda conexión. Cuando su querido hijo muere, la madre proyecta su propio *animus* negativo en su otro hijo, y empieza a empujarlo hacia el suicidio, con mensajes indirectos que le dicen que debería haber sido él quien hubiera muerto, y no el hijo con quien ella estaba identificada, y casi consigue que lo haga. Desde luego, todo eso es inconsciente. Quizá me preguntéis si cosas como éstas pasan realmente en las familias de hoy, y la respuesta es que sí; han sucedido desde la época de las tragedias griegas hasta el presente. Lo que pasa en la película es que el hijo se somete a terapia y el terapeuta se convierte en el *deus ex machina,* el dios que desciende en un mecanismo desde gran altura y salva la situación. Con la ayuda de la terapia, el muchacho se da cuenta de lo que está pasando entre él y su madre. ¿Qué sucede entonces? Pues que cuando el hijo ya no se aviene a asumir el papel de chivo expiatorio de su madre, ésta abandona a la familia. Se va en vez de quedarse y tener que afrontar su propia furia, su rabia y su incapacidad de amar. Los que hayáis visto la película habréis observado cómo la madre enviaba a su hijo dobles mensajes referentes a la terapia: una parte de ella lo estimulaba a seguir, pero otra intentaba disuadirlo. Inconscientemente, sabía que si él lograba aclararse, ella tendría que examinar lo que pasaba en su interior. Tanto en la mitología como en la literatura clásica, el héroe de la tragedia es muy a menudo el hijo que debe expresar y concluir los asuntos no resueltos de la familia. En otras palabras, el héroe es la persona que libera a la familia de la maldición que pesa sobre ella. Orestes, Electra, Edipo y Ariadna son ejemplos de individuos que cargan con la pesada misión de acabar con la maldición familiar. Los enredados asuntos sucios de la familia vienen a recaer sobre una única persona. En Shakespeare, Hamlet es el ejemplo perfecto. Podéis encontrar otro en la que yo considero la mejor de las tragedias estadounidenses que se haya escrito jamás, *Long Day's Journey into Night,*[1] de Eugene O'Neill, que es, ciertamente, una obra autobiográfica. El muchacho, Edmund Tyrone, es en realidad el propio O'Neill, que describe

---

1. Eugene O'Neill, *Largo viaje hacia la noche,* Altaya, Barcelona, 1995; Cátedra, Madrid, 2.ª ed., 1986.

a su familia. Dicho sea de paso, la primera representación de la obra fue póstuma, porque para él era tan dolorosa y personal que no podía soportar la idea de que la representaran mientras aún vivía. Estaba dedicada a los que él denominaba sus amados fantasmas: su padre, su madre y su hermano. Escribir la tragedia fue la manera que encontró O'Neill de deshacerse de la carga familiar que aún llevaba sobre los hombros. ¿Cuántos de vosotros habéis visto la película o la obra teatral *Amadeus*? En realidad, es una dramatización de la forma en que Mozart se hizo cargo de la maldición de su familia: el genio. Y ya veis lo que le sucedió.

Todo esto me lleva a algo más, que es el hecho de que para algunas pobres almas la única manera de romper el cordón umbilical es morirse, tal como se puede ver en el comportamiento adictivo y autodestructivo de algunas personas. La conexión umbilical con los padres es tan fuerte que no pueden separarse de otra manera que mediante ese recurso extremo que es matarse. Sospecho que muchos de los suicidios de adolescentes que en la actualidad comentan los periódicos se relacionan con lo que yo llamo un «cordón umbilical impactado», una situación en la que los padres no pueden dejar ir a su hijo. Esto es algo que con frecuencia se encuentra en las familias *yuppies,* que quieren ascender en la escala social y tienen grandes expectativas en lo que respecta a cómo deben ser sus hijos y adónde tienen que llegar. Probablemente los chicos sientan que es imposible vivir a la altura de semejantes exigencias, lo cual les lleva a pensar que, para ser fieles a sí mismos, deben abandonar a sus padres. Pero como es probable que todavía no estén preparados para dejarlos e independizarse, no les queda más que una salida, que es la autodestrucción. En la siguiente conferencia, estudiaremos los aspectos lunares en función de lo que necesitamos para sentir satisfechas nuestras necesidades afectivas.

Los aspectos lunares y lo que necesitamos para sentirnos emocionalmente nutridos

Valeria

Mi intención es ocuparme de determinados emplazamientos de la Luna, y en vez del tedioso paseo que significa ir recorriendo uno por uno todos los signos, prefiero centrarme en la Luna en aspecto con los demás planetas, con lo cual finalmente llegaremos a lo mismo. Empezaremos por la Luna en aspecto con Mercurio, que es algo parecido a cuando la Luna está en un signo de aire, porque lo que importa es el diálogo y la comunicación. He comprobado que, para las personas con aspectos entre la Luna y Mercurio, lo decisivo es que haya alguna forma de expresión de los sentimientos en una situación afectiva. No tiene ninguna importancia cuál sea la naturaleza del aspecto, ya se trate de una cuadratura, un trígono, una oposición, un quincuncio o lo que fuere. Ni siquiera creo que haya aspectos buenos o malos, ni me gusta tampoco denominarlos *fáciles* o *difíciles*. Prefiero llamarlos aspectos de *aceptación* o de *resistencia*. Considero que la cuadratura y la oposición son aspectos de resistencia, es decir que el diálogo entre los dos planetas se va desarrollando mediante la resistencia. El trígono y el sextil son aspectos de aceptación: encuentran la línea de menor resistencia para comunicarse. En ninguno de ellos hay nada de bueno ni de malo. El quincuncio es un caso especial; yo lo considero un aspecto paradójico, y en su momento me referiré a él con más detalle.

Tal como os decía, para las personas con aspectos Luna-Mercurio es decisivo que puedan expresar con palabras sus sentimientos, hablar de ellos y de lo que les sucede interiormente. Si un niño con una conexión fuerte entre estos dos planetas nace en una familia cuyo mito es que uno no habla de cómo se siente, se verá en dificultades. Otro peligro para esta configuración es una tendencia a desapegarse de los sentimientos y a intelectualizarlos. Mercurio representa el deseo de poner etiquetas. Quiere bautizarlo todo, porque le parece que así tiene las cosas más seguras; dar nombre a algo lo saca de la noche oscura, lo lleva del mundo de la oscuridad hacia la luz. Por ello, creo que ciertas clases de psicoterapia, en particular las que se basan en el habla, son provechosas para las personas nacidas con contactos Luna-Mercurio, porque satisfacen su necesidad de expresarse con palabras. Yo tengo en mi carta un contacto fuerte entre la Luna y Mercurio, y con frecuencia comento que no sé lo que siento mientras no me oigo decirlo, mientras no lo expreso verbalmente. O sea que estos contactos dicen: «Si me amas, escúchame. Si me amas, habla conmigo. Dime lo que te pasa. Dime lo que sientes». Es evidente que cuando nos referimos a aspectos específicos estamos hablando de fragmentos de una carta de la que no tenemos en realidad la imagen global. Por esta razón no puedo daros una fórmula exacta para los aspectos Luna-Mercurio, porque la Luna puede estar también en aspecto con otros planetas, y la casa o las casas implicadas variarán de una carta a otra. Yo puedo poneros en marcha, pero la reunión de las piezas y la síntesis tendréis que hacerlas vosotros solos. Serán vuestros deberes para casa, y parte del trabajo que iréis haciendo en vuestros talleres en grupo.

Pasemos ahora a los contactos Luna-Venus. A primera vista, se puede pensar que la combinación de la Luna con Venus; es un aspecto extraordinariamente bueno, porque reúne dos factores femeninos arquetípicos y vincula a la Luna con el espíritu benéfico de Venus, pero no os dejéis engañar. En muchos casos, la Luna en aspecto con Venus significa grandes problemas. Puede ser un contacto especialmente calamitoso en la carta de una mujer, porque pone en conflicto dos aspectos de lo femenino: la mujer como madre (la Luna) y la mujer como amante (Venus). En otras palabras, cualquier aspecto Luna-Venus puede crear, en la mente de una mujer, confusión entre optar por el tipo maternal o bien por una variante venusiana, seductora y coqueta. He observado que las mujeres que tienen la Luna en aspecto con Venus reciben a menudo dobles mensajes de la madre con respecto al papel de las mujeres en general. Una mujer, ¿es un ser maternal y afectuoso, o es la perpetua Afrodita? Cuando la Luna y Venus están en un ángulo difícil, por ejemplo en cuadratura, en oposición o en una conjunción con un emplazamiento problemático (aspectos de *resistencia*), o bien en quincuncio, semicuadratura o sesquicuadratura (aspectos *paradójicos*), con mucha frecuencia veréis que la relación entre madre e hija se estropea cuando la hija llega a la adolescencia. También he observado que las mujeres que tienen en su carta aspectos Luna-Venus suelen presentar problemas de peso. Verificadlo en vuestra práctica y veréis que es así. Generalmente, los problemas de peso pueden estar referidos a los dobles mensajes que la madre transmitía a su hija cuando ésta era pequeña en cuanto al papel que debe representar una mujer en la vida. Permitidme que explique mejor esto.

Podéis considerar los aspectos Luna-Venus como una especie de enfrentamiento entre Blancanieves y la Reina Malvada. «Espejito, espejito –dice la reina–, ¿quién es la más bella de todas?» Durante años el espejo responde que la Reina es la más bella, pero eso se acaba cuando la pequeña Blancanieves llega a la adolescencia y empieza a florecer, momento en el cual el espejo deja de decirle a la Reina lo que ella quiere oír. Blancanieves es ahora la más bella de todas, y la Reina se convierte entonces en Hécate, se transforma en la madre monstruo cuya posición como la más bella de todas se ve ahora cuestionada y ocupada por la hija en la flor de la juventud. ¡Se acabó la idea de que un contacto Luna-Venus es un aspecto benigno o inofensivo! Cuando la hija llega a la adolescencia, puede ser que la madre empiece a transmitirle el mensaje de que ella la rechazará, la destruirá o le hará la vida imposible si se convierte en una hermosa joven y reemplaza a su madre como la más bella de la comarca. Es muy frecuente que ante esta actitud la hija reaccione con un comportamiento adictivo, sobre todo con trastornos en la alimentación. Si el aspecto Luna-Venus en la carta de la hija está conectado con aspectos de Marte, Urano o Plutón, incluso es posible que la muchacha se vuelva esquizofrénica.

Un aspecto Luna-Venus puede ser problemático también en la carta de un hombre, al causarle confusión respecto de si la madre es su madre o su amante. Más adelante, también puede sentirse confundido y sin saber si se casa con su amante o con su madre, o si se casa con su amante y después la convierte en su madre. Es como si su *anima* no estuviera segura de lo que él quiere en una mujer: a la madre o a la amante. Es frecuente que haya recibido mensajes ambiguos de su madre, especialmente si su aspecto Luna-Venus se relaciona de alguna manera con un aspecto formado por un planeta como Urano o Plutón. En la mente de él, la maternidad y la nutrición emocional (la Luna) se mezclan con la sensualidad y el erotismo (Venus). En otras palabras, el principio lunar está ligado con Afrodita, una diosa venusiana. Afrodita es una deidad muy sensual, y está enamorada de su propio cuerpo. En algunos mitos nos la

presentan como intensamente sexual, hasta el punto de entregarse amo-
rosamente a la masturbación, un modelo de lo femenino que no ha gana-
do mucho favor en el seno de la Iglesia cristiana. En cierto sentido, en
nuestra cultura, a la diosa Venus se la ha perdido o desterrado, aunque el
movimiento feminista está consiguiendo, esperémoslo, devolvernos algo
de ella. Si tenéis un aspecto Luna-Venus, lo que os nutre emocionalmente son cosas de orden sensual y estético, cosas que el cuerpo siente como
buenas. Además, creo que, junto con la Luna, Venus es otro planeta de
la adicción. La Luna se vuelve adicta debido a la negación emocional, y
Venus cuando hay una falta de contacto físico o de caricias. La gente
que tiene en su carta una fuerte conexión Luna-Venus necesita cuidarse
y mimarse físicamente y hacer cosas como recibir masajes o rodar sobre
la hierba, o bien permitirse el placer de la masturbación. Si alguien no
sabe complacerse a sí mismo, ¿cómo puede esperar que otra persona le
dé placer? Uno de los grandes mitos que rodean el sexo femenino es que
se supone que una mujer es una especie de Inmaculada que no conoce
en absoluto su propio cuerpo hasta que llega un hombre y se lo revela.
Este tema se repite una y otra vez en las novelas y revistas para mujeres
que alcanzan los mayores índices de ventas. Un mito todavía común es
el de que las mujeres no son dueñas de utilizar su cuerpo como mejor les
parezca, y así como se supone que ellas no están hechas para asumir su
sexualidad, también se supone que los hombres no están hechos para
asumir la sensualidad. Cuando un hombre acaricia a alguien, lo que esto
implica es que el contacto tiene que ser sexual, y por eso a los hombres
no les está permitido tocarse entre ellos. Creo que esta clase de mitos
son realmente lamentables, porque se interponen entre nosotros y un
montón de cosas buenas que podrían sucedernos si no fuera así. Las mujeres tienen mucha más libertad para tocarse entre ellas que los hombres.
      La persona con un contacto Luna-Venus necesita que la toquen. El
niño venusiano, el hijo de Afrodita, necesita que lo tengan mucho en
brazos y que lo amen. Los niños no se desgastan porque los acariciemos
mucho. De hecho, en la Polinesia y en Malaisia es práctica común que
una madre masturbe al niño o a la niña que llora para que se tranquilice.
Entre nosotros hay un gran mito, del que volveré a hablar más adelante,
según el cual los niños no son seres sexuales. Sin embargo, ya hace
mucho tiempo que Freud señaló muy claramente que los niños son seres
no sólo *sensuales,* sino también *sexuales.* Los verdaderos problemas
aparecen cuando la sexualidad natural y todavía no formada de un niño
sufre el atropello de un adulto. Si tenéis un aspecto entre la Luna y

Venus, es necesario que os convirtáis en vuestra propia madre nutricia. Es importante que os rodeéis de cosas que sintáis como estéticamente placenteras, sensuales y artísticas, que os hagan sentir bien. ¿Tenéis en cuenta el hecho de que vuestro cuerpo necesita ser acariciado con regularidad? Si no tenéis una relación de pareja, tal vez deberíais acudir a un o una masajista. ¿Metéis alguna vez las manos en la tierra? ¿Cultiváis flores? ¿Hacéis cosas con las manos? Todas estas actividades son muy satisfactorias para quienes tienen contactos Luna-Venus. Además, ¿cuidáis vuestro aspecto personal? ¿Os ocupáis de que vuestra ropa sea bonita? Creo que para la gente que tiene un contacto Luna-Venus es importante mostrarse de la manera más atractiva posible. Si examino una carta con predominio de Venus, y veo que la persona que me la trae no ha hecho gran cosa para mejorar su apariencia o su atractivo, me pregunto qué problema o qué bloqueo tiene al respecto. Si una mujer con un aspecto Luna-Venus no ha hecho todo lo que está a su alcance para embellecerse, sospecho que ha caído en lo que yo llamo «el juego de la manzana envenenada», que a menudo juegan madres e hijas. Con esto quiero decir que hay algunas hijas que terminan por morder la manzana envenenada. La hija teme que, si llega a ser demasiado hermosa, la madre la alejará de sí o la destruirá. He visto a hijas bien mayores con una madre ya entrada en años que, sin embargo, todavía sigue ofreciendo manzanas envenenadas a la hija, y ésta sigue comiéndoselas. «Por Dios, estás demasiado gorda, y tu pelo es tan feo... ¿Por qué no pierdes algunos kilos? ¿Por qué no engordas un poco? ¿Por qué te vistes de rosa, que te queda tan mal? Así, ¿cómo quieres que algún hombre te mire? No te pareces en nada a tu hermana, que es muy bonita. Por lo menos eres la que tiene más personalidad de la familia, y tal vez al final pesques a alguien.» Con aspectos entre Venus y la Luna, esta es la clase de mensajes que la madre dirige a la hija. Es una dinámica muy difícil de romper.

Pasemos ahora a los contactos Luna-Sol, que también pueden producir algunas situaciones bastante problemáticas. Hace veinte años que practico y enseño astrología, y durante todo ese tiempo he esperado ver que la Luna en sextil o en trígono con el Sol significara algo maravilloso, pero generalmente no es así, y me pregunto por qué. Una importante desventaja con estos aspectos es que probablemente a la conciencia le resulte difícil diferenciarse del inconsciente. En otras palabras, el yo en desarrollo, simbolizado por el Sol, desaparece en el contacto lunar umbilical. Por raro que parezca, esta situación se da más frecuentemente con el sextil o el trígono que con la cuadratura o la oposición. O sea, que en lo que se refiere a los aspectos Sol-Luna, la cuadratura y la oposición pueden ser más fáciles de manejar que el sextil y el trígono. La razón de ello es que el trígono es un aspecto de aceptación. Por consiguiente, es probable que una persona con un trígono Luna-Sol retrase o incluso postergue permanentemente el proceso de individuación, porque la conexión umbilical con la madre proporciona una sensación muy grata. Tan agradable es sentirse conectado con las propias raíces o con los mitos de la familia, que no hay nada que impulse ni obligue a la persona a diferenciarse. Recuerdo haber trabajado con una mujer que tenía un trígono Luna-Sol y que consideraba a sus padres como las personas más idílicas y maravillosas que hubiera conocido en su vida. Nadie podía ser tan cariñoso y afectuoso como su madre, ni tan dinámico y poderoso como su padre. Una consecuencia de esta idealización de los padres era que, al compararse con ellos, mi clienta se sentía secundaria e inadecuada; sentía que jamás podría ser tan especial ni tan maravillosa como su madre y su padre. Otro problema que surgió de esto fue que ninguna relación posterior pudo igualar jamás esa maravillosa relación que tenía con sus padres. De modo que ya podéis ver cómo gran parte de su evolución quedó estancada a causa de su trígono Sol-Luna. Es mucho más fácil romper el cordón umbilical con padres a quienes en un nivel arquetípico se puede ver en el papel de monstruos que con aquellos a quienes el hijo ve como santos o ángeles. ¿Cómo podría yo herir o abandonar a un ser tan magnífico, perfecto y digno de amor como *mi* mamá? He aquí una trampa muy peligrosa.

¿Qué es lo que nutre emocionalmente a alguien con un contacto entre el Sol y la Luna? Para empezar, la energía solar pide que la noten, que estén pendientes de ella, lo cual significa que hay una necesidad de ser el centro de la atención. El Sol es un símbolo de creatividad activa, de la autoexpresión y de la reproducción de uno mismo valiéndose de alguna clase de medio creativo o de alguna especie de propósito vital. Por ello, las personas con contactos Sol-Luna se sienten emocionalmente nutridas cuando los demás las ven como estrellas, cuando pueden decir: «Oye, mira, ¡yo soy el mejor!», sin que importe si es el mejor de los cocineros, el mejor bailarín de claqué, el mejor decorador o lo que sea. Digámoslo sin rodeos: hacer algo y que a uno lo elogien por eso es la clave de un contacto Sol-Luna. Un quincuncio entre el Sol y la Luna puede ser un aspecto muy difícil. En este caso, es frecuente que te lleguen dobles mensajes de tus padres: quieren que hagas cosas y que las hagas muy bien, pero cuando lo haces te critican de tal manera que acabas sintiendo que jamás podrás estar a la altura de lo que esperan de ti. Un ejemplo que recuerdo es el de la hija a quien animan a que estudie piano, y después todo el mundo se ríe de ella cuando comete errores al tocar. También trabajé con un hombre que tenía un quincuncio Sol-Luna. Cuando era pequeño, a la familia le hacía gracia el hecho de que estaba bastante mejor dotado de lo que lo están normalmente los niños. Y el juego familiar consistía en que su madre solía bajarle los pantalones para exhibirlo ante sus amigas, y toda la familia lo festejaba con grandes risas. Pues, ¿sabéis qué terminó siendo de mayor? ¿Un actor de películas pornográficas? No, pero no andáis lejos. Acabó siendo un exhibicionista. O sea, que está bien si mamá lo hace y está bien si lo haces mientras eres pequeño, pero seguir haciéndolo de mayor no está nada bien. Me complace deciros que este hombre ha resuelto sus dificultades a lo largo de muchos años de terapia; pero, como podéis ver, esto es un ejemplo gráfico del tipo de mensajes ambiguos que transmiten a veces los padres a sus hijos.

Vamos a ver ahora los aspectos Luna-Marte, que podemos resumir en la frase: «Si me amas, peléate conmigo». Los contactos Luna-Marte pueden ser un gran problema, porque tenemos mitos, tanto sociales como familiares, que nos dicen que jamás debemos gritar encolerizados a los seres que amamos. Debido a estos tabúes, la gente con contactos Luna-Marte suele terminar por suprimir totalmente su Luna; acaban reprimiendo todo lo que tenga que ver con ella porque no pueden manejar su aspecto Luna-Marte. Yo tengo en mi carta una fuerte conexión entre ambos planetas, y antes de llegar a sentirme realmente seguro en una relación íntima tengo que haber pasado por una buena pelea. Entonces, si desato mi energía Luna-Marte sobre alguien con un aspecto entre la Luna y Venus o entre la Luna y Saturno, es probable que esa persona se sienta brutalmente atacada o que piense que estoy tratando de controlar la situación. Las cosas que me proporcionan seguridad probablemente no son las mismas que os la proporcionan a vosotros. El contacto entre la Luna y Marte dice: «Dejad que me autoafirme, dejadme expresar mi enojo o mi rabia, dejadme sacar la parte competitiva que hay en mi interior; espero que podáis aceptar todas estas cosas». Es frecuente que los niños con contactos Luna-Marte en su carta lo pasen mal, porque generalmente a los niños que expresan su enojo o su rabia no se los quiere. Si existiera, yo sería miembro del Movimiento de Liberación de los Niños. Estoy de acuerdo en que a las mujeres se las ha discriminado desde que el mundo es mundo, pero la verdad es que creo que los niños están todavía más discriminados. No es justo que no se les permita enfadarse. A menos que uno provenga de una familia excepcional, el mensaje que recibe muy pronto es que el enojo está prohibido, o que es algo que se permite a los adultos pero no a los niños, de modo que éstos nunca tienen la oportunidad de expresar su enojo de una manera segura y aceptable. Y generalmente no tienen siquiera buenos modelos de cómo tratar con la rabia y el enojo, porque tampoco la mayoría de los padres saben expresar ni controlar estas emociones.

Los aspectos Luna-Marte también intensifican la sexualidad, porque Marte representa una energía de la libido, el deseo de penetración. Yo considero que los contactos Luna-Marte son una combinación «protoincestuosa», algo de lo que hablaré más adelante. De hecho, la nutrición emocional (la Luna) de los niños que tienen estos aspectos es la autoafirmación sexual (Marte). ¿Entendéis lo que quiero decir? Cuando se trata de la expresión de su energía yang, y con ello me refiero a un impulso sexual naturalmente autoafirmativo y a un vehemente deseo de establecer contacto mediante la penetración, la sociedad no les facilita las cosas a los niños con aspectos Luna-Marte. Y al decir penetración no me refiero necesariamente a penetración sexual, sino a una inherente necesidad de la libido de dar expresión al yo mediante la autoafirmación y el hecho de ejercer poder sobre los demás.

Oyente: Entonces, sea hombre o mujer, alguien con un contacto entre la Luna y Marte puede expresar su necesidad de penetración procurando conocer realmente bien a otra persona, penetrando en su ser.

Richard: Sí, estoy de acuerdo, pero hay diferentes maneras de hacerlo. Marte quiere provocar, quiere algo sobre lo cual pueda ejercer presión, y dice: «Si me expreso haciéndome valer enérgicamente o de forma colérica, no os desmoronéis, no me evitéis, no me rechacéis ni os neguéis a hablar conmigo. Os ruego que aceptéis lo que os doy, porque eso es lo que el amor significa para mí. Lo que necesito es sentir que aceptáis mi parte marciana».

Veo bastantes expresiones intrigadas, lo cual me dice que entre vosotros hay algunos a quienes os resulta difícil relacionar el enojo con la intimidad y el afecto. Nutrir emocionalmente a una Luna que está conectada con Marte puede representar meterse en algo muy competitivo. Si tenéis este contacto, una de las formas en que vuestra *madre interior* puede nutrir a vuestro *niño interior* es destacando en algo, como la esgrima o el polo. En particular, dedicarse a alguna forma de arte marcial es una manera de tratar los aspectos Luna-Marte, porque uno de los rostros fundamentales de Marte es el del guerrero arquetípico. Creo que no podéis acceder a él de otro modo mejor ni más claro que practicando el kung fu o el karate, o si son un poco demasiado yang para vosotros, el aikido o el tai chi. Me imagino que no habrá demasiadas señoras que quieran decidirse por el boxeo, aunque yo personalmente no las disuadiría si sienten esa inclinación. Marte puede ser un problema muy grande para las mujeres; pero, ¿por qué no habrían ellas de hacer honor a su Marte? He observado que a Marte no le interesan particularmente los deportes de equipo; por lo general prefiere el contacto individual, de persona a persona. No hay razón por la cual las mujeres no podáis participar en un reñido partido de tenis, de golf o de cualquiera que sea el deporte que os guste. Incluso podéis tiraros de los pelos. Y si sois de aquellas personas a quienes no les gusta demasiado el ejercicio físico, podéis dar expresión a vuestro Marte jugando una partida de bridge muy competitiva, con la determinación de aniquilar a vuestros oponentes. La regla es que realmente tenéis que querer ganar; entonces estaréis utilizando a vuestro Marte. El anhelo de Marte es la aniquilación total. Si os fijáis en el dios Ares de la mitología griega, veréis que lo que verdaderamente le producía alegría era causar la muerte, la destrucción y la aniquilación de sus oponentes. Desde luego, esta es una parte de nosotros que tememos, que no nos gusta, que la civilización ha repudiado, lo cual significa que ha sido relegada al inconsciente, de donde emerge de maneras sumamente destructivas. Si no tratáis con sabiduría vuestro aspecto Luna-Marte, podéis congregar el lado destructivo de Hera o de Hécate en vuestras relaciones.

Oyente: Creo que esta es una cuestión del tipo de qué fue primero, el huevo o la gallina. Si tienes un contacto Luna-Marte, eso significa un progenitor agresivo, que grita y vocifera, lo cual quiere decir que aprendes de él a gritar y a vociferar. Entonces, lo que yo pregunto es quién ha empezado. ¿Es el hijo quien provoca ese tipo de comportamiento en el padre o la madre, o bien el niño lo ha aprendido de uno de ellos?

Richard: Estoy de acuerdo contigo en que es lo mismo que tratar de dilucidar si fue primero el huevo o la gallina, y es un tipo de situación del que hemos hablado muchas veces. ¿Tiene el niño algo innato en su naturaleza que provoca en los padres una determinada respuesta? Tengo la sensación de que sí. En mi horóscopo natal hay algo innato que no sólo describe cómo soy básicamente, sino que implica también qué tipo de reacción provoco en mis padres. Hace poco trabajé con una familia que era un buen ejemplo de esto. El hijo, que tiene la Luna en Capricornio, se quejaba de que su madre nunca lo había nutrido afectivamente cuando era pequeño. Al final, trajimos a una sesión a la madre, y el hijo siguió recriminándole lo fría, distante, nada cariñosa y severa que era. Tras haber oído todo aquello, la madre le contó que, cuando era un bebé, cada vez que ella trataba de tomarlo en brazos él chillaba, lloraba, pataleaba y se defendía. «Por otra parte –continuó–, cada vez que te levantaba tu padre te calmabas inmediatamente. Como es natural, yo me sentía rechazada, y por eso reaccionaba contigo de esa manera.» Ya veo que tenéis muchas preguntas y comentarios que hacer sobre esto, pero tendremos que dejarlos para más tarde; así podremos seguir ahora con el resto de los planetas. De momento, id anotando las preguntas. Bien, para terminar con este contacto, cuando se tiene un aspecto Luna-Marte, nutrirse emocionalmente significa hacerse valer, encontrar maneras de canalizar el lado competitivo y destructivo de Ares, el dios griego de la guerra. Una manera segura de hacerlo sería jugar al bridge, al ajedrez, a tenis, etcétera.

Los contactos Luna-Júpiter son similares en ciertos sentidos a los aspectos Luna-Saturno, porque comparten algo que yo llamo «grandes expectativas». Las personas con estos aspectos tienen la sensación de que en ellas hay algo muy especial y que, por lo tanto, se merecen más en la vida. La diferencia está en que para Luna-Júpiter la botella siempre está medio llena, mientras que para Luna-Saturno siempre está medio vacía. Quien tiene un contacto Luna-Júpiter dice: «Debo tener todo lo que necesito y más aún, porque soy un niño muy especial», y está convencido de que a su alrededor tiene lugar alguna clase de prodigio. Desde muy temprano en la vida, el mensaje para los nativos Luna-Júpiter es que son la niña de los ojos de sus padres. Sienten que en ellos hay algo muy especial, que les da derecho a la mejor parte. Es como un efecto mágico producido por un hada madrina. Se sienten con derecho no sólo a lo mejor, sino a todo, a la totalidad. Luna-Saturno también tiene sus exigencias, pero son ligeramente diferentes. Lo que dicen estos nativos es: «He sufrido tantas carencias al comienzo de mi vida que a ti, que estás ahí fuera en el mundo, te corresponde compensármelas». Luna-Saturno carga con un desmesurado complejo de privación. Para esa persona, nunca nada será suficiente. Es un contacto de una avidez enorme, que yo comparo con el picor que no se puede rascar.

Cuando empecé a estudiar astrología me interesaban los domicilios, exilios, exaltaciones y caídas de los diversos planetas; cómo un planeta está destinado a ser buenísimo en su propio signo y malísimo en el signo opuesto, y cosas por el estilo. Decidí investigar estas afirmaciones y me recorrí entre cuatro y seis mil cartas de personas famosas, sólo para ver si tenían una gran proporción de planetas en su domicilio o en exaltación. Lo que descubrí fue que el signo lunar más común entre esas personas era Capricornio, donde la Luna está en exilio. Ahora bien, ¿por qué? Saturno, el regente de Capricornio, representa el deseo de perfección en el plano material. Cualquier cosa menos que perfecta significa que algo está muy mal. La gente con contactos Luna-Saturno o con la Luna en Capricornio tiene tendencia a sublimar y compensar su carencia de intimidad y de conexión emocional. ¿Cuándo hay suficiente amor para alguien con un contacto Luna-Saturno? La respuesta es que nunca hay suficiente. Son personas que sienten que nada de lo que obtengan será jamás suficiente, de manera que el mito que llevan consigo es que en alguna dimensión de sí mismas sufren, y siempre han sufrido, de una profunda privación. Entonces se vuelven hacia los demás esperando que compensen ese sentimiento. A esto me refiero al decir que la persona con un aspecto Luna-Saturno es un ser perpetuamente ávido, y a partir de esa hambre insaciable se generan la sublimación y la compensación, el sentimiento de que si uno no puede lograr o aumentar la satisfacción en el nivel emocional, por lo menos puede ser el quien invente la mejor trampa para ratones o quien pinte un cuadro perfecto.

Otra cosa que he observado en quienes tienen contactos entre la Luna y Saturno o la Luna en Capricornio es que con frecuencia hay una confusión de papeles entre la madre o el padre y el hijo. Muchas personas con estos emplazamientos dicen que les escamotearon su infancia, porque tuvieron que hacer de padres de sus padres. Esto se debe probablemente a que el niño con la Luna en contacto con Saturno o en Capricornio nace con instintos paternales o maternales y, de hecho, puede resultar mejor padre o madre que los que le han tocado en suerte. Entonces, siente que ha tenido una infancia difícil o que lo han privado de una niñez feliz y llena de cariño. Y puede haber muchas razones para que se sienta así: quizá la familia era muy pobre, o tal vez simplemente no hubiera tanto amor ni tanta atención disponibles como necesita un niño con un contacto Luna-Saturno. Parte de la naturaleza de Saturno es sopesar y juzgar, y es frecuente que los niños con la Luna en aspecto con Saturno o con la Luna en Capricornio, al sopesar las cosas, lleguen a la conclusión de que su hermana pequeña o su hermano pequeño recibió más amor que ellos. En otras palabras, su estado de beatitud urobórica* o de unidad con uno de los padres se hizo trizas con el nacimiento de su hermano. Como ya he dicho, este sentimiento de privación es la causa de que las personas con un aspecto Luna-Saturno estén tan ávidas. Además, pueden tener problemas de peso, porque emplean la comida como compensación de sus sentimientos de privación y de carencia, de la sensación que tienen de que nunca nada es suficiente. También he observado que con frecuencia estos nativos asumen el papel del que ayuda. Como muchos de ellos desempeñaron en su niñez un papel parental, más adelante siguen representándolo, ya sea como psicoterapeutas, consejeros psicológicos o astrólogos. Dicho de otra manera, como su niño interior no se siente cómodo siendo niño, intenta ser un padre o una madre. Son personas que quieren desesperadamente establecer una relación que les permita dejar salir al niño que llevan dentro, pero que nunca se permiten que eso suceda. ¿Cómo puede uno ser un niño cuando se siente tan incómodo exponiendo su vulnerabilidad a la vista de todos? Lo que hace que se sientan seguras es ser fuertes y encargarse de todo.

Pasemos ahora a ver algunas cosas que nutren emocionalmente a la gente que tiene aspectos entre la Luna y Júpiter. He podido comprobar que este es un contacto que se alimenta de rituales y experiencias de grupo, una faceta de Júpiter de la que hablaré más adelante. Júpiter es un planeta integrador, que nos conecta con el colectivo, con la comunidad. He comprobado que los nativos con contactos Luna-Júpiter se nutren de cosas expansivas, alegres, joviales, que los conecten con algo mayor que ellos, que esté fuera de sí mismos. Les atrae viajar, explorar, enseñar, aprender, la educación superior y cualquier cosa que sea un alimento para la mente. Yo tengo en mi carta un aspecto fuerte entre la Luna y Júpiter, y la enseñanza es una manera de nutrirme, algo fundamental para mí, que necesito hacer para sentirme bien. No sé si por eso soy mejor maestro o no, pero es una de las cosas que me hacen sentir bien.

Por el contrario, a la persona con un aspecto Luna-Saturno lo que le nutre emocionalmente es estar sola, y lo mismo se podría decir de los contactos Luna-Neptuno. La gente con un contacto fuerte entre la Luna y Saturno o Neptuno necesita pasar tiempo a solas para recargar las pilas; estos nativos necesitan espacio y distancia, de ahí que a veces pue-

---

* De Uroboros, la serpiente que se muerde la cola, símbolo de la totalidad, de la unidad con el todo. (N. del E.)

dan parecer fríos o distantes. Saturno es el planeta de los límites, y para la persona que tiene un contacto Luna-Saturno es muy importante poder establecer sus propias fronteras. Muchos nativos con conexiones fuertes entre estos dos planetas realmente no pueden convivir con una pareja. Se llevan mucho mejor si tienen viviendas separadas. Por supuesto, esto choca frontalmente con el mito de que cuando dos personas se aman y quieren establecer una relación tienen que vivir juntas, atadas para siempre a la misma cama. Cuando sucede así es muy grato, pero no es tan fácil mantener esa sensación constantemente, ¿verdad? Quien tiene un contacto Luna-Saturno necesita disponer de un lugar donde pueda ser el jefe, quien se encargue de las cosas, el padre o la madre. El nativo con un aspecto Luna-Júpiter necesita un lugar donde pueda ser el instructor, el maestro, el anciano sabio. La diferencia está en que este nativo se cree, de un modo natural, que es maravilloso y digno de todo respeto, mientras que la persona con un contacto Luna-Saturno siente que debe ganarse sus honores y premios esforzándose muchísimo por conseguirlos, luchando por merecer el respeto y la posición que tan desesperadamente anhela. El alimento emocional de estos nativos suele provenir de su trabajo: están constantemente haciendo cosas, ocupados en algo, siempre productivos. Uno intenta convencerlos de que se relajen y sean más clementes consigo mismos, pero ellos siguen sintiendo que deben estar continuamente trabajando como negros o absortos en algún proyecto. Trabajar es lo que hace que estos nativos se sientan bien; es la idea que tienen de lo que es pasárselo bien. La persona con un aspecto Luna-Saturno tiende a ser obsesiva y compulsiva. Si uno quiere brindarle nutrición emocional o hacerle un favor, tendrá que asignarle una tarea realmente pesada y difícil. ¡Y además con una fecha tope! Luna-Saturno carga con un verdadero montón de culpa y, por lo tanto, también con un montón de reproches. Se reprocha lo que no ha hecho bien, y reprocha a los demás lo que han hecho mal. Con Saturno se tiene siempre la sensación de que algo anda mal, de que algo falta, y de que si no es culpa mía y no tengo que sentirme culpable por ello, entonces es culpa de otra persona, a quien se ha de regañar por el fallo. Dejar de jugar al juego de la culpa y el reproche es una de las cosas más difíciles de lograr para las personas con un aspecto Luna-Saturno, pero no es imposible. Liberarse de esa trampa puede llevarles veinticinco años de terapia, pero al final, lo conseguirán.

Otra cosa que nutre mucho emocionalmente a estos nativos es una buena depresión. Se tiende a considerar la depresión como algo tremendo o terrible que hay que evitar a toda costa, pero yo no estoy de acuerdo. Creo que la depresión es una de las maneras de enseñarnos propia de Saturno. James Hillman dijo una vez que si la depresión fuera un animal, sería un cerdo, porque a los cerdos les encanta revolcarse en el fango. Y no tiene nada de malo hacerlo cuando uno lo necesita. Si tenéis un aspecto Luna-Saturno, probablemente os encontraréis con que os acosan esas depresiones periódicas, lo que la gente llama «estar de mala luna», pero que Abraham Lincoln, que tenía la Luna en Capricornio, solía llamar un ataque de «tremenda negrura». O sea, que la persona con un contacto Luna-Saturno puede encontrar nutrición emocional en períodos pasajeros de depresión, dejando a la depresión el tiempo y el espacio necesarios. «Oh, qué bien, ¡mi nueva depresión se está acercando!» Cuando paso por una fase depresiva, me visto de negro y no salgo de día, sino sólo de noche, y recorro las calles como un vampiro. Toco música tristísima, me compadezco muchísimo de mí mismo, y escribo largamente en mi diario sobre lo injusto que ha sido conmigo el mundo. Y, lo creáis o no, todo eso me funciona y me sirve de alimento emocional si me permito hacerlo. También, a veces, lo único que quiero es quedarme en la cama, tapado hasta la cabeza. No importa qué hagamos, con tal de que nos funcione. La gente suele negar a Saturno y dice que esos períodos de depresión son negativos y malos, y que no es bueno sentirse frío o distante. Mucha gente piensa que no debería sentirse nunca deprimida, y cree en cambio que hay que ser siempre jupiteriano o venusiano. Entonces, Saturno queda encerrado bajo llave en el armario, que es el mismo lugar donde arrinconamos a la Luna cuando nos provoca sentimientos que pensamos que no se han de tener.

Mi hermano tiene un aspecto muy fuerte Luna-Saturno en su carta. Solía encerrarse en su habitación, y entonces mi madre decía que tenía uno de sus «malos humores». Llamaba a su puerta, le preguntaba qué estaba haciendo ahí metido y le decía que saliera y se divirtiera en vez de sentirse tan desgraciado. El mensaje era que no es nada bueno dejar lugar para la depresión en tu vida. Pero si tenéis un aspecto fuerte entre la Luna y Saturno, permitíos por favor los retiros periódicos y las fases oscuras para volveros hacia dentro que Saturno desea para vosotros. Quizás entonces la depresión deje de ser algo tan temible. Pero no me entendáis mal; no estoy diciendo que no haya ocasiones en que la depresión se vuelva patológica o demasiado intensa e inamovible, y entonces puede que necesitéis ayuda profesional para salir de ella.

Oyente: A ver si he entendido. Lo que dices es que si puedes aceptar la necesidad saturnina de estar solo y sufrir depresiones de vez en cuando, entonces de hecho eso puede ser algo que te nutra; que la depresión se puede aliviar si la aceptamos como parte de la vida y nos damos cuenta de que es una fase que pasará y se transformará en otro estado de ánimo.

Richard: Sí, reconociendo que es una parte normal de la vida y aceptándola. En otras palabras, dándonos cuenta de que la depresión es cíclica y de que no durará eternamente. Una de las peores cosas que pueden sucederle a un niño o a un adolescente es, cuando entra en una depresión, creer que eso durará siempre y que nunca conseguirá salir de ella.

Dediquemos ahora un rato para hablar de la Luna cuando está en aspecto con los tres planetas exteriores. Cuando está en contacto con Urano, Neptuno o Plutón, algo tan primario y fundamentalmente personal como la Luna se conecta con el ámbito de lo transpersonal y arquetípico (los planetas exteriores). Estos aspectos crean la expectativa de que nuestros padres nos brindarán algo mágico, mítico o sobrenatural. Es probable que el nativo vea a su madre como un ogro arquetípico, como la bella princesa o como la Reina de la Noche; el padre se convierte en un caballero andante o en el voraz Minotauro que quiere devorar al niño o despedazarlo. Lo que estoy diciendo con esto es que las personas que tienen a la Luna en aspecto con los planetas exteriores, o quienes la tienen en Acuario, Piscis o Escorpio, generalmente no ven a la madre (o al padre, si es éste quien les brinda la nutrición emocional) como una persona real. Por eso a los niños que tienen estos aspectos les cuesta tanto romper la conexión umbilical, porque su trato con los padres es como si éstos fueran figuras míticas y no personas reales. El camino para salir de esta situación es tratar de encontrar un nombre para la proyección arquetípica que se ha depositado sobre la madre o sobre el padre, o de precisar exactamente su naturaleza. Recordad a Rumpelstiltskin y la necesidad de dar nombre a algo. El padre de una mujer con la Luna en conjunción con Neptuno era parapléjico, y ella sentía que su madre no lo amaba verdaderamente. Estaba convencida de que si proporcionara suficiente amor a su padre, podría curarlo; ese era el mito que llevaba consigo. Sentía la presencia de una persona mágica oculta en el cuerpo disminuido de su padre y le parecía que, si ella lo amaba lo suficiente y nunca lo abandonaba, podría hacer que él se recuperara totalmente. Entre otras cosas, había leído el mito de Electra y también el cuento de «La Bella y la Bestia», y tenía la idea de que su amor femenino podría salvar o transformar a ese hombre impedido.

forma ?

Un problema específico de quienes tienen contactos Luna-Urano es el miedo al abandono. Si alguno de vosotros tiene uno de estos aspectos, es probable que tienda a crear situaciones que terminan en el abandono. Dicho sea de paso, he observado que muchos astrólogos tienen contactos Luna-Urano en su carta. ¿Cuántos de vosotros tenéis alguno de estos aspectos? Como podéis ver, hay una proporción muy alta. La Luna ansía algo muy personal e íntimo, mientras que Urano es el planeta que quiere el *agape,* la palabra griega que describe un tipo de amor que es más amplio y universal: el sentimiento uraniano o acuariano de que todos somos hermanos, la necesidad de amar al mundo entero. Con frecuencia, los mitos con que estos niños llegan a sus relaciones adultas tienen que ver con experiencias de abandono, lo cual no significa necesariamente que un contacto Luna-Urano en la carta indique la ruptura del matrimonio de los padres, aunque con frecuencia sea así. En términos más generales, los niños que tienen estos aspectos suelen quedarse con la sensación de que súbitamente les desapareció el suelo bajo los pies, como resultado de lo cual nunca pueden volver a confiar plenamente en los demás.

Otro juego que se da con la gente que tiene contactos Luna-Urano es el de «Te abandonaré antes de que me abandones». O bien las personas con estos aspectos encuentran parejas que no están disponibles, porque ya están casadas, porque son inaccesibles o porque viven en otra parte del planeta. O un hombre se enamora de una mujer lesbiana y se empeña en reformarla, o una mujer se enamora de un homosexual. O hay una diferencia de edad enorme entre la persona que tiene este aspecto y su pareja. Sea cual fuere el caso, lo que sucede es que queda validado el mito de que algo se romperá o terminará súbitamente. Es lo que yo llamo el efecto Humpty-Dumpty. Muchas personas con aspectos entre la Luna y Urano se sienten como un huevo en equilibrio inestable sobre un muro cuando se trata de recibir nutrición emocional en una relación. Quizá sea mejor darle un empujoncito que lo tire y lo rompa que seguir ahí sentado con toda esa tensión, preguntándose cuándo terminará por caerse.

Como ya he dicho, Luna-Neptuno es un contacto que tiende a lo mágico, pero aquí la proyección se da a lo largo del eje víctima-salvador. Esto puede funcionar de dos maneras. O soy el salvador que nutre emocionalmente a la madre, o me convierto en una víctima para así invocar al salvador que hay dentro de otra persona. He conocido a mucha gente con fuertes contactos Luna-Neptuno en su carta. Es muy frecuente que la madre les haya enseñado que tienen que desmoronarse para recibir de ella alimento emocional. La madre comunica algo parecido a esto: «Necesito ver que eres vulnerable», o: «Verte herido y lastimado es lo que evoca a la madre nutricia que llevo dentro». Se prepara así al niño para que siempre se sienta deshecho con el fin de recibir el amor de la madre. En ocasiones, el caso es el inverso. Es la madre quien da la impresión de ser la pobre criatura herida y divina que necesita protección y socorro. Las personas con contactos fuertes entre la Luna y Neptuno son en este sentido parecidas a las que tienen aspectos como Luna-Saturno: sienten la necesidad de actuar como el padre o la madre de uno de sus progenitores. Son las personas que, de adultas, asumen profesionalmente la función de salvar o rescatar a los demás.

El tiempo se nos está acabando y todavía tenemos que ocuparnos de la Luna en aspecto con Plutón. Ya llegaremos a ello, os lo prometo. Mientras tanto, ¿tenéis algo que preguntar sobre los aspectos que ya hemos tratado?

Oyente: Hemos visto que muchos de los presentes tienen contactos Luna-Urano. Yo soy uno de ellos, y quisiera que considerásemos mi historia. Tengo tendencia a sentirme emocionalmente abandonado y no reconocido, y un día le pregunté a mi madre si se le ocurría alguna razón para ello. Me contó que cuando nací tuvieron que hacerle una cesárea, y que ella no me vio hasta veinte horas después de mi nacimiento. Luego me dijo que cuando me llevaron con ella, pensó: «¿Quién es este extraño?», y que no sintió absolutamente nada por mí. Mi hermano no tiene ningún aspecto Luna-Urano, nació seis años después que yo, sin necesitar cesárea, y mi madre estableció inmediatamente un vínculo con él.

Richard: Ese es exactamente el tipo de cosas con que podéis encontraros cuando empecéis con los talleres en grupos más reducidos. Me gustaría que uno de vosotros pusiera un mensaje en el tablero de anuncios, diciendo que todos los que tengan contactos Luna-Urano están invitados a una reunión para trabajar con ese tipo de problemas. Esa es la forma en que espero que saquéis partido de los talleres. Os ruego que os lo penséis.

Oyente: Quisiera saber si una conexión Luna-Marte sugiere automáticamente un problema de enojo con la madre o con las mujeres en general, o si se necesita un planeta exterior en aspecto con ese contacto para que se manifieste de esa manera. Estoy pensando específicamente en esto referido a la carta de un hombre.

Richard: Es una buena pregunta. El contacto Luna-Marte puede significar una madre que está enojada o que tiene un problema con su forma de manejar el enojo. Un hombre con este aspecto puede proyectar el conflicto sobre algunas mujeres de su vida e intentar elaborarlo en sus relaciones con ellas. ¿Queda así contestada tu pregunta?

Oyente: Pero, para que haga eso, ¿no es necesario que un planeta exterior participe en una configuración con el aspecto Luna-Marte?

Richard: No, no necesariamente. Pero es cierto que un planeta exterior complica el problema, porque convoca imágenes arquetípicas y transpersonales que lo magnifican todo hasta darle proporciones míticas.

Oyente: Aparte de asistir a conferencias sobre astrología, ¿de qué manera pueden nutrirse emocionalmente los que tienen contactos entre la Luna y Urano?

Richard: Bueno, quizás aceptando que el tipo de intimidad y de alimento emocional que la sociedad considera normal y correcto no es lo que realmente les va bien a ellos. Tal vez sean de esas personas que necesitan relaciones múltiples, una mujer o un hombre en cada puerto. O puede ser que les haga falta decir algo así como: «Aunque te amo muchísimo, no puedo prometerte que te amaré siempre». La combinación de la Luna con Urano es una mezcla difícil de satisfacer. Yo me inventé un nombre para la gente que tiene una fuerte conexión entre los planetas personales y los transpersonales: «Número trece». No son divisibles por nada. Son las piezas cuadradas que no encajan en agujeros redondos, la gente que tiene que encontrar su propio camino. Las formas comunes de familia y los casilleros sociales donde la mayor parte de las personas encajan, a ellos no les sirven. Por eso insisto en que, para individuarse, es necesario que quienes tienen aspectos Luna-Urano se digan: «Yo sé quién soy y estoy dispuesto a ir por mi propio camino, aunque eso signifique romper el cordón umbilical tanto con mi familia como con la sociedad». Esto no es nada fácil, y nadie logra hacerlo nunca del todo. Pero, sin duda, lo que los nutre emocionalmente es la investigación de lo transpersonal; para la gente con aspectos Luna-Urano, mediante la exploración de sistemas simbólicos como la astrología; para quienes tienen contactos Luna-Neptuno, por mediación del arte, la música, la poesía o alguna otra actividad creativa. A Neptuno, particularmente, le encanta hundirse en un estado en el que el yo no tenga vigencia, ya sea mediante la comunión con la música o valiéndose del yoga o de la meditación.

Oyente: Cuando describiste los aspectos Luna-Saturno, a mí me parecieron tan propensos a la adicción como los contactos Luna-Neptuno.

Richard: Sí, las personas con aspectos Luna-Saturno pueden ser muy adictivas. Las diferentes configuraciones astrológicas indican distintas razones para la adicción. Las adicciones de los contactos Luna-Neptuno surgen de un profundo sentimiento interior de falta de base o de cimientos, de una sensación de que no hay nada donde uno pueda aferrarse. Por lo tanto, las personas con estos aspectos buscan desesperadamente algo que les permita arraigarse en la vida. El aspecto Luna-Saturno es el sentimiento de la pérdida, la sensación de que nunca hay nada que sea suficiente, de modo que las personas con estos aspectos van siempre en busca de algo que haga que se sientan más llenas, enteras o completas. Naturalmente, nunca encontrarán una única cosa que las colme y las satisfaga del todo. Eso es lo que tienen que aceptar estos nativos, que jamás se sentirán completa y totalmente realizados. Pero ese anhelo de sentirse satisfechos los acicateará para que lleguen a ser los clásicos sublimadores y realizadores.

Veamos ahora los contactos Luna-Plutón. Pero antes de empezar con ellos, quisiera saber si os queda alguna pregunta pendiente.

Oyente: Hemos hablado principalmente de los aspectos mayores de la Luna, como la cuadratura o la oposición. ¿No podrías hablarnos del significado de algunos de sus aspectos menores?

Richard: Sí, pero primero dejadme decir algo sobre la conjunción. Una conjunción es como dos caballos uncidos juntos para que tiren del mismo carro, y es muy difícil desconectar una parte de la otra. Los planetas en conjunción están soldados de por vida, como los hermanos siameses. Por ejemplo, si tenéis la Luna en conjunción con Neptuno, os resultará sumamente difícil separar cualquier cosa que sea lunar de otra que sea neptuniana. Las energías de los planetas en conjunción están entretejidas para siempre, y constantemente reaccionan la una ante la otra.

Por ello, una persona que tenga a Marte en conjunción con Saturno no puede experimentar nunca a Marte en un sentido puramente arquetípico, porque para ella siempre está teñido por Saturno. En otras palabras, tiene que vérselas con un Marte saturnino o con un Saturno marciano. En realidad, esto vale para dos planetas cualesquiera que estén en aspecto, sea el que sea, y no sólo en el caso de la conjunción. Las energías representadas por dos planetas en aspecto, sea cual sea éste, estarán entretejidas e interconectadas.

La semicuadratura (ángulo de 45 grados) y la sesquicuadratura (ángulo de 135 grados) son dos aspectos menores que considero muy importantes. Los orbes son cuestión de preferencia y de opción personal, pero normalmente utilizo un orbe bastante pequeño para los aspectos menores, de no más de 2 grados. La semicuadratura parece ser un aspecto de estímulo pero sin realización. Es la mitad de una cuadratura. Yo creo que la cuadratura representa una fuerza irresistible que choca contra un objeto inmóvil, y por lo que a mí se refiere, es el aspecto más dinámico que se pueda encontrar. Es mi aspecto favorito. Como sabéis, la cuadratura reúne generalmente a planetas situados en signos de la misma modalidad, pero de diferente polaridad. Es decir, que una cuadratura puede producirse entre planetas en dos de los signos cardinales, en dos de los signos fijos o en dos de los signos mutables, pero uno de esos signos será yang, y el otro será yin. En sentido junguiano, una cuadratura representa una batalla interior, la actividad o la tensión que constantemente hay entre lo consciente y lo inconsciente. Y esta pugna o batalla entre las fuerzas conscientes y las inconscientes es lo que genera y alimenta el proceso de individuación. Por eso valoro mucho mis cuadraturas, y preferiría renunciar a cualquier otra cosa de mi carta que a ellas. No quiero menospreciar el trígono, pero para la evolución y el crecimiento psicológicos, los trígonos no suelen ser tan maravillosos. Y lamento que hace muchísimo tiempo a algún astrólogo se le ocurriera que las cuadraturas eran un infortunio, porque si las vemos de esta manera las convertimos en algo malo. Estad agradecidos por vuestras cuadraturas.

Como iba diciendo, una semicuadratura es la mitad de una cuadratura. Utilizando una metáfora sexual, las semicuadraturas son como el juego erótico sin consumación; estimulan, pero no siempre conducen a una realización. Una semicuadratura tiene algo de irritación nerviosa, suscita expectativas sin llevar las cosas a su consumación. Yo no diría que es buena ni mala, porque se la suele sentir a la vez como estimulante y molesta. Es un aspecto que puede hacer que uno se sienta muy conec-

tado. Además es anticipadora, transmite una sensación de constante aler-
ta, como cuando el vecino ha dejado caer un zapato y uno está a la espera de que caiga el otro también. La semicuadratura puede ser un aspecto
muy creativo, especialmente cuando está conectada con otros aspectos
en la carta.

A la sesquicuadratura –un ángulo de 135 grados– se la puede ver
como una cuadratura (90 grados) más media cuadratura (45 grados).
Es como si uno hubiera realizado algo (la cuadratura) y ello lo hubiera
llevado a un nuevo estímulo (la semicuadratura). A mí realmente me
gustan las sesquicuadraturas, porque indican que uno ha hecho algo,
pero en vez de relajarse tras haberlo terminado, como se haría en el caso
de que el aspecto fuera una cuadratura, la sesquicuadratura significa que
la consumación ha servido para volver a estimularlo a uno de otra manera. Es como si cada realización volviera a generar algo nuevo por hacer.
La sesquicuadratura es un aspecto de continua insatisfacción. Como sugiere una realización que crea un nuevo estímulo, tiene una especie de
constante avidez. No puede descansar con facilidad, debe seguir en pos
de una nueva realización, y por eso la considero un aspecto que implica
una brillante creatividad. Además, es maravillosamente neurótica, porque jamás da la sensación de establecerse ni de sentirse calmada ni asen-
tada. En comparación tanto con la semicuadratura como con la sesquicuadratura, la cuadratura es un aspecto más relajado.

Si la Luna forma parte de una semicuadratura o una sesquicuadratura, hay una especie de constante avidez emocional que da origen a una
gran cantidad de sentimiento y afectividad. Yo a veces lo defino como
un afecto que flota libremente en busca de un lugar donde aterrizar o establecerse. Una semicuadratura de la Luna dificulta la realización o la
resolución de los sentimientos. Con la Luna en sesquicuadratura con
otro planeta, es como si hubiéramos satisfecho un sentimiento, pero eso
sólo sirviera para aumentar nuestra avidez en este campo.

Oyente: ¿Puedes decirnos algo más sobre los aspectos Luna-Neptuno en
general?

Richard: Creo que los contactos Luna-Neptuno y Luna-Plutón son los
que presentan más dificultades en lo que respecta al proceso de ruptura
del cordón umbilical, más aún que los aspectos Luna-Urano. Urano es
muy yang, y eso hace que sea difícil ocultar sus efectos. Neptuno y Plutón, sin embargo, son planetas transpersonales yin, y por naturaleza más

bien tortuosos, ocultos, turbios y sumergidos. Los contactos entre la Luna y Neptuno generan a menudo el temor a la aniquilación o a la pérdida de límites, el temor de que uno vaya a desaparecer dentro de otra persona, de ser devorado por los demás. Es muy frecuente que la madre, o también el padre si ha participado en la crianza del niño, le haya transmitido muchísimos mensajes ambiguos. Entonces uno nunca pisa terreno firme ni tiene una visión clara. Puedo daros un ejemplo del tipo de doble mensaje que con frecuencia reciben de sus padres los nativos Luna-Neptuno. Trabajé con una mujer que tenía uno de estos aspectos y cuya madre era una cristiana renacida. Cuando ella era niña e inocentemente se tocaba en sitios «malos», su madre le metía las manos en agua hirviendo para expulsar al demonio que llevaba dentro, y solía decirle: «Te hago esto porque te amo y quiero salvar tu alma». Es decir, estaba dándole a entender que el alma es más importante que el cuerpo, y que lastimaba a su hija en nombre del amor. Otra cosa que puede suceder con un contacto Luna-Neptuno es que uno de los padres se muestre esquivo, que nunca esté del todo presente. Un día te brinda nutrición emocional, pero al día siguiente no. Un día te dice: «Siéntate y cómetelo todo, porque tu madre te ha preparado una comida deliciosa», y al día siguiente ni siquiera se molesta en cocinar. A eso me refiero al decir que los aspectos Luna-Neptuno pueden indicar que el terreno que tienes bajo los pies no es nada firme. El nativo con un contacto Luna-Neptuno tendrá conflictos centrados en los papeles de salvador y víctima, problemas relacionados con el socorro, la salvación y el rescate. Como ya he dicho, los niños con estos aspectos terminan por creer que sólo pueden obtener nutrición emocional si de alguna manera los hieren, los lastiman o los hacen sufrir. Asocian el amor con el sufrimiento.

Conocí a una niña con la Luna en conjunción con Neptuno en Sagitario, cuya madre era una persona muy «aérea», sin ningún planeta en agua. La madre tenía miedo del sentimiento, y siempre trataba de razonar con su hija, de hacer que la niña fuera más desapegada y objetiva con las cosas. La pequeña terminaba por irse a un rincón y rascarse los brazos hasta hacerse sangre para que su madre viera el daño que se había hecho. Sólo entonces recibía de ella las expresiones de preocupación y afecto que necesitaba. A esos extremos tenía que llegar para conseguir el efecto deseado. Por eso pienso que puede haber en estos nativos una clara tendencia a los comportamientos autodestructivos, porque la nutrición emocional va asociada con el hecho de que los hieran o los lastimen. Para un niño, la madre puede ser el modelo de su contacto entre la

Luna y Neptuno, estando de alguna manera herida, o siendo alcohólica o simplemente incapaz de hacer frente a la vida. Incluso asumiendo el papel de víctima, la madre puede arreglárselas para manipular a toda la familia, al mostrarse como alguien dañado y vulnerable. Las personas con contactos Luna-Neptuno también tienen tendencia a buscar lo sublime en la vida cotidiana, esperando que otra persona sea la Bella Princesa o el Príncipe Azul. Esto puede suceder también con los contactos Venus-Neptuno. A la gente con aspectos Luna-Neptuno y Venus-Neptuno suele resultarles difícil trabar relaciones satisfactorias, porque se ponen a sí mismas precios superiores a los del mercado. Lo que quieren es tan ilusorio, numinoso o ideal, que nadie que viva en un cuerpo físico podrá satisfacer jamás semejantes expectativas. Si esta necesidad de lo divino se proyecta sobre uno de los padres, entonces el hijo espera que su padre sea como Cristo o su madre como la Virgen. Si proyectas tales arquetipos transpersonales en tus padres, te costará cortar el cordón umbilical que te une a ellos. Es mucho más fácil que te separes de un padre a quien ves como un tirano o un ogro, o de una madre a quien ves como una reina perversa o un monstruo devorador.

También he observado que a las personas que tienen en su carta configuraciones Luna-Neptuno puede resultarles difícil establecer relaciones emocionales con los demás, e incluso consigo mismas. O bien dicen que no saben qué es lo que realmente necesitan, o lo que necesitan cambia continuamente, de un momento a otro. Creen que los seres amados deberían ser capaces de intuir automáticamente sus necesidades («Si verdaderamente me amaras, sabrías lo que necesito y me lo darías sin que yo tuviera que pedírtelo, y si mis necesidades cambian de un momento a otro, tendrías que ser capaz de adaptarte y de comprenderme»). Para los padres, es difícil nutrir emocionalmente a un niño nacido con la Luna en aspecto con Neptuno, o con la Luna en Piscis, porque es probable que el niño jamás llegue a tener realmente claro qué es lo que necesita de ellos. Si percibís que un niño con uno de estos contactos está sufriendo y le preguntáis qué le pasa o qué es lo que necesita, lo más frecuente es que no lo sepa. Ello se debe probablemente a que Neptuno es uno de los canales mediante los cuales sintonizamos con el inconsciente colectivo, captando en el aire toda clase de sentimientos, dolor psíquico, angustia y miedo, que no podemos definir o que provienen de Dios sabe dónde. Las personas con estos contactos, especialmente las mujeres, suelen identificarse con la imagen de la gran Madre salvadora, que se desentiende de su propio hijo y de las necesidades de éste para, en cambio, reunir a su alrededor a seres heridos y dañados que necesitan que les brinden afecto o que los rescaten de su desamparo. Es como si estos nativos se rodearan de personas lastimadas como un medio para no tener que reconocer y afrontar al niño herido y dañado que llevan dentro de sí y reconciliarse con él. Yo los llamo «coleccionistas de almas desvalidas». De paso, ¿cuántos de vosotros tenéis un aspecto entre la Luna y Neptuno, o bien la Luna en Piscis o en la casa doce? Sí, ya veo que sois muchos. He observado que estos emplazamientos aparecen con frecuencia en las cartas de los astrólogos. Y probablemente suceda lo mismo con los aspectos Luna-Plutón.

Oyente: ¿Qué hay que hacer para proporcionar nutrición emocional a una combinación Luna-Neptuno?

Richard: Creo que ya hemos hablado de eso, pero volvamos a hacerlo. En primer lugar, os ayudará daros cuenta de que jamás vais a encontrar ahí fuera, en el mundo, a nadie que os lo solucione todo. También es importante que liberéis y perdonéis a vuestros padres, que os han decepcionado al no satisfacer vuestra necesidad de una persona mágica, transpersonal, omnipotente y sabia que se ocupe de vosotros y os proporcione nutrición emocional. Claro que eso es más fácil decirlo que hacerlo... También debéis daros cuenta de que gran parte de vuestra satisfacción emocional tiene que provenir, en última instancia, del ámbito transpersonal, quizás a través de la meditación, el yoga, la música, la danza o cualquier otra cosa en la que podáis perderos o mediante la cual podáis entregaros al gran colectivo, de una manera que no os haga daño a vosotros ni dañe a los demás. Supongo que veis a qué me refiero. Creo que cualquiera que tenga un fuerte contacto de la Luna, Venus o el Sol con Neptuno, necesita alguna forma de autoexpresión creativa mediante la cual pueda conectar con el inconsciente colectivo y canalizarlo, sea lo que sea lo que eso signifique para cada cual. Para algunas personas significará una experiencia religiosa; para otras, largos períodos de soledad o de volverse hacia dentro. Una vez vino a mi consulta una señora mayor que tenía la Luna en conjunción con Neptuno y Plutón en Géminis en la casa doce, y me retó a que descubriera cuál era su forma de nutrirse emocionalmente. Resulta que tiene una buhardilla que cierra con llave, de la que sólo hay una copia: la suya. Durante años y años ha usado esa habitación para escribir pornografía, que publica con un seudónimo. De hecho, empezó a escribir relatos policíacos, y al darse cuenta de que ese no era en realidad su género, probó con la pornografía y descubrió que el tema le encantaba y que, desde el punto de vista literario, era su fuerte. En su familia nadie sabe lo que hace, porque su buhardilla está vedada para todos y, como ya he dicho, publica con seudónimo. Así se gana algún dinero extra.

Bien, pasemos ahora a los contactos Luna-Plutón, que es una combinación muy pesada. Plutón simboliza el eros, la sexualidad, el poder, la muerte y la transformación y, cuando está vinculado con la Luna, destaca estas características en la relación con la madre, o con el padre si es él quien proporciona alimento emocional. Al comienzo de la vida, los niños con estos contactos captan el mensaje de que sus sentimientos son inaceptables y no se puede hablar de ellos. Entonces creen que nadie entenderá jamás sus necesidades y emociones más profundas, y, lo que es peor, temen que sus padres puedan matarlos, abandonarlos u odiarlos en caso de que lleguen a descubrir lo que sucede realmente en su interior. De ahí que aprendan a ocultar sus sentimientos o, para decirlo de otra manera, que lleguen a la convicción de que sus pensamientos más íntimos no son aceptables y que deben mantenerlos ocultos en la oscuridad de su interior. También he observado que un contacto Luna-Plutón significa a menudo que toda la cuestión de la nutrición emocional está teñida de erotismo, que puede manifestarse en una relación incestuosa entre la persona y aquel de los padres que le proporciona alimento emocional. Os ruego que entendáis que cuando digo incestuoso no me refiero de modo necesario a nada que sea explícitamente sexual, sino sólo al hecho de que lo que podríamos llamar «relación nutricia» se mezcla con sentimientos eróticos.

Las luchas por el poder pueden ser otro sello distintivo de los contactos Luna-Plutón. Es muy frecuente que el niño vea a la madre como un ogro, como alguien que quiere devorarlo, absorber su fuerza vital. La ve como a un ser muy poderoso o peligroso, al estilo de lady Macbeth, Clitemnestra o Medea. Generalmente, un niño con un contacto entre la Luna y Plutón tendrá una fuerte conexión umbilical con aquel de los padres que le proporcione alimento emocional, lo cual se manifestará en la intensidad de la relación entre ambos. Tened presente que la Luna no es siempre, literalmente, la madre; es más bien aquel de los padres que ha asumido el papel del que cuida, y en algunos casos eso lo hace el padre. De hecho, para las niñas, a menudo es el padre quien encarna este papel, el portador del mito de cómo se alimenta emocionalmente y se brinda amor. Ya sea la madre o el padre, al miembro de la pareja que se hace

cargo de este papel se lo ve como fuente de poder, y parece como si des-
conectarlo de tal poder conllevara un riesgo de muerte. Estar muy cerca
de la madre –o del progenitor que cuida– da al niño la sensación de ser
devorado o tragado, pero no estar con ella hace que se sienta asustado y
desvalido. Como podéis ver, la relación con la madre tiende a ser sumamente tensa y problemática.

Oyente: La Luna en la casa ocho, ¿te hace sentirte igual que la Luna en
aspecto con Plutón?

Richard: Las casas describen el escenario donde se lleva a cabo la dinámica de un signo o de un planeta, y la Luna en la casa ocho sacará a relucir algunos de los mismos problemas que la Luna en Escorpio o en aspecto con Plutón. Sin embargo, la manifestación más potente de lo que
he estado diciendo vendrá más bien por la vía de la Luna en Escorpio o
en aspecto con Plutón que por el solo hecho de que esté en la casa ocho.

En realidad, puede existir un auténtico odio entre la madre como
figura nutricia y el niño con la Luna en aspecto con Plutón. El odio es
algo tabú, algo que supuestamente no se da entre padres e hijos. Ahora
bien, no puede dejar de haber problemas si no se reconoce la existencia
de un sentimiento tan fuerte como el odio. En el mito griego, Plutón
emerge de un salto desde el mundo subterráneo para apoderarse de la
doncella y llevársela a su reino. El sentimiento de ser devorado, consu-
mido y desgarrado es característico de una situación muy plutoniana.
Deméter y Core tienen un tipo de relación Luna-Plutón, y por eso a Plutón –Hades en persona– se lo convoca para que rompa el vínculo. ¿Recuerda alguno de vosotros quién invoca a Plutón para que suba desde las
profundidades y lo haga? En algunas versiones del mito, es Gea o Gaia,
la diosa de la Tierra; en otras, es Afrodita o Venus la que llama a Plutón
para que rapte a Core. Afrodita es otra encarnación de la madre Tierra,
de modo que en realidad no importa qué versión toméis en cuenta. Afrodita no se siente cómoda con el vínculo madre-hija que, prescindiendo
del hombre, existe entre Deméter y Core, de modo que invoca al som-
brío dios del mundo subterráneo para que rompa la unión que hay entre
ellas. Deméter se sume entonces en el duelo y el llanto, y se convierte en
la bruja mala que sumerge al mundo entero en la oscuridad y no permite
que siga habiendo vida sobre la Tierra.

Oyente: Yo pensaba que era Zeus quien invocó a Plutón.

Richard: En algunas versiones es Zeus, pero en otros relatos más antiguos, quien lo invoca es decididamente una diosa de la Tierra. Cuando la sociedad regida por una diosa pasó a ser una sociedad regida por un dios, los personajes que tomaban todas las decisiones importantes, que eran diosas, se convirtieron en dioses. Es decir, que en las versiones más antiguas del mito, se nos habla de Gea o de Afrodita.

En la película *Amadeus* se puede ver una relación plutoniana y devoradora entre Mozart y su padre. Lo que normalmente sucede en este tipo de situación es que el padre o la madre nunca está de acuerdo con el cónyuge escogido por el hijo o la hija que tiene un contacto entre la Luna y Plutón, e intenta entremeterse e impedir la relación. Es entonces cuando los hijos tienen que cortar el cordón que los ata a su progenitor. Hay una hermosa obra teatral de Sidney Howard, *The Silver Cord* [El cordón de plata], donde también se puede ver una relación clásica de este tipo. Si no la habéis leído, deberíais hacerlo, y si tenéis en vuestra carta un aspecto entre la Luna y Plutón, hacedlo sin pérdida de tiempo.

También he observado en estos nativos una tendencia a la soledad. Una razón para ello es que en algún nivel se sienten profundamente angustiados por la intensidad y la pasión de sus propias necesidades emocionales, que los consumen. Con frecuencia, proyectan estos sentimientos en otras personas, y temen luego que éstas los devoren. Dicho de otra manera, toman su propio deseo de devorar a los demás y el miedo que les provoca el carácter avasallador de sus emociones, y los proyectan en su pareja o en el mundo en general. Una astróloga amiga mía, que era la ex madre superiora de un convento, hizo un estudio aleatorio de los signos del Sol, la Luna y el Ascendente de más de doscientas monjas. Esperaba encontrar en sus cartas a Virgo en una posición fuerte, pero lo que descubrió fue que Escorpio era el signo más destacado. Sus hallazgos no me sorprendieron en absoluto, porque con frecuencia Escorpio quiere transmutar el eros en alguna otra cosa. Es como si el eros le quemara demasiado para poder sostenerlo y tuviera que depositarlo en alguna parte. Quizá sea mejor sentir una pasión divina por Jesús, a quien podéis entregaros por entero, que establecer una relación demasiado íntima con un ser humano real, de carne y hueso. Los nativos Luna-Plutón están familiarizados con el tema de la posesión. Una persona puede estar literalmente poseída por su madre o por su padre. Algunos nativos con estos contactos subliman su propia posesividad dejándose poseer por alguna forma de arte u otra expresión creativa, con frecuencia muy rica y activa. Los griegos habrían dicho que una persona así está poseída por un *daimon* creativo. La misma clase de posesión se da también cuando uno se enamora locamente. Los que tenéis a Venus en aspecto con Plutón sabréis a qué me refiero. A vosotros, enamoraros puede daros la sensación de estar invadidos o poseídos por algo o por alguien.

A la gente con contactos Luna-Plutón, la muerte es un asunto que les preocupa. Pueden empezar a hacer preguntas sobre la muerte desde muy temprana edad. Si provienen de una familia donde la muerte es un tema tabú, generalmente no les dicen que alguien se ha muerto, sino que ha pasado a otra vida, ha vuelto a los brazos del Señor o algún otro eufemismo por el estilo. O sea, que el deseo de entender la muerte y de saber algo más de ella puede quedar bloqueado en los niños con estos contactos. Lo que sucede entonces es que los problemas centrados en la muerte quedan relegados al inconsciente, desde donde se manifiestan como sueños o de alguna otra manera indirecta. ¿Cuántos de los aquí presentes con alguno de estos contactos habéis tenido pesadillas aterradoras en vuestra infancia? Pues sí, podéis relacionarlas con eso. Para estos niños, el proceso de romper la conexión umbilical puede parecerse mucho a la muerte. Son, además, personas que si se someten a terapia hacen frecuentemente una transferencia muy fuerte sobre el terapeuta, y también este vínculo puede terminar siendo sumamente difícil de romper. Soltarse y liberarse es una de las cosas más difíciles para estas personas.

Ahora bien, ¿cómo pueden hacer frente a todo eso estos nativos? El problema es difícil, pero el primer paso sería que reconocieran la profundidad e intensidad de sus sentimientos. Es necesario que encuentren algún lugar en la vida donde puedan sentir las poderosas influencias que llevan dentro de sí, donde puedan contactar con su *daimon* y darle la posibilidad de expresarse. Muchos de ellos se someten a terapia, y algunos terminan incluso por ser terapeutas o consejeros psicológicos, quizá como una manera de satisfacer su necesidad de enfrentarse con lo que es oscuro o está oculto en la vida. La mayor parte de las personas que conozco que trabajan como terapeutas han tenido a su vez que someterse a terapia como parte de su formación o de su proceso de individuación. Yo diría que, en particular, los aspectos Luna-Neptuno y Luna-Plutón hacen aflorar el tipo de problemas que inducen a dedicar cierto tiempo a la psicoterapia, problemas que son tan profundos y tan dolorosos y a menudo están tan ocultos que quienes los tienen necesitan un guía que los ayude a orientarse en el laberinto de su mundo psíquico. Por supuesto que no todo el mundo necesita recorrer este camino, y hay varios otros recursos que pueden conducir a un crecimiento y una individuación mayores. Hay quienes escogen un camino místico o religioso, mientras que otros pueden desarrollar su creatividad como medio de controlar de manera constructiva sus impulsos obsesivos y de elaborar los problemas más difíciles con que se enfrentan en su interior. Otra manera, no tan útil, de abordar el problema Luna-Plutón es embarcarse en la búsqueda interminable de otra persona que represente el papel del progenitor nutricio originario, ya sea que éste asumiera la figura de deidad o de monstruo. A mí me entristece ver a gente que está en una perpetua búsqueda de amigos y de parejas que encajen en estos modelos. Algunos nativos con aspectos Luna-Plutón intentan lograrlo mediante la adoración del guru, que no es sólo un maestro, o un líder, o una figura materna o paterna, sino alguien a quien se ve como una imagen divina y de tamaño mucho mayor que el natural. No quiero decir que siempre esté mal hacer esto; no deja de ser una experiencia y un modo de que la gente que tiene configuraciones Luna-Neptuno o Luna-Plutón pueda satisfacer sus necesidades e impulsos interiores.

Son varios los indicios o señales que el astrólogo puede buscar en una carta y que indican problemas relacionados con el corte del cordón umbilical. Uno de ellos es cuando la Luna está en la casa doce, que a mi entender es un ámbito donde recogemos material que no podemos aceptar en un nivel consciente. Para mí la casa doce es el armario, el lugar donde metemos todas esas cosas que preferimos que no estén a la vista. Los emplazamientos en la doce simbolizan con frecuencia impulsos, anhelos, complejos y sentimientos que mantenemos cerrados bajo llave en nuestro armario psíquico. Naturalmente, la casa doce representa también otras cosas. Es una vía o un canal que conduce al inconsciente colectivo; los soñadores, los profetas y los artistas suelen tener algún factor que afecta fuertemente a la casa doce. Pero por ahora prefiero concentrarme en esta casa como el lugar donde almacenamos el dolor no admitido o no reconocido que es un remanente de nuestros primeros problemas con la nutrición emocional, lo cual es especialmente válido si el regente de la cuarta casa o el de la décima está emplazado en la duodécima; si es así, podéis estar bastante seguros de que los problemas con los padres han sido reprimidos y perduran en el nivel inconsciente porque reconocerlos sería demasiado doloroso. Otra forma en que se puede ver el material reprimido desde la época del establecimiento de los primeros vínculos es si Cáncer está en la cúspide de la casa doce. Esto también podría ser aplicable a Leo en la doce, aunque lo que sugiere este emplazamiento es que todo lo que se refiere al padre es una preocupación importante. Capricornio en la doce sugiere problemas con el progenitor que representa la imagen de autoridad, y no con aquel que nos proporciona nutrición emocional. También el Sol o Saturno en la casa doce son indicadores de la existencia de material centrado en los padres y que mantenemos bajo llave en el armario.

Los problemas con los padres también son importantes si el Sol, la Luna o Saturno se encuentran en la casa siete. Como sabéis, la séptima es una casa ampliamente abierta a la proyección, porque designa «al otro», es decir, aquellos rasgos que sentimos que pertenecen a otras personas y no a nosotros mismos. La séptima es el lugar donde proyectamos partes de nuestra propia naturaleza en el mundo exterior; es donde tenemos la sensación de que no controlamos lo que nos sucede, y describe lo que esperamos encontrar o descubrir por mediación del mundo exterior. Cuando consideréis la carta en función del material relacionado con los padres debéis examinar también las casas cuarta y décima, especialmente si os encontráis en ellas con Urano, Neptuno o Plutón, es decir, los planetas transpersonales, o si cualquiera de los signos que rigen (Acuario, Piscis o Escorpio) cae en alguno de los ángulos de la carta. Espero que, como astrólogos, no formularéis ningún juicio basado solamente en un único emplazamiento. Es necesario reunir una buena cantidad de indicios y afirmaciones provenientes de múltiples lugares de la carta antes de etiquetar algo como un problema o una grave situación.

Los problemas con la conexión umbilical y otras dificultades con los vínculos se pueden ver si la Luna participa en una configuración difícil, como una cuadratura en T, una gran cruz o un yod, sobre todo si es el punto focal de estas complejas pautas planetarias; por ejemplo, si se tiene a Marte en oposición con Venus y a la Luna en cuadratura con los dos, o si la Luna es el punto focal o ápice de un yod, es decir, el planeta que forma quincuncio con los otros dos que están en sextil. El planeta focal en este tipo de configuraciones (a las que yo llamo «configuraciones mayores desequilibradas») es el que recibe la máxima tensión. Si la Luna es el punto focal de una cuadratura en T eso significa, independientemente de la casa donde se encuentre, que la persona que tiene esta configuración en su carta ha soportado la carga de cualquier tensión o conflicto que haya habido entre sus padres y que aparece representado por los dos planetas en oposición que forman cuadratura con la Luna. Si la Luna es el punto focal de un yod, eso puede indicar que entre los padres hubo un acuerdo tácito para hacer del niño el tercero en discordia, el que sobra, convirtiéndolo en el miembro de la familia a quien se pone la etiqueta de enfermo, raro, neurótico o perturbado. Si la Luna es una parte destacada de una configuración difícil, se puede deducir sin temor a equivocarse que ha habido una gran cantidad de conflictos o de dramas generados por problemas de los padres. En cuanto veáis una Luna como punto focal, lo mejor será que empecéis a preguntaros cuáles son los demonios familiares que constituyen la pesada carga que recae sobre el nativo. Si una mujer con una configuración como ésta insiste enérgicamente en que no quiere ser madre, podéis estar bien seguros de que esta decisión ha estado influida por problemas en el establecimiento de sus primeros vínculos. Como regla general, si en la carta de una mujer la Luna está atrapada en una configuración tensa, os encontraréis casi invariablemente con que el hecho de tener o no tener hijos es un gran problema para ella. En cambio, es probable que un hombre con la Luna formando parte de una configuración difícil proyecte los problemas que tiene con su madre sobre otras personas. Si no ha cortado el cordón umbilical, es probable que siga buscando por alguna parte del mundo a una madre divina. Una Luna problemática en la carta de un hombre sugiere un *anima* enorme de tipo maternal que espera encontrar a alguien a quien pueda unirse. No importa cuál sea la relación; en realidad, él está buscando en ella a la madre.

También deberíais fijaros si la Luna está aislada en la carta. Al decir aislada me refiero a que sea la única de su clase en una categoría; por ejemplo, si es el único planeta en un signo de tierra o en un signo de fuego, o el único en un signo mutable, o el único en un signo personal, o el único planeta yin o yang de la carta, o el único en un hemisferio. Cualquier planeta aislado representa una necesidad exagerada. Diez cachorritos se precipitan sobre un tazón de leche, y el planeta aislado es el que llega primero, ahuyenta a todos los demás y se bebe toda la leche. Los planetas aislados tienden a absorber y controlar grandes cantidades de energía psíquica. La ruptura de la conexión umbilical con la madre será un gran problema para alguien con la Luna aislada en su carta.

Oyente: ¿Has encontrado alguna correlación entre los problemas con la comida y los aspectos Luna-Plutón?

Richard: Sí, porque los contactos Luna-Plutón dan una profunda avidez que puede conducir a formas de comportamiento adictivas. Las personas con aspectos Luna-Plutón necesitan llevar una vida profundamente erótica, y como la mayor parte de nosotros no estamos programados para vivir de esa manera, buscan algún otro medio de amortiguar su hambre o de atenuar su dolor. Eso es lo que son las adicciones, un intento de amortiguar el hambre y el dolor.

Creo que por el momento ya nos hemos pasado bastante tiempo en la Luna, de modo que ahora vamos a hacer otra cosa. Emplearemos el resto de la tarde en el taller, y os daré las directivas para hacerlo. Primero, debéis distribuiros en grupos de cinco o seis personas. Podéis repartiros como queráis, pero sería mejor no formar grupo con alguien con quien tengáis mucha intimidad. O sea que quienes estéis aquí con vuestra pareja, uno de vuestros padres o un hijo deberíais incorporaros a grupos diferentes. Podéis compartir un grupo con un amigo o un compañero, pero es mejor que no estéis con alguien con quien tengáis importantes asuntos emocionales pendientes.

Los problemas que creo que podrían ser interesantes de explorar son algunas de las cosas de las que hemos estado hablando. Por ejemplo, ¿cuáles son en vuestra familia los mitos sobre la nutrición emocional? ¿Habéis trabajado en ellos? Esto no es más que una sugerencia; tomad la dirección que queráis. Podéis empezar por la carta e ir pasando a vuestra propia experiencia, o partir de la experiencia para llegar a la carta. Pero no hagáis una interpretación completa de la carta; manteneos en las cuestiones lunares: las casas cuatro y diez, y la Luna y sus aspectos.

Al trabajar en los grupos, se busca que las personas actúen como espejos. No debéis comportaros como consejeros, ni jugar al astrólogo, ni interpretar la carta de nadie. La idea es más bien que cada uno escuche activamente y con interés. Podríais hacer preguntas de este tipo: «¿Cómo crees que está funcionando la cuadratura Luna-Urano que tienes en tu carta?», o «¿Qué vivencia tienes de tu Luna en la casa doce?», o «Al oírte hablar de que te sentías emocionalmente desconectado de tu madre me he preguntado si ya habrías trabajado en ello». Os advierto una vez más que esta no es una oportunidad para hacer de consejero ni para interpretar la carta. En este grupo hay un montón de astrólogos y consejeros cualificados, y os invito a no trabajar de esta manera, sino a funcionar como el espejo neutral que se limita a devolver un reflejo a los demás, para darles así un espacio seguro donde puedan explorarse a sí mismos a su manera, sin sentirse empujados ni tironeados en ninguna dirección. Procurad investigar aquellos de los puntos que hemos ido viendo que os hayan movido algo por dentro. Mientras hablaba he visto que en toda la sala se iban encendiendo bombillas. ¿Qué cosas os han tocado más? Quizá queráis hablar de ellas y saber cómo las ven los demás. Podríais decir a los miembros de vuestro grupo: «Mirad, yo tengo la Luna en cuadratura con Neptuno, y no me parece que nada de lo que ha dicho Richard se aplique a mi relación con mi madre». Entonces, uno de ellos podría preguntaros si los mensajes de vuestra madre eran ambiguos, o si no podría haber sido vuestro padre quien reflejaba más el contacto entre la Luna y Neptuno, y podríais responderle: «Ahora que lo dices, fue mi abuela; ella fue la figura nutricia en mi vida». El objetivo es consolidar vuestras experiencias, todas esas cosas de las que hemos estado hablando de una manera muy intelectual. ¿Alguna pregunta?

Oyente: Yo no lo acabo de entender. ¿Quieres que miremos la carta de la persona que está hablando o no?

Richard: Si desea que lo hagáis, sí, claro. Pero fijaos si podéis mirarla sin comentarla. Ya sé que eso es sumamente difícil. Trataré de decirlo de otra manera: comentadla sin emitir juicios sobre ella, es decir, sin exclamar: «Dios mío, pobre, ¡qué Luna tan afligida tienes!». No es eso lo que quiero que hagáis. En cambio, podéis efectuar un comentario sobre la Luna como éste: «Veo que en tu carta la Luna está aislada; es el único planeta en agua. ¿Cómo vives ese emplazamiento?». O si observáis una cuadratura Luna-Marte en una carta, podríais preguntar a la persona si en las situaciones que implican nutrición emocional tiene algún problema con el enojo. Y ella podría responderos: «Tú estás loco, ¡si yo jamás me enfado! Y no insistas, que no eres mi terapeuta». Entonces vuestra respuesta podría ser: «Bueno, como en tu carta aparece ese contacto, pensé que podría ser algo en lo que quisieras pensar un poco más».

SEGUNDA PARTE

Comprenderse a uno mismo

Eros y proyección
en las relaciones adultas

Ahora que ya hemos establecido las bases –al resolver todos nuestros problemas familiares y cortar el cordón umbilical–, estamos listos para embarcarnos en el tema de lo que se suele llamar relaciones entre adultos. Nos plantearemos cuestiones como qué es el eros y qué tiene que ver con las relaciones, y nos preguntaremos también qué es eso que llamamos amor. ¿Qué es el amor y a qué nos referimos al usar esta palabra aplicándola a relaciones entre adultos? ¿El amor debe conducir necesariamente al matrimonio? ¿Cómo escogemos a nuestra pareja? En relación con todo esto nos iremos pasando la pelota los unos a los otros, y empezaremos con algo que vosotros preguntéis.

Oyente: ¿Puedes describirnos un poco más detalladamente la dinámica de la proyección?

Richard: Jung consideraba las proyecciones como algo muy natural en los seres humanos, y pensaba que tendemos a proyectar más al comienzo de la vida; pero a medida que avanzamos en ella, es de esperar que hayamos alcanzado la individuación suficiente para poder, por lo menos, empezar a darnos cuenta de lo que proyectamos en los demás. Una definición muy simplificada que yo doy de la proyección es que buscamos fuera de nosotros aquellos rasgos que por alguna razón no se han despertado aún en nuestro propio interior, no hemos integrado o nos parecen inaceptables. Desconocemos o rechazamos partes de nosotros mismos, y entonces las vemos en los demás. Se pueden proyectar tanto los aspectos negativos como los positivos. Las cualidades que tenemos, pero que aún no hemos desarrollado, quizá sean las mismas que admiramos en otras personas; las cosas que no nos gustan de nosotros mismos también las proyectamos en los demás, colocándolas fuera, en el mundo. Creo que las relaciones que establecemos en la vida no son casuales ni aleatorias; no son algo que nos suceda por puro azar. La proyección tiene muchísimo que ver con la gente que atraemos hacia nosotros.

Tened presente que hay ciertos ámbitos sensibles en la carta, más fáciles de proyectar que otros. Por ejemplo, en nuestra sociedad se supone que las mujeres no expresan a Marte. Entonces, ¿qué hacen con su Marte? Pues, su destino es casarse con él. Se supone que se casan con el señor Marte y viven felices comiendo perdices. Todas aquellas de vosotras a quienes no os interese practicar artes marciales, podéis hacer honor a vuestro Marte si os casáis con un boxeador. Es una broma. No obstante, creo que hay ciertas áreas, en la sociedad y dentro de cada familia, que son muy propensas a la proyección. No es raro que los hombres proyecten la Luna y probablemente también Venus. En cuanto a las mujeres, es más fácil que proyecten el Sol y Marte. Toda la cuestión de las proyecciones se complica por el hecho de que vivimos en una sociedad lineal y monoteísta. Dicho de otra manera, Dios es Uno, y es perfecto. Estamos hechos a su imagen y semejanza, y lo que esto implica es que deberíamos ser uno y perfecto (y desde luego, de sexo masculino). Pero al mirar la carta astral, vemos que es politeísta, o por lo menos polimorfa. Está hecha de partes. Cada dios y cada diosa tienen su propio lugar en la carta, de modo que, ¿cómo nos las arreglamos con el hecho de que en realidad somos una sola persona hecha de partes diferentes? Una manera de encarar el problema es proyectar en los demás partes de nosotros. En vez de reconocer la existencia de todo un reparto de personajes que llevamos dentro, y de admitir el hecho de que todas las *dramatis personae* están contenidas en nuestro interior, buscamos a otras personas para que expresen partes de nosotros mismos.

Oyente: ¿No crees que algunas personas son demasiado duras consigo mismas?

Richard: Sí, a veces la gente se critica por no estar a la altura de alguna imagen perfecta e idealizada de sí misma. Piensan que deben de tener algún fallo terrible si no han encontrado su ideal o si no han conseguido que una relación o un matrimonio funcione como soñaron que lo haría. No sólo deberíamos ser más clementes con nosotros mismos, sino que también deberíamos ser más tolerantes en nuestras relaciones. Es necesario que aprendamos a perdonar, especialmente a nuestros padres. Cuando uno integra a su madre interior, es más capaz de perdonarse y de perdonar a sus seres queridos por no ser perfectos.

Oyente: He observado que puede haber ciertos dilemas arquetípicos en una carta que influyen directamente en el fenómeno de la proyección. Por ejemplo, en mi carta hay mucho fuego, pero también tengo algunos planetas en tierra, y con frecuencia reconozco como propio y expreso lo que tengo de fuego, y atraigo a otras personas para que se hagan cargo de lo que tengo de tierra, para que me ayuden a organizarme mejor o se presten a ocuparse de mis necesidades mundanas y cotidianas.

Richard: También está el dilema entre el aire y el agua. ¿Hay alguna manera de resolver interiormente el hecho de que, para encontrarse a sí mismo, el aire necesita distancia y objetividad, mientras que el agua busca intimidad y fusión? ¿Qué hacemos con esta tensión interior? Digamos que este dilema se da en la carta de un hombre, y que se manifiesta en cuadraturas entre planetas en signos de aire y planetas en signos de agua, o mediante algo así como una conjunción Luna-Urano. En nuestra sociedad, es probable que el nativo se identifique con su energía yang o masculina, y proyecte sobre las mujeres de su vida su parte femenina, de agua.

Oyente: Yo he observado también que la gente proyecta los elementos que le faltan, es decir que atraen a su vida a personas que les aportan el elemento que les falta o es demasiado débil en su propia carta.

Richard: Es absolutamente crucial considerar los elementos que faltan en la carta, porque, como tú dices, representan áreas que son muy susceptibles de proyección. Como no podemos encontrar ese elemento en nosotros mismos, lo buscamos en el mundo, o en algunos casos nos vemos impulsados compulsivamente a desarrollarlo. Miguel Ángel no tenía ningún planeta en tierra, y es un ejemplo perfecto de lo que estoy diciendo, porque continuamente trataba de dar forma, en su obra creativa, a la imagen ideal que llevaba dentro. Cuando le pidieron que definiera el significado de su obra, respondió que su tarea consistía en realizar a Dios, descubriendo la forma que se ocultaba en el interior de la piedra. Hay muchos escritores brillantes, como Tolstoi y Walter Scott, sin ningún planeta en aire. Thomas Jefferson fue probablemente el más intelectual de los presidentes de Estados Unidos, y no tenía aire en su carta. Encontraréis una cantidad enorme de filósofos sin nada en aire. Y Juana de Arco, a pesar del coraje y la osadía que demostró, no tenía fuego. Algunas personas pueden terminar siendo más creativas en el dominio del elemento que les falta que alguien que tiene fuerte ese mismo elemento en su tema natal. Beethoven no tenía agua en la carta, y sin embargo su música rebosa de sentimiento. Cuando un crítico describió como fría la obra del músico, él le respondió algo parecido a esto: «Aquel que tenga oídos para escuchar mi música, que Dios en su misericordia me ha prohibido oír, sabrá que cada nota ha sido escrita con sangre y lágrimas». Algunas personas dan muestras de auténtica genialidad en la esfera asociada con el elemento que les falta. Visto de esta manera, el elemento ausente es como un don de los dioses. Resulta paradójico que algo tan maravilloso pueda provenir de lo que parece una pura nada. Y sin embargo, con frecuencia, en el intento de dar expresión a un elemento ausente hay una gran cantidad de dolor y sufrimiento. Esta expresión se origina en un estrato tan profundo de nosotros que hacerla aflorar requiere mucho esfuerzo y una auténtica lucha.

Oyente: Yo he observado una correlación entre la falta de tierra y los problemas de peso.

Richard: Sí, puede que eso se deba a que la gente que no tiene tierra no sabe cuándo está llena. Algunas personas sin planetas en tierra presentan problemas relacionados con la sexualidad. Es como si no supieran lo que las excita, ni tampoco cuándo se sienten realmente satisfechas. De modo que se tiende a hacer demasiado o bien a quedarse corto en lo que se relaciona con el elemento que falta. A veces lo comparo con un interruptor o un grifo no graduable, que sólo pudiera estar totalmente abierto o cerrado, de manera que la persona tiene muy poco control de la situación. No existen las pequeñas gradaciones que normalmente se dan cuando hay varios planetas en un elemento. Y si algo no está bien integrado, suele salir del inconsciente de tal manera que la persona puede percibirlo como abrumador, como si no hubiera un recipiente capaz de contener esa energía. Si no tenéis agua en la carta, es probable que estéis desconectados de vuestros sentimientos; pero cuando éstos afloran, estallan de un modo extremo, llegando quizás a provocar una crisis nerviosa. Me viene la imagen del agua que va acumulándose detrás de un dique de ladrillos hasta que finalmente la presión llega a ser tanta que lo rompe. Tengo un amigo que es psicoterapeuta; en su carta domina la función aire, y no tiene nada de agua. Aunque no sabe astrología e ignora que en su carta no hay agua, dice que tiene la función sentimiento totalmente subdesarrollada. No cree haber tenido un sentimiento en su vida, y, sin embargo, es estupendo para evocar sentimientos en sus clientes. Lo interesante es que ha tenido dos crisis nerviosas a lo largo de su vida, y él las describe como épocas en las que la función sentimiento afloró con una fuerza arrolladora y lo inundó.

Oyente: Los elementos que faltan deben de desempeñar un papel importante en lo que se refiere a los tipos de relaciones que buscamos.

Richard: Sí, eso es válido a pesar de lo que diga la astrología tradicional sobre la compatibilidad. La astrología clásica diría que si alguien tiene un montón de planetas en Libra debería sentirse atraído por los Géminis o los Acuario, pero yo no he comprobado que sea así. Lo que aporta erotismo a las relaciones es el hecho de que aparezca alguien que tiene las cualidades que a nosotros nos faltan o que son débiles en nuestra carta. Por supuesto, aceptar esta situación ya es otra cosa. Las relaciones más eróticas se dan cuando lo diferente busca lo diferente, no cuando lo semejante busca lo semejante. Al dios griego Eros se lo representaba como una importante fuerza creativa del universo, porque lo creaba al reunir dos cosas tan diferentes como el caos y la materia. A la casa siete se la llama tradicionalmente la casa de lo que no es yo, y también del matrimonio. Es como si quisiéramos casarnos con lo que nos falta. En las relaciones basadas en este tipo de proyección, nos sentimos atraídos hacia la persona, pero también podemos sentir rabia y repulsión por nuestra pareja, por la forma en que difiere de nosotros. Esta es una de las razones por las que a la casa del matrimonio se la conoce también como la de los enemigos manifiestos.

El otro día estuve explicando mi teoría de las casas y signos personales, sociales y universales, y también aquí se puede aplicar lo que he dicho con respecto a los elementos que faltan. Si no tenéis planetas en los signos sociales (desde Leo hasta Escorpio), por ejemplo, podéis encontraros con que os atrae alguien que tiene muchos. La reina Victoria de Inglaterra no tenía planetas en los signos sociales, y se casó con el príncipe Alberto, cuya orientación dominante era la social. Él la ayudó a desempeñar la función social, y en ese sentido su relación fue simbióti-

ca. Mientras él vivió, Victoria dio la impresión de ser una persona normal, social y extravertida. Pero a la muerte de él, se refugió en su atestada casa doce, de la que jamás volvió a salir. También Howard Hughes
tenía una función social débil. En su juventud fue un gran mujeriego y
salía con las mujeres más fascinantes y que más destacaban en la vida
pública, pero cuando la relación se desmoronaba, volvía a su condición
de solitario. Uno puede ser capaz de vivir cómodamente durante mucho
tiempo en una relación simbiótica, pero el problema se plantea cuando
algo la destruye. Entonces el nativo se queda librado a sí mismo, sin
la persona que se hacía cargo de sus proyecciones, y es probable que
no cuente con recursos propios que le permitan reemplazar lo que ha
perdido.

Oyente: ¿Qué pasa si uno no tiene planetas en los signos de agua, pero
tiene muchos en las casas de agua? ¿Se compensa así la carencia de planetas en signos de agua?

Richard: No, no creo que una casa de agua muy ocupada equilibre la carencia de planetas en signos de agua. Empleando el lenguaje del teatro,
yo comparo las casas con escenarios o decorados: en cada casa tienen
lugar ciertas acciones. Si no tienes planetas en un elemento (por más que
los tengas en casas asociadas con él), no hay quien represente el papel
de ese elemento. Además, yo no creo que nada pueda reemplazar realmente a ninguna otra cosa. Considera el cuerpo humano, por ejemplo. Si
una parte deja de funcionar, las demás tienden a colaborar para tratar de
compensar ese defecto funcional, pero aun así, no es lo mismo. Si pierdes un ojo, al comienzo tu percepción de la profundidad estará completamente alterada, pero al final el ojo que queda se adaptará a la necesidad de hacer el trabajo de los dos. Y sin embargo, no será lo mismo que
tener los dos ojos.

Oyente: ¿Qué pasa si el Ascendente es lo único que tienes en un determinado elemento?

Richard: Si el Ascendente es el único emplazamiento que tienes en un
elemento, es posible que te sientas predestinado o llamado a desempeñar
un papel que, por naturaleza, sientes que no te va bien.

Oyente: Hay algo que me confunde. Según la tipología junguiana, el fuego (intuición) es el opuesto de la tierra (sensación), y el aire (pensamiento) es el opuesto del agua (sentimiento), y sin embargo en astrología el fuego y el aire se presentan como opuestos, al igual que el agua y la tierra.

Richard: Creo que es un error tratar de forzar un matrimonio entre la terminología psicológica y la astrológica. Hay muchos paralelismos sorprendentes, pero te meterás en líos si intentas hacer una traducción literal de la tipología junguiana a los elementos astrológicos.

Nos queda tiempo para una pregunta más, pero rápida.

Oyente: ¿Qué piensas de los planetas retrógrados?

Richard: Pienso que uno puede ser por naturaleza más introvertido si tiene muchos planetas retrógrados, pero no creo que el hecho de estar retrógrado disminuya el poder del planeta, y no emitiría un juicio de valor sobre un planeta retrógrado. Francamente, a mí no me interesa tanto la retrogradación como la velocidad relativa con que se está moviendo un planeta. He observado que un planeta estacionario en la carta natal tiene un efecto muy poderoso sobre la psique. En otra conferencia hablaré con más detalle de este tema.

¿Qué es eso que llamamos amor?

Ese es el tema que vamos a estudiar ahora: qué es eso que llamamos amor. Vamos a poner el amor sobre la platina del microscopio, para comparar el concepto que nuestra sociedad actual tiene del amor con la forma en que se lo entendía en la antigua Grecia. Fijaos bien en el nerviosismo que muestra la mayoría de vosotros al oírme pronunciar la palabra «amor», como si fuera algo malo. Basta con que anuncie que vamos a ocuparnos en profundidad del amor para que inmediatamente los papeles empiecen a crujir, los pies cambien de posición y un montón de manos temblorosas se tiendan para servirse un vaso de agua. Todo esto nos muestra que la palabra «amor» está emocionalmente tan cargada, en nuestra sociedad, que incluso nos da miedo pronunciarla. Me gustaría empezar nuestra exploración del amor evocando la visión que tenían de él los antiguos griegos. Creo que intuitivamente ellos comprendían mejor que nosotros el hecho de que el amor tiene muchos rostros diferentes. Hoy lo asociamos en general con el concepto del *amor romántico,* y creemos que es una vivencia que todos deberíamos tener y también que el hecho de estar enamorado debe conducir al matrimonio. Hemos crecido creyendo en el amor romántico y en el matrimonio, tal vez sin darnos cuenta de que, históricamente hablando, los hombres y las mujeres de nuestro moderno Occidente somos casi únicos en cuanto a la forma en que perpetuamos el mito de que un hombre y una mujer deben enamorarse, casarse y vivir felices comiendo perdices, y de que la intensidad romántica y erótica que compartieron al principio de su relación es algo que debe mantenerse por siempre jamás. Es una especie de cuento de hadas, como «Cenicienta». Nos hemos hartado de leer novelas góticas, cuya tradición se remonta a la época de los romances cortesanos y los trovadores y juglares, luego pasó a las hermanas Brontë, con *Jane Eyre* y *Cumbres borrascosas,* y después a Thomas Hardy y su *Tess of the d'Urbervilles,* sin olvidar a Scarlett y Rhett en *Lo que el viento se llevó,* para acabar en el tipo de cosas que se escuchan y se ven hoy día en los seriales radiofónicos o televisivos, o que se pueden leer en las revistas y libros baratos que contienen lo que se suele denominar «relatos románticos para mujeres». Es evidente que el concepto que tiene nuestra sociedad del amor apela a algo muy básico que hay en nosotros, pero quiero insistir en que esto es muy peculiar de nuestra época y de nuestra cultura. No es universal. Es verdad que todas las sociedades tienen sus ideas sobre el romance y lo que éste significa, pero son muy pocas las que esperan que uno se case con el objeto de sus ilusiones románticas.

Supongo que algunos de los presentes habréis leído *The Road Less Traveled,*[1] de M. Scott Peck. Es un buen libro y deberíais echarle un vistazo. Un punto que destaca muy claramente es que para aprender a amar a alguien tenéis que empezar por desenamoraros de esa persona. Semejante enfoque puede parecer paradójico a quienes creen que el amor romántico significa enamorarse de alguien y consumar su amor en el matrimonio, tras lo cual se supone que el resto de la vida transcurrirá en una nube de rosada beatitud, lo cual, simplemente, no es verdad. Hace poco vi el anuncio de una película que francamente me revolvió el estómago. Mostraba una foto de los dos protagonistas en una especie de pose romántica en que hacían ademán de llamarse el uno al otro. El subtítulo decía algo parecido a esto: «Sólo una vez en tu vida encontrarás a esa persona única que te hará cambiar para siempre». Me parece que la idea que tiene nuestra sociedad del amor romántico y del matrimonio se ha mezclado con (o ha sido contaminada por) el concepto cristiano de la salvación. Desde el punto de vista de un cristiano carismático, el subtítulo de la película podría haberse referido a Jesús. En una palabra, creo que hemos confundido el amor *personal* con el amor *interpersonal* y con el amor *transpersonal.* Hay un amor que es totalmente personal, otro que es interpersonal y otro que es transpersonal. El lío se arma cuando mezclamos los tres y esperamos que se den simultáneamente en una única relación.

Veamos ahora cómo entendían el amor los antiguos griegos. Por supuesto, ellos no utilizaban la misma palabra que nosotros. Se referían al amor de diversas maneras, y uno de los términos que empleaban para

---

1. Véase más arriba, pág. 58, nota.

nombrarlo era *epithemia*, que podríamos traducir como «excitación sexual». Para los griegos, la *epithemia* era lo que el hombre tenía en común con los animales: un instinto que nos impulsa a tocarnos y acariciarnos, y que se expresa a nivel corporal como una tensión interior que es necesario aliviar. No es nada romántico, ni siquiera erótico. A la *epithemia* se la aceptaba como algo natural, sin juzgarla, y difícilmente se asociaba con ella ninguna dimensión moral. Lo que decían en realidad los griegos era que el cuerpo tiene sus propios impulsos, necesidades y deseos que deben ser respetados. En términos arquetípicos, yo relaciono la *epithemia* con Tauro, que en mi opinión es el signo fundamentalmente sexual (no Escorpio, como podríais pensar muchos de vosotros). Tauro es el signo carnal, el signo de la sensualidad indiscriminada. Es muy primitivo (recordad que estoy hablando de arquetipos, de modo que los nativos de este signo no tenéis que identificaros personalmente con todo esto, a menos que queráis hacerlo o que penséis que la descripción os cuadra). Freud tenía cuatro planetas, entre ellos el Sol, en Tauro, y le obsesionaba el sexo. Decía que todos somos perversos polimorfos de nacimiento, lo que significa que todos nacemos con la capacidad potencial de excitarnos con cualquier cosa. La asociación del amor y el sexo con la perversidad polimorfa no sólo apunta a los rasgos de Tauro del propio Freud, sino que también condensa los puntos de vista de la sociedad en que él vivía. Freud era un judío de clase media que vivió en Viena en el siglo XIX, y su elección de la expresión «perverso polimorfo» nos dice mucho sobre la típica actitud victoriana con respecto al sexo y la *epithemia*. En todo caso, este era un problema de Freud, y además, algo que vino muy bien, porque lo llevó a establecer algunos elementos básicos para la construcción del pensamiento psicológico. El hecho de haber tachado a la *epithemia* de perversa también revela la actitud del mundo judeocristiano en relación con Afrodita, la diosa que personificaba la lascivia y la que está más estrechamente relacionada con Tauro. En realidad, los dioses y las diosas de los griegos jamás se enamoraban de verdad, ni eran capaces de hacerlo. Afrodita, por ejemplo, tenía muchos contactos sexuales tanto con dioses como con mortales, pero no se puede decir que se enamorara tal como lo entendemos hoy en día. En la mayoría de los casos, Afrodita, Zeus, Ares, Apolo y otras deidades griegas estaban motivados por la *epithemia*, por un impulso innato que dice: «Yo lo quiero, y mi deseo es algo natural que debe ser satisfecho». Si os fijáis en las primeras personificaciones de la Afrodita griega, como Inanna, Ishtar, Astarté y otras diosas del amor en Oriente

Medio, os encontraréis con que son deidades aún más primitivas, y que reclaman su derecho a explorar su cuerpo mediante el contacto sexual y la masturbación.

De manera que Tauro, el primer signo de tierra, no discrimina. En realidad, ninguno de los cuatro primeros signos (los personales) lo hace, y se relacionan con una especie de condición infantil y primitiva que a decir verdad es muy ingenua. Para mí, tanto Aries como Tauro tienen que ver con la supervivencia, y este último específicamente con la supervivencia mediante la percepción de los sentidos. Los niños pueden tener todo lo que necesitan en el mundo, pero aun así se mueren si nunca se los toca, se los toma en brazos o se los acaricia. En la Alemania nazi se hicieron experimentos con huérfanos de guerra: a algunos de estos niños se los tocaba y se los tomaba en brazos regularmente, y a otros jamás. Casi todos estos últimos murieron. La misma necesidad de contacto se puede ver en los animales, pero en este caso se habla de «acicalamiento». No es algo meramente sexual. Si los observáis, veréis que los animales están siempre lamiéndose y acariciándose entre sí. Fijaos durante un rato en un grupo de monos. Y más interesante aún es observar a un grupo de seres humanos mirando a un grupo de monos: veréis cómo toda esa parte de Tauro de nuestra naturaleza ha sido relegada a la sombra. Parece que la civilización judeocristiana no quisiera participar en este aspecto de la vida. Afrodita es una diosa desterrada; no hay lugar para ella. La cultura judeocristiana cree que, incluso en la forma de María Magdalena, las mujeres son las portadoras del pecado y tientan a los hombres a hacer el mal. El relato del Jardín del Edén, que refleja la caída del hombre, carga las culpas sobre Eva, haciendo de ella la portadora de la *epithemia*. Incluso hoy, en muchas sociedades fundamentalistas musulmanas, las mujeres deben mantener cubiertos el pelo y el cuerpo. Ahora bien, si las mujeres excitan a los hombres, ¿por qué no se habría de obligar a éstos a ir con los ojos tapados? Pero no, es a la mujer a quien se ve como culpable, acusándola de incitar al hombre a la lascivia.

La sociedad occidental moderna (en la cual incluyo también al islam) tiene una visión muy deformada de la función de la *epithemia* y, por consiguiente, de las características generales de Tauro. El cristianismo no tiene ni la más remota idea de qué hacer con este aspecto del amor, como no sea apremiarnos a que lo sublimemos. Toqué este punto el otro día, cuando hablé de las adicciones. Las adicciones venusianas se relacionan con el hecho de que estamos ávidos de que nos toquen, de que nos abracen y nos acaricien. Echad una mirada a la sala donde nos encontramos y veréis que cada uno se mantiene a una distancia segura de todos los demás. Si fuéramos miembros de una tribu africana o un grupo de lemures (de los cuales somos descendientes no muy lejanos), la mayor parte de la sala permanecería vacía, y todos estaríamos amontonados en un rincón. A fines de los años sesenta y durante los setenta hubo una terapia de grupo, llamada «de contacto», cuyo objetivo era que la gente redescubriera su cuerpo y reconociera su necesidad de tocar y de que la tocaran. Como nuestra actitud con respecto a la *epithemia* (la fuerza de Tauro básica y arquetípica) está tan deformada, las otras tres formas de amor que distinguían los griegos –*philia*, *eros* y *agape*– también están sometidas a deformaciones. Nuestra sociedad consumista y orientada hacia el placer está rebosante de sublimación. Si os sentís angustiados o solos, los anuncios de la televisión y las revistas os dirán que os sentiríais mucho más satisfechos y completos si os compraseis tal o cual coche, o simplemente si cambiarais de marca de cigarrillos. ¿Os habéis fijado en cuántos anuncios de cigarrillos se valen de la sensualidad (Tauro) para vender su producto, o muestran a sus modelos fumando en un bellísimo paisaje al aire libre? Estos anuncios recurren a Afrodita o a Gea, la diosa de la Tierra, y nos dicen (o poco menos) que si nos sentimos solos y perdidos y andamos en busca de alguna clase de contacto, podemos satisfacer nuestra necesidad fumándonos un cigarrillo. Estados Unidos muestra la sociedad de consumo arquetípica, con la ideología de que la manera de sentirse seguro y cómodo es comprar y comprar cada vez más. Según Freud, nuestra primera sensación de placer nos llega por la boca. ¿No es interesante que tantas adicciones, entre ellas la comida, el alcohol y las drogas, estén relacionadas con la boca? Lo que realmente querríamos estar haciendo es besar, chupar, lamer, morder o mordisquear, pero con frecuencia nos privamos de estas actividades porque no se considera que sean «aceptables». Entonces, nos buscamos gratificaciones sustitutas que pueden conducirnos a la adicción. ¿Os habéis fijado alguna vez en cómo traban contacto los animales? Van directamente al grano, ¿o no? Comparad esta actitud con lo que hacemos los seres humanos durante un primer encuentro.

Oyente: Y cuando tocamos a alguien, lo más frecuente es que nos disculpemos.

Richard: Sí, como si hubiéramos hecho algo malo. ¿Habéis observado alguna vez a la gente en un ascensor repleto? Es realmente asombroso, todos ahí de pie, rígidos, sin que nadie mire nada. En vez de comentar: «¡Qué cantidad de energía que hay aquí!», todo el mundo está preguntándose cuándo llegará de una vez a su piso.

Oyente: Las reglas del lenguaje corporal son muy diferentes en Oriente Medio, donde la gente se amontona lo más posible en un ascensor, hasta el punto de que al cerrarse las puertas queda algo de ropa fuera.

Richard: Sí, cada sociedad tiene sus reglas particulares. En Oriente Medio o en Egipto, por ejemplo, los hombres pueden tocarse entre sí en público, lo mismo que las mujeres entre sí, pero hombres y mujeres, aunque estén casados, no se tocan públicamente unos a otros. En Grecia es una maravilla ver a los marineros caminar por la calle cogidos de la mano o abrazados. Y las chicas griegas caminan en línea con los brazos entrelazados. En nuestra sociedad tenemos nuestros tabúes. Las mujeres pueden tocarse entre sí y tocar a los hombres, y éstos pueden tocar a las mujeres, pero no pueden tocarse entre sí. Jung dijo una vez que tendemos a sentir que todos los demás son como nosotros, o que deberían serlo. A mí me encanta mirar lo escandalizados que se quedan muchos estadounidenses cuando andan por Oriente Medio y ven por primera vez que los hombres van por la calle tomados de la mano, se besan y bailan entre ellos. Claro que también es divertido ver cómo la gente de la India o de Oriente Medio que viene por primera vez a Europa se espanta al ver que los hombres y las mujeres se tocan en público. En Rusia, los hombres se besan en la boca. Provengo de una familia de judíos rusos y recuerdo cómo me despidieron mi padre y mi hermano en el aeropuerto, con besos y abrazos, y todos los blancos anglosajones protestantes nos miraban sin entender nada. Una vez yo estaba en el aeropuerto de Fráncfort, y algunos jeques con su vestimenta blanca fueron corriendo al encuentro de dos hombres de negocios alemanes, pulcros y formales, que los esperaban, y empezaron a abrazarlos, besarlos, darles palmaditas y pellizcarlos. Los dos alemanes estaban molestísimos, como si aquello fuera a cambiar totalmente y para siempre su vida.

Los antiguos griegos creían que los deseos del cuerpo eran buenos, no una expresión de maldad. Fijaos cómo al hermoso relato del Jardín del Edén se lo ha deformado hasta convertirlo en la caída del hombre. Y la caída del hombre está asociada con el despertar de la *epithemia*.

Oyente: Y todo por culpa de Eva.

Richard: Sí, todo por culpa de Eva. En la sociedad cristiana, hace dos mil años que las mujeres están viviendo con esa carga, así que se entiende que puedan sentirse esquizoides. Por una parte, se les dice que si quieren pescar a un hombre y vivir el gran sueño romántico, tienen que ser esbeltas, hermosas, fascinantes y tentadoras; por otro lado, a las que actúan de esa manera se las considera putas. De acuerdo con el cristianismo, las mujeres son las hijas de Eva, llenas de maldad y pecado. Es obvio que cuando hablo del cristianismo no me refiero a las enseñanzas de Cristo, que eran muy diferentes, sino a lo que enseñaron los Padres cristianos, desde san Pablo (que evidentemente tenía un problema grave y debería haberse sometido a una psicoterapia intensiva) en adelante. También san Agustín y santo Tomás de Aquino, en mi opinión, eran enfermos que, en nombre del cristianismo, pusieron el rótulo de «perversas» a las necesidades naturales del cuerpo. Desde su punto de vista, Afrodita es la consorte del demonio. Pero yo creo que todos pagamos un precio altísimo por la pérdida de la diosa, especialmente las mujeres, que viven en una sociedad esquizofrénica donde, hagan lo que hagan, se las acusa de no tratar debidamente a los hombres. La cultura judeocristiana nos lleva a creer que el arquetipo de lo femenino se divide en dos clases de mujeres: la virgen y la prostituta. No puedo deciros la cantidad de hombres con quienes he hablado, en nuestros tiempos, y que me han dicho que no se casaron con su novia porque se había acostado con ellos. En otras palabras, la clase de mujer que se deja seducir por ti no es la clase de mujer con quien debes casarte.

Otra creencia sobre la *epithemia* es que se trata de algo infantil, que deberíamos superar cuando crecemos. Freud concede que la «perversidad polimorfa» es natural en cierta etapa primitiva de la infancia, pero afirma que estamos hechos para seguir creciendo y dejar atrás esa etapa. Y no hace tanto que los médicos y los psicólogos dejaron de decir que la masturbación causaba demencia. Ya veis cómo reaparece, una y otra vez, la idea de que el placer del cuerpo y el pecado son equivalentes. Los griegos tenían algunos mitos referentes a la *epithemia*. Os contaré el que se refiere a Apolo y Dafne. Apolo era el dios del Sol, y Dafne, una hermosísima ninfa del río, una virgen por quien ardían de deseo muchos de los dioses. (¡En realidad, la mayor parte de los dioses ardían de deseo por cualquier cosa que se quedara quieta durante el tiempo suficiente para desearla!) Apolo empezó a perseguirla, y aunque Dafne corría muy rápidamente, como él era el dios de la luz y el aire, terminó por alcanzarla. Entonces empezó a rogarle que se diera la vuelta para que viera quién la perseguía, pero ella no quiso. En el momento en que él estaba a punto de atraparla, Dafne invocó el auxilio de su padre, Peneo, quien inmediatamente la convirtió en un laurel. En Roma se puede ver una hermosa escultura de Bernini que muestra a Apolo en el momento en que extiende la mano para tocar a Dafne, mientras a ella el pelo se le está convirtiendo en hojas de laurel, los dedos de los pies en raíces, y los brazos en ramas. Desde entonces, a Apolo se lo vio siempre con una corona de laurel. Y más adelante, cuando los Juegos Olímpicos empezaron a hacerse en honor de Apolo, a los ganadores se los coronaba con laurel. El mito de Dafne y Apolo transmitía a los griegos más de un mensaje. Uno de ellos era que si negabas la *epithemia* (que fue lo que hizo Dafne al escapar para que no la tocasen) estabas negando el poder de la naturaleza y te convertirías, por lo tanto, en algo que ya no sería humano. Dafne no se dio, vuelta para ver que era el dios de la luz quien la perseguía, lo que expresa la creencia griega en que si uno niega la *epithemia*, es decir, las necesidades corporales instintivas y básicas, está negándose al despertar de la conciencia que le aportaría el dios de la luz. Otra cosa que destaca este relato es que la hija indiferenciada que sigue unida a su padre por el vínculo umbilical no puede llegar a ser plenamente humana. En otras palabras, como Dafne recurrió a su padre en busca de ayuda, en vez de volverse para ver quién la perseguía, perdió la ocasión de separarse de su padre y llegar a ser una persona por derecho propio, y se convirtió, en cambio, en un árbol, es decir, en algo inferior a un ser humano.

Un tema similar se trata en la historia de Ulises y Circe. En su viaje de regreso a Ítaca, Ulises conoció a Circe, una magnífica representación del *anima* voraz, negativa y aterradora que llevan dentro de sí los hombres. Circe era una hechicera, y se valió de su sexualidad para fascinar a la tripulación de Ulises y convertir a los marineros en cerdos. Al igual que el mito sobre Dafne, también este relato hace pensar que la *epithemia* no integrada nos reduce a una condición inferior a la del ser humano. Más adelante, los puritanos pondrían punto final a todo esto prohibiendo lisa y llanamente que nadie sintiera lascivia. Dicho sea de paso, mi definición de un puritano es la de alguien que teme que por ahí en el mundo pueda haber quien se lo pase bien. Estados Unidos carga con una pesada sombra de puritanismo, que sigue emergiendo una y otra vez de su inconsciente colectivo, tal como se puede ver en el movimiento de los «cristianos renacidos» y en personas como Jerry Falwell. En los libros de historia aprendimos que los puritanos tuvieron que huir de Inglaterra porque allí estaban sometidos a encarnizadas persecuciones. Pues no, no fue eso lo que verdaderamente sucedió. En realidad, los puritanos tuvieron que irse de Inglaterra porque estaban intentando convertir a todo el país a su manera de pensar. Insistían en que todos debían tener los mismos valores que ellos, de manera que, naturalmente, las cosas se les fueron poniendo feas, y fue entonces cuando tuvieron que huir para establecer la forma de vida que ellos querían, fundando una *nueva* Inglaterra en América.

De lo que estoy hablando es, pues, de la deformación de la *epithemia*, una corrupción del deseo natural de Tauro, Afrodita y Venus de tocar, de disfrutar de la sensualidad y la intimidad. El impulso fundamental de Venus es establecer contacto con lo que no es uno mismo. Venus es el deseo de conectar con aquello que no somos nosotros mismos. En el nivel de la *epithemia*, Venus es muy semejante a Afrodita. Está ávida de placer y contacto, lo cual significa olfatear, saborear, tocar y escuchar todas las cosas que hacen que uno se sienta bien, y en ello va incluido el placer del cuerpo. Los animales son naturalmente sexuales, y lo saben. También los niños son naturalmente sexuales, pero los padres y la sociedad se ocupan muy bien de educarlos de tal manera que crezcan con una sexualidad deformada. Desde pequeños aprendemos a reprimir, negar o sublimar nuestra sexualidad. Cuando negamos las necesidades de nuestro cuerpo, las sublimamos convirtiéndolas en otras: en necesidad de beber demasiado, de fumar en exceso, de comer compulsivamente, en vez de permitirnos esa forma de bienestar y de sanación que puede darse cuando tocamos el cuerpo de otra persona o cuando recibimos sus amorosas caricias. Al desconectar nuestro cuerpo de algunas de sus necesidades más básicas, hacemos que enferme, literalmente. En muchos casos, la enfermedad y el malestar físico son la forma en que Gea y Afrodita se vengan de nosotros por no escuchar ni reconocer lo que necesita nuestro cuerpo. Otra cosa que hacemos es confundir la pasión con el romance, intentando hacer de ambos lo mismo. Antes de seguir, quisiera saber si tenéis que preguntar o comentar algo sobre lo que he dicho hasta ahora.

Oyente: ¿Quieres decir que una de las cosas que representa Venus es el deseo de unirse con algo diferente de uno mismo?

Richard: Sí, Venus es la percepción de que somos seres aparte, y de la comprensión de este hecho proviene el deseo de sanar esta separación uniéndonos con otra persona. En un nivel muy primitivo, la Venus de Tauro es el deseo del cuerpo de unirse con la madre en el útero. Sin embargo, la Venus de Libra es el deseo estético o idealizado de conectar con el otro, algo que se aproxima más al concepto griego de la *philia*, que yo asocio principalmente con el signo de Leo. Recordaréis que considero a Leo el primero de los signos sociales, el que representa la toma de conciencia de la existencia de otras personas en el mundo. Aries nos hace percatarnos de nuestro ser personal, y Sagitario nos abre los ojos a nuestro ser universal, pero Leo nos pone en presencia de nuestro ser social.

Lo explicaré de otra manera. Aries es el fogoso entusiasmo que nos provoca el descubrimiento de que existimos. Leo tiene el mismo tipo de despertar entusiasta, pero en su caso se trata del entusiasmo que nos invade al descubrir que también hay otras personas en el mundo. El despertar asociado con Leo depende, sin embargo, de que hayamos llevado a cabo el proceso canceriano de cortar el cordón umbilical. Si no hemos roto el vínculo umbilical, no podemos llegar a la *philia*. En un nivel arquetípico, Leo es el júbilo, el entusiasmo y la excitación de descubrir la existencia de un «otro». Así como la *epithemia* es la forma de amor que corresponde a Tauro o a Venus-Afrodita, la *philia* es el tipo de amor de Apolo, el amor solar, el amor que se basa en la conciencia. No es casualidad que conectemos a Leo con el Sol ni que relacionemos el Sol con la conciencia y con la percepción consciente de nuestro yo. «Soy alguien distinto de los demás», dice el Sol. Este es el verdadero comienzo del proceso de individuación. Es interesante que el signo anterior a Leo sea Cáncer, regido por la Luna, que representa a la madre y el cordón umbilical que debemos cortar para poder llegar a Leo. No estoy seguro de cuántos llegamos alguna vez a cortar el cordón, ni en qué medida. Aferrarse al vínculo umbilical significa que seguimos dependiendo de nuestros padres y asumiendo la carga del mito familiar. Las personas que no cortan el cordón no quieren renunciar a su vínculo umbilical ni a su trasfondo básico, y sin embargo, al mismo tiempo quieren tener el amor y el romance. Entonces fantasean con el amor, se hartan de telenovelas y piensan que si fueran mayores, o más jóvenes, o más listas, o más fuertes, o rubias o morenas, podrían experimentar esa cosa maravillosa que llaman amor. Recordad a Dafne, que no pudo trascender su vínculo umbilical con su padre y terminó siendo menos de lo que era.

Philia significa, básicamente, amistad. En mi opinión, Leo tiene más relación con la amistad que Acuario, el signo al que solemos asociar con ella. Leo tiene que ver con la *philia* porque el amor de Leo implica encontrar a alguien especial, a esa persona que le colma a uno el corazón de amor. Los griegos dividían el amor en dos partes, el del amante y el del amado. Al amante se le llamaba *eratos,* y al amado *eromenos.* Les correspondían dos papeles diferentes: el del *eromenos* era ser el ideal al cual aspiraba el *eratos.* Dicho de otra manera, el amado servía como fuente de inspiración para el amante. Beatriz inspiró a Dante para que escribiera su obra maestra, aunque él sólo la hubiera visto dos veces en su vida. Los griegos habrían reconocido en esto la conexión clásica entre un *eratos* y un *eromenos.* No importa que entre Dante y Beatriz no haya existido jamás una relación compartida; aun así, ella tenía la capacidad de encender el fuego en él. La *philia,* el amor leonino, es un amor fogoso, así como la *epithemia* es un amor terreno. Incluso hoy es frecuente que los escritores, poetas y músicos dediquen su trabajo a un ser amado, como si ese amor fuera la inspiración que libera su creatividad y les permite un florecimiento que los convierte plenamente en sí mismos. La autoestima del ser amado se refuerza por el hecho de ser digno del amor de alguien a quien se siente como maravilloso. De esta manera, el ser amado puede crecer y mejorar como persona. Si os fijáis bien, una de las cosas que acompañan al enamoramiento es el sentimiento que se podría definir como: «Me gusta quien soy cuando estoy contigo, y me gusta lo que creo que puedo ser cuando estoy contigo». No me parece que se pueda separar la *epithemia* de la *philia,* o, para decirlo de otra manera, la *philia* no es posible sin la *epithemia.* A muchas personas les gustaría dejar de lado la *epithemia* e ir directamente a la *philia,* pero no es posible llegar así a ella. Si estamos desconectados de nuestro cuerpo, no seremos capaces de tener la experiencia del amor en el nivel de la *philia.* La amistad no tiene que incluir el sexo, pero sí necesita dejar margen a la posibilidad de tocar o abrazar a la otra persona.

Tradicionalmente, la *philia* empieza a fortalecerse en la época de la adolescencia. Puede presentarse en la forma de culto al héroe y también puede ser el tipo de amor que un varón siente por otro o una mujer por otra. Durante la adolescencia, los muchachos idealizan los modelos masculinos, como pueden ser los héroes deportivos, y las chicas se enamoran de quienquiera que en ese momento simbolice el ideal de mujer. De nada de esto infiero una relación homosexual ni una condición de bisexualidad, aunque estos son temas que trataremos luego. En lo que insisto ahora es en la idea de descubrir quién es uno, modelándose en función de un ideal. Es probable que para descubrir al héroe o la heroína interior, uno tenga que enamorarse de un héroe o una heroína exterior. Pensadlo: ¿de quién queríais ser amigos en vuestra época de estudiantes? ¿De la hermosa animadora de pelo rubio y ensortijado? ¿De aquel chico con pinta de Tarzán que capitaneaba el equipo de fútbol de la escuela? Como representaban ideales heroicos, esas eran con frecuencia las personas con las que habríamos querido entablar amistad en la adolescencia. A la luz que irradiaban, nos sentíamos mejor. La etapa siguiente a esta solía ser la interiorización de esa luz, la vivencia de que la luz irradiaba de nuestro propio interior. Cuando uno ha conseguido incorporar esa luz, entonces puede pasar del papel del *eratos* al del *eromenos,* el que ofrece a los demás una fuente de amor y de luz.

Al igual que el signo de Leo, la *philia* es el impulso hacia la creatividad. Es el sentimiento de que el amor y la luz están dentro de ti, la sensación de que tu copa desborda, de que el mundo es maravilloso y tú también lo eres, y de todo ello proviene el deseo de compartir con otra persona ese amor y esa luz. Este es el mundo del *eratos*. El *eromenos* es el que está allí, dispuesto a recibir tu amor y tu luz. La *philia* es diferente de la *epithemia* en cuanto ve a la otra persona como distinta de uno mismo. La *epithemia* está dispuesta a usar a la otra persona con el propósito de satisfacer la propia necesidad de tocar y ser tocado, pero no llega a ver a esa persona como algo aparte y diferente de uno mismo. Con la *philia* hay una conciencia de la separación, que es lo que señala el comienzo de toda la idea del festejo y el cortejo, partes fundamentales de la *philia* que en buena medida se han perdido en nuestra sociedad, donde ya no nos cortejamos ni nos festejamos. ¿A cuántos de vosotros os han escrito últimamente un poema de amor? ¿Alguien ha oído, bien entrada la noche, tocar la mandolina bajo su ventana? Los dioses griegos estaban más o menos limitados a la *epithemia*, y jamás experimentaban realmente la *philia*. La capacidad de amar se relaciona de una forma directa con la percepción de que uno es un ser aparte, y con la conciencia de la propia mortalidad, y como los dioses griegos eran inmortales, no tenían aptitud para la *philia*. La única excepción era el dios Eros, que se enamoró al herirse accidentalmente con una de sus flechas. Al parecer, los seres humanos somos los únicos animales que saben que han de morir. Por eso podemos conjeturar que los animales no experimentan la *philia*. Muchos filósofos han definido a los seres humanos como la única especie animal que tiene conciencia de su propia muerte. La conciencia de nuestra mortalidad es lo que nos proporciona el deseo de cerrar la brecha que nos separa de los demás.

Yo asocio el despertar de la conciencia con Leo y el Sol. El Sol nos da la capacidad de reconocer que somos individuos separados. El símbolo del Sol, un punto encerrado en un círculo, es un símbolo de individualidad, que dice que yo soy una entidad aparte, con mis propios objetivos y mi propio futuro. Y es el proceso de cortar el cordón umbilical y de definirnos como personas aparte lo que nos da la conciencia de la muerte. De paso, digamos que a algunos esa toma de conciencia no les llega hasta la muerte de sus padres, que a menudo tiene lugar bastante tarde en la vida. Cuando nuestros padres han desaparecido, nos damos cuenta de que somos huérfanos, de que el cordón umbilical, por lo menos físicamente, se ha roto para siempre. Pero es triste que con frecuencia hayamos de esperar a que sea tan tarde en la vida hasta poder cortar el vínculo umbilical y abrir el camino a las relaciones basadas en la *philia*. Uno de los arquetipos de Leo es el héroe, la persona que va en busca de la verdad o que tiene aventuras que le permiten llegar al autodescubrimiento. Parte del viaje del héroe consiste en descubrir quién eres. Leo sigue a Cáncer, de modo que no podrás descubrir quién eres como persona por derecho propio mientras no hayas cortado el cordón umbilical. Este es el tema de muchos relatos heroicos. Parsifal es un buen ejemplo de ello: tiene una madre que se empeña tenazmente en impedirle que marche por la senda del héroe. La madre de Parsifal no quiere que éste salga al mundo a afrontar su destino. No quiere que su hijo corte el cordón umbilical, porque una vez que lo haga, tendrá que enfrentarse a la inevitabilidad de la muerte. En cierto sentido, la madre le está diciendo: «Apuesta por la seguridad, quédate conmigo y serás inmortal». En otro nivel, Leo representa el despertar del chakra del corazón. El impulso creativo se genera en el corazón, de modo que el despertar del chakra del corazón es necesario para inspirarnos y llevarnos hacia la creatividad. La búsqueda de lo bueno, de lo verdadero y de lo bello está relacionada también con el instinto apolíneo o leonino que hay en nosotros.

Ahora me ha venido a la cabeza una obra teatral, después convertida en una ópera, titulada *El secreto de Makropoulos,* escrita por Karel Capek, un dramaturgo checo. En ella, una mujer le vende el alma al diablo. El trato era que así tendría asegurada la vida eterna, siempre y cuando jamás se enamorase. Podría tenerlo todo: poder, éxito, fama, belleza, talento..., pero enamorarse le estaba vedado. El relato se inicia a comienzos del siglo pasado. La mujer del cuento es una cantante de ópera, bellísima, rica y famosa, a quien todo el mundo admira, pero que se siente muerta por dentro porque no es capaz de sentir amor. La única manera que tiene de lograrlo es romper el contrato con el diablo, lo que por supuesto significa que tendrá que enfrentarse con la muerte. En otras palabras, no puede sentir amor a menos que acepte el hecho de que tendrá que morir. Encuentra entonces a una joven que está dispuesta a cargar en su nombre con la maldición diabólica, y esto permite que la famosa cantante se enamore y muera. Para poder amar ha tenido que aceptar la inevitabilidad de la muerte.

La *philia* no es lo mismo que el amor. En la *philia* hay una diferencia entre el amante y el amado. Por ejemplo, una parte natural de la cultura griega era el amor entre hombres. En este tipo de amor, frecuente entre los griegos de clase alta, se esperaba que un joven a quien se identificaba como *eromenos* tomara como amante a un hombre mayor, que se convertía entonces en el *eratos*. Tanto Platón como Sócrates creían que Eros era el mayor de los maestros, y lo entendían muy al pie de la letra. Claro que, en Inglaterra, los maestros victorianos expurgaron de inconveniencias las traducciones de las obras griegas y transformaron el amor erótico en amor platónico, es decir, en una versión idealizada y asexuada del amor. La mentalidad cristiano-victoriana de entonces no podía afrontar ni siquiera la idea de una relación erótica entre hombres. Además, como enseñaban a escolares, temían las consecuencias de perpetuar el erotismo entre miembros del mismo sexo. Sin embargo, en la Grecia antigua era con frecuencia el padre del adolescente el que asumía la tarea de escoger al *eratos*, el amante masculino adulto que se encargaría de educar al muchacho para que éste asumiera su lugar en el sistema político del Estado. Se lo consideraba como una parte natural del proceso de crecimiento. A medida que el *eromenos* se hacía mayor, se convertía a su vez en un *eratos*, una figura que se ocupaba del despertar de alguien más joven. Para los griegos, este tipo de iniciación en la sociedad se limitaba normalmente a las relaciones entre hombres, pero en ocasiones podía suceder entre hombres y mujeres. En realidad, el arquetipo a que nos referimos también podía existir fácilmente entre un hombre y una mujer. Es lo que sucedió en la épica romántica medieval, que entendía el amor entre el hombre y la mujer como una fuerza inspiradora y un despertar. En la *philia* empezamos a interiorizar o recuperar gradualmente nuestra proyección del héroe y la heroína ideales, y, al hacerlo, avanzamos hacia el proceso de individuación o de despertar del yo. Este despertar, asociado con la *philia*, conduce de una forma natural al *eros*, la categoría siguiente del amor.

El *eros* se da cuando dos o más entidades separadas se combinan de tal manera que la experiencia las transforma totalmente. ¿No es terrible lo que hemos hecho con la maravillosa palabra *erótico*? Pensamos que «erótico» significa «sexual», pero es mucho más que eso. Yo asocio el *eros* con Escorpio y con Plutón, con el carácter acuoso del amor, de un amor que lleva implícito el sufrimiento. El *eros* es el deseo de fundir nuestra alma con la de otra persona. En una dimensión arquetípica, a la *epithemia* de Tauro le interesa específicamente la unión de los cuerpos. El *eros* de Escorpio, sin embargo, quiere la unión de las almas y de las psiques, y a eso se debe que pueda ser tan doloroso. A veces confundimos el *eros* con la *epithemia*. El *eros* puede surgir entre un maestro y un estudiante, o entre un terapeuta y un cliente, y como no sabemos cuál es la diferencia entre *eros* y *epithemia*, creemos que lo que sentimos por la otra persona es lascivia, que lo que queremos es tener contacto sexual con ella. Muchos de nosotros nos vemos privados de la *epithemia*, del contacto físico. Como nos encontramos en un estado de excitación sexual o de lascivia, conocemos a una persona que nos excita y creemos que nos hemos enamorado de ella. «Estoy apasionadamente enamorado de ti», le decimos, pero lo que en realidad le estamos diciendo es que nos gusta su cuerpo y que nos encantaría tocarla y abrazarla. ¿Cuántos de los que mantenéis una relación no deseáis a veces nada más que abrazar, tocar o acariciar a la otra persona, y no llevar a su término un contacto sexual? Y esto vale tanto para los hombres como para las mujeres. El mito dice que los hombres están siempre calientes, y que las mujeres siempre prefieren la sensualidad. Y es absolutamente falso. Los hombres también están ávidos de que los abracen, los toquen y los acaricien, y quieren poder disfrutar de esas cosas sin tener necesariamente que consumar el acto sexual. Claro que los hombres se dejan vender el mito que supone que ellos son sumamente sexuales, y a las mujeres se las engatusa con el cuento de que están hechas para ser más bien sensuales que sexuales. De acuerdo con los mitos de nuestra sociedad, no se espera que las mujeres sean lascivas ni abiertamente sexuales, como tampoco cabe siquiera imaginarse que piensen: «¡A ver si te dejas de preliminares y vamos de una vez al plato fuerte!».

El *eros* implica que el amor y el dolor van juntos. En el contacto erótico hay un matiz de sufrimiento, porque ese momento de éxtasis, ese instante de unión psíquica, no puede eternizarse. Por eso los franceses llaman al orgasmo *la petite mort,* la pequeña muerte. También nosotros tenemos el concepto de la «depresión postcoito», que sobreviene cuando nuestra condición de seres aparte vuelve a asomar la cabeza, una vez que ha pasado la intensidad de la intimidad. Quisiéramos encontrar mediante el amor alguna manera de vivir con otra persona en un éxtasis perpetuo. El *eros* es esa clase de amor que implica morder la manzana, de la misma manera que la mordió Eva y las cosas nunca más volvieron a ser lo que eran en el Edén. La historia de Perséfone expresa algo similar. Como ella había mordido una granada en el mundo subterráneo, no le estaba permitido regresar permanentemente a la superficie. Hay una clara relación entre la manzana del Jardín del Edén y la granada. En realidad, ni siquiera había manzanas en esa parte del mundo donde se originó el relato del Edén, de manera que lo más probable es que la fruta que mordió Eva fuese una granada. La granada es una fruta muy interesante, porque cuando la abrimos, sangra. Abrir o romper la granada representa simbólicamente la pérdida de la virginidad, y en Perséfone eso simboliza la ruptura del vínculo que la une a su madre, Deméter, y por lo tanto se relaciona con el corte del cordón umbilical. Cuando Eva come la manzana, está desobedeciendo a Dios y siguiendo el consejo de la serpiente, uno de los rostros de Lucifer. Comer la manzana es como cortar el cordón umbilical con el padre para contraer matrimonio con Adán. Eva ya no es solamente la hija de Dios; ahora es la mujer de Adán. Después del episodio de la manzana, Adán y Eva deben abandonar el Edén, de la misma manera que cuando un hombre y una mujer se unen en matrimonio, cada uno deja la casa de sus padres para establecerse en una nueva, en su propio hogar.

Lo que sucedió en el mito de Deméter y Perséfone es similar al relato del Jardín del Edén, y en este momento me gustaría verlo con más detalle. Deméter era una de esas diosas a quienes no les interesan particularmente los hombres. De acuerdo con la mayoría de los mitos que se refieren a ella, no tuvo más que una relación con un hombre; hay quienes dicen que era Zeus, y otros que se trataba de Poseidón. Fuera quien fuese el padre, Deméter dio a luz a Core, que en griego significa «doncella». Deméter y Core vivían juntas en aquel jardín edénico y primitivo. Deméter (conocida como Ceres en la mitología romana) era una diosa de la Tierra, una madre Tierra primitiva, responsable de las cosechas y de todo el reino vegetal. Un día, Core está en el campo cogiendo flores. ¿Recordáis cuál fue la flor que escogió? No, no margaritas, sino un narciso. Core vivía en un estado de unidad narcisista con su madre, pero cuando cogió el narciso, su mundo urobórico quedó destruido. Dicho sea de paso, quien había plantado el narciso que cogió Core era Afrodita. Esto es importante, porque Afrodita y Plutón se cobrarán su venganza si el vínculo entre el padre o la madre y el hijo obstaculiza el crecimiento de éste que le permitirá convertirse en una persona por derecho propio y, por lo tanto, capaz de establecer una unión con alguien distinto de su progenitor. En opinión de Afrodita y de Plutón, la prolongada proximidad de Deméter y Core era antinatural y malsana. Cuando Core cogió el narciso, la tierra se abrió y Plutón secuestró a la doncella y, pese a sus gritos y protestas, se la llevó a sus dominios del mundo subterráneo, donde la violó.

Deméter pasó entonces por un tremendo período de depresión y duelo, que es exactamente lo que les sucede a las madres que se obstinan en mantener el vínculo umbilical cuando ya ha llegado el momento de dejar marchar al hijo. Como manera de intentar que Core regresara, Deméter recurrió al chantaje. Anunció que, si no le devolvían a su hija, no permitiría que nada creciera sobre la Tierra y dejaría que el mundo entero se muriese de hambre. A los dioses esto les molestó muchísimo, no porque amaran tanto a la humanidad que no quisieran ver sufrir a la gente, sino porque, si no había comida, terminaría por no haber mortales que les rindieran culto. Fueron a protestar ante Zeus, el padre de los dioses, para pedirle que hiciera algo con esa apremiante situación. Zeus intervino y obligó a Plutón a devolver a Core, que ahora se llamaba Perséfone (que significa «la amante de la oscuridad» o «la que destruye la luz»), a su madre. Sin embargo, como mientras estaba en el mundo subterráneo la joven se había comido seis granos de la granada, se la consideraba oficialmente desposada con Plutón, de modo que no le estaba permitido abandonar para siempre el mundo subterráneo. Plutón y Deméter llegaron a una solución de compromiso: cada año, durante seis meses, Perséfone viviría con Plutón como reina del mundo subterráneo, y los seis meses restantes los pasaría junto a Deméter. Durante el tiempo que Perséfone permaneciera con su madre, es decir, en primavera y verano, se darían abundantemente las cosechas, pero cuando ella regresara al mundo subterráneo, Deméter reiniciaría su duelo y, durante esos meses, es decir, en otoño e invierno, no podrían madurar las cosechas. Es un hermoso relato, ya que no sólo describe un fenómeno de la naturaleza, sino también un proceso arquetípico de crecimiento, evolución y desarrollo de la conciencia de uno mismo. O sea, que lo que implica abrir la granada es la pérdida de la virginidad. De hecho, en muchos matrimonios tribales, así como durante la Edad Media, después de la noche de bodas se inspecciona el lecho matrimonial en busca de los indicios de la consumación del matrimonio. Lo que une definitivamente a un hombre y una mujer no es el intercambio de los anillos ni el «Sí, quiero», sino la pérdida de la virginidad de la mujer.

En Japón se practica una operación, conocida como trasplante de himen, para reparar la virginidad perdida. Incluso hoy, en una boda japonesa como es debido, la novia se somete a un examen ginecológico realizado por las familiares femeninas del novio. Si la virginidad no queda comprobada, la boda se cancela. Créase o no, me figuro que hay muchas mujeres occidentales que van a Japón a someterse a ese trasplante, aunque no sé de dónde sacarán donantes. También leí no hace mucho en el periódico una terrible historia que sucedió en Grecia, sobre una mujer que enloqueció porque se había pasado veinticinco años encadenada en un sótano. A los 17 años había tenido un amante, y aquello fue tan ignominioso para el honor de la familia que la confinaron en el sótano. Toda la aldea sabía lo que le estaba pasando, pero no hicieron nada para impedirlo. Pensamos que vivimos en una época moderna y civilizada, pero no es del todo cierto.

El *eros* va acompañado por un sentimiento extático, casi una especie de éxtasis religioso. En Grecia, los grandes misterios de Eleusis tenían un cariz de Escorpio o Plutón que tiene mucho que ver con el *eros*, al que también evocan el misterio y el ritual cristianos con su concepto de la unión con el amado. Hay un carácter devorador simbólico que va asociado con el *eros*, Escorpio y Plutón. Plutón es fundamentalmente el violador o el seductor, el que nos arranca del Edén (la totalidad urobórica con uno de los padres), adonde jamás podremos regresar. El *eros* es una iniciación: la experiencia erótica nos traslada de la condición de niños a la de adultos. Los ritos y rituales asociados con el *eros* se basan principalmente en el dolor. Esto podría implicar una misión heroica como la de matar un león, o bien la escarificación[2] de una joven doncella antes de que sea entregada en matrimonio. En el caso de un hombre, está en disposición de que se lo vea como adulto o de casarse, y entonces se lo circuncida sin anestesia. Me han dicho que el ritual de las bodas judías, durante el cual el hombre rompe la copa con el pie, se cumplía originariamente estando descalzo. El corte del cordón umbilical y la inicia-

---

2. La escarificación, que significa cortar o hacer una incisión, se referiría aquí al ritual de romper el himen de una virgen como preparación para el matrimonio.

ción en lo erótico van asociados con cosas dolorosas. Una relación erótica y extática implica inevitablemente dolor. O sea que lo que estoy diciendo es que la experiencia erótica pertenece al dominio de lo religioso,
lo místico y lo creativo. Es un sentimiento tremendamente poderoso,
que puede ser abrumador. La sociedad necesita disponer de maneras seguras de canalizarlo, y una forma de conseguirlo es contar con una casta
sacerdotal. En otras palabras, los sacerdotes son las personas en quienes
hemos delegado el poder del *eros*. Son ellos quienes anuncian cuál es el
tipo de sexualidad permitido y quienes tratan los asuntos que tienen que
ver con la muerte, con las ceremonias de renacimiento y de iniciación, y
con las épocas de generación y regeneración. Por supuesto, estamos en-
cantados de cederles este poder, que consideramos excesivo para asu-
mirlo directamente.

La civilización occidental está tan en contra del *eros* como de la *epithemia*. De hecho, creo que es probable que el eje Tauro-Escorpio sea,
psicológicamente, el área más poderosa, más peligrosa y por lo general
menos integrada de una carta. Esto también es válido para Venus, regente de Tauro, y para Plutón, regente de Escorpio. A casi todos se nos ha
enseñado a negar, reprimir o rechazar a Venus y a Plutón, o a compensar
de alguna manera indirecta estas energías. Considerad vuestra propia
carta bajo esta luz, fijándoos en las casas que tienen a Tauro y a Escorpio en la cúspide, localizando los planetas emplazados en estos signos y
examinando la posición de Venus y de Plutón por signo, casa y aspectos.
Creo que Plutón es el planeta más representativo del *eros*. Si no abrís el
alma a la energía extática simbolizada por Plutón (una relación extática
en la que la unión es análoga a la muerte), el planeta funcionará de una
manera inconsciente e invisible. Si lo reprimís, ya encontrará el modo de
arrastraros a los abismos del mundo subterráneo, a vosotros y a cualquier planeta que esté en aspecto con él. Por eso hay tantas personas que
van por la vida como zombis. ¿Habéis notado que hay quienes tienen
una carta realmente viva e interesante y, sin embargo, andan por el
mundo como momias? Es que se han desconectado del *eros*, y, por ello,
están como sin vida, como si por dentro no les sucediera nada. Si les
preguntáis cómo les va, se limitarán a responder que todo anda bien.
Preguntadles por sus relaciones: mascullarán que eso también va perfectamente. ¿Y cómo era su relación con sus padres? Oh, muy buena, estupenda. Preguntadles qué es lo que quieren de la vida, y os responderán
que en realidad no lo saben. En mi opinión, a esas personas Plutón les ha
arrebatado el alma y se la ha llevado al mundo subterráneo. Y el alma

sólo puede ser recuperada mediante un profundo dolor; por eso, Jung insistía en que no cambiamos mientras no hayamos sufrido lo suficiente.

El *eros* nos dice que respetemos el hecho de que en el amor va implícito el dolor, de que parte de él es renunciar a uno mismo, morir como «yo» al unir la propia alma con alguien diferente de uno mismo. Sólo entonces podremos renacer, y Jung se refería a las personas que han pasado por este proceso como «las dos veces nacidas». Decía también que en el mundo hay poquísimos «dos veces nacidos», y yo estoy de acuerdo con él. Tanto en el pasado como en el presente, el objetivo de los rituales religiosos y de los ritos de iniciación es ayudar a la gente a superar el proceso de muerte y renacimiento que va asociado con el *eros*. Es como si la sociedad nos estuviera diciendo que hay un momento en que se ha de dar ese paso, y que estos son los rituales y los ritos que nos ayudarán a darlo. Un buen ejemplo de ello son las saturnales y las bacanales, de las que nos quedan algunos vestigios en el carnaval brasileño. ¿Sabíais que, según ciertas versiones del mito, Dionisos (Baco para los romanos) era hijo de Plutón y Perséfone? Dionisos era una figura crística, una especie de precursor de Cristo, el que desciende a las profundidades y renace para salvar al género humano. Lo interesante es que para referirse al sacrificio y la muerte de Jesús en la cruz (en que Dios entrega a su único hijo al sufrimiento y a la muerte para salvar a la humanidad) no se habla de la *epithemia* de Cristo ni de la *philia* de Cristo, sino de su Pasión. En otras palabras, la muerte y la resurrección de Jesús son un acto simbólico del *eros*, que nos muestra a Dios cortando el cordón umbilical con su hijo al ofrecérselo al mundo. O sea que, en este sentido, el ritual de la comunión es básicamente erótico. Después de todo, ¿qué es lo que implica el acto de la comunión? Es el momento en que, simbólicamente, el creyente come el cuerpo y bebe la sangre de Cristo, en virtud de lo cual participa en su pasión, su muerte y su redención. Cristo murió por nuestros pecados, y mediante la comunión morimos unificándonos con él, comiendo su carne y bebiendo su sangre. Las sociedades más primitivas omiten este paso intermedio de comer la hostia y beber el vino, y en lugar de ello, literalmente comen el cuerpo y beben la sangre. Me contaron una historia que tiene relación con esto. Una tribu, no sé si de Ghana, de Guinea o de dónde, se reunió y decidió enviar al joven más inteligente de su pueblo a estudiar a la Universidad de Oxford. Allí, el muchacho se desempeñó muy bien y llegó a doctorarse en derecho. Cuando regresó a su país, los miembros de su tribu lo pusieron en un caldero, lo cocinaron y cada uno comió un trocito de él. Pensaban que, al hacerlo, toda la tribu tenía la oportunidad de participar en la educación recibida por la víctima del sacrificio.

* * *

Durante la pausa, muchos de los presentes habéis venido a plantearme preguntas muy interesantes. Lo único que puedo decir es que ojalá pudiera hablar doce horas diarias del tema del amor, porque es tanto lo que hay para decir que, por más tiempo que tengamos, siempre me quedo con la sensación de que me dejo muchas cosas en el tintero, y aunque mi espíritu esté dispuesto, me temo que mi cuerpo no podría continuar. Como suele decirse, el espíritu quiere, pero la carne es débil. Una cuestión que se planteó hacía referencia a lo que distingue el amor de Tauro del amor de Escorpio. Arquetípicamente, para Tauro la otra persona no existe en absoluto, o bien es un objeto que se equipara con el placer. La razón de esto es que Tauro es un signo personal y todavía no ha llegado a diferenciar el yo de lo que no lo es. Tauro busca el placer por el placer mismo, y los demás están ahí para ayudarle a lograrlo. Es una perspectiva muy diferente de la de Escorpio, que establece una diferenciación entre sí mismo y los demás, y por consiguiente puede ver al otro como a una persona, hombre o mujer, por derecho propio. Para Escorpio, el placer no es solamente darse el gusto. Para este signo, el contacto erótico implica encontrar maneras de dar placer a otra persona. Escorpio se inspira y se estimula al incitar y despertar a otro ser. Pero también podemos ver todo esto de una manera desconectada de la sexualidad. Por ejemplo, la relación entre un terapeuta y su cliente es erótica en un sentido escorpiano, porque entre el sanador y el sanado se va dando una danza que no es del todo diferente de la que tiene lugar entre el amante y el amado. Si la terapia funciona adecuadamente, el *eros* se da tanto por parte del terapeuta como del cliente. Su intención no es ser una relación jerárquica en la que el terapeuta funciona sólo como la fuente de poder, y el cliente únicamente como un receptor. Lo mismo es válido para la relación entre maestro y estudiante. Aquí, yo también quiero ser un receptor, y por eso he venido con mi antena, o como queráis llamarla. Dicho sea de paso, no es mi intención juzgar a Tauro cuando digo que usa como objeto a la otra persona. Esta es, fundamentalmente, la manera de ser de Tauro, y no por eso se lo ha de considerar bueno ni malo.

Otra cuestión que se planteó durante la pausa se refería a la historia de Perséfone. Alguien me preguntó por qué terminaba volviendo con su madre, aunque sólo fuera durante seis meses al año. Hay dos maneras de encarar la cuestión. En primer lugar, cortar el cordón umbilical no significa dejar para siempre a nuestros padres, sin poder volver nunca más con ellos. Lo que esto sugiere es que, a fin de relacionarnos en un plano de igualdad con nuestros padres, es decir, de mantener con ellos una relación de adulto a adulto, debemos habernos fortalecido mediante el proceso de abandonar el hogar paterno para establecer una relación que trascienda el ámbito de la familia. Esto es una parte necesaria del viaje o la búsqueda del héroe. Sólo después de haber cortado el cordón umbilical podemos establecer una relación de igualdad con nuestros padres. La otra manera de considerar el vínculo entre Deméter y Perséfone es recordar que al principio ambas estuvieron unificadas. En cierto sentido, Deméter y Perséfone son dos fases de lo mismo. Originariamente son una, luego se separan y sólo después de eso el ciclo se completa cuando ambas vuelven a reunirse. Al principio formaban una unidad, pero entonces Core emprende su heroico viaje al mundo subterráneo y se convierte en Perséfone, una mujer por derecho propio y ya no una doncella casada con su madre. El viaje al mundo subterráneo confiere a Perséfone un poder que le permite reunirse con su madre, pero de manera muy diferente de antes.

Las sociedades primitivas trataban con el impulso erótico recurriendo a rituales religiosos y tribales cuya práctica ya no está tan difundida, y que se basaban en la necesidad plutoniana de buscar la regeneración mediante la muerte y el renacimiento. O, para decirlo de otra manera, en estos rituales estaba involucrado un proceso de catarsis, un acto de purificación que sigue formando parte del cristianismo y tiene mucho que ver con todo lo que significa Plutón. Es más, a su manera, el contacto sexual puede ser un ritual catártico y purificador. También el teatro y el drama empezaron siendo rituales religiosos basados en los ritos de Dionisos, otra figura que renació tras haber realizado un viaje por el mundo subterráneo. Aristóteles escribió que la función del teatro consiste en proporcionar catarsis y purificar. Observó que la catarsis se produce cuando se tiene la experiencia de la compasión y el terror compartidos, y que esto es válido tanto para la tragedia como para la comedia. La única diferencia está en que la tragedia tiene un final desdichado y la comedia un final feliz. Cuando alguien resbala al pisar una piel de plátano, nos asustamos con esa persona y nos compadecemos de ella. Como es una comedia, sabemos que no va a romperse la espalda ni a morirse del golpe, y podemos reírnos de su desdicha. La función de la catarsis es de limpieza, y constituye un elemento básico de los rituales religiosos y de grupo. Yo creo que gran parte del trabajo plutoniano se ha de hacer en grupo, y por eso en este seminario hemos establecido talleres para trabajar en pequeños grupos. La purificación y la catarsis no se dan por lo común sólo en un nivel intelectual. Podríais preguntaros, con razón, por qué los griegos iban tanto al teatro, si ya estaban familiarizados con todas las obras y sus argumentos. Se sabían perfectamente cuál era el destino de Clitemnestra, Agamenón, Orestes o Edipo, y sin embargo jamás se cansaban de ver esas obras una y otra vez. En el teatro griego, el público se identificaba con el núcleo arquetípico de aquellos dramas y por eso podían participar, como grupo, en el proceso de depuración y purificación generado por la representación de las obras.

Y esto nos conduce a plantearnos algo muy importante en relación con nuestra sociedad y con lo que ha hecho del drama: nos hemos olvidado del papel que desempeña la compasión y hemos empezado a enfatizar, en cambio, el papel del terror. Hemos olvidado el elemento de compasión para concentrarnos más bien en el del horror, algo que probablemente tenga mucho que ver con la forma en que vemos nuestro mundo: un mundo en donde estamos perpetuamente al borde del desastre nuclear, en el que por todas partes hay guerras y revoluciones. Los poderes que mandan en Hollywood dan la impresión de pensar que llevar la escalada del terror al máximo posible es la única manera de provocar una reacción catártica en el público, y así no queda mucho lugar para la compasión. Es casi como si nos hubiéramos olvidado de cómo compadecernos. Hace muchos años vi a Irene Pappas representar *Las troyanas,* de Eurípides, en un teatro de Broadway. Fue una actuación asombrosa. Gran parte del público que va al teatro en Nueva York tiende a abonarse; son personas, con frecuencia hombres de negocios y sus mujeres, que vienen del condado de Wetchester y de Long Island porque quieren apoyar al teatro. *Las troyanas* es un argumento griego clásico. Tras haber conquistado Troya, los griegos han matado a casi todos los hombres y han dejado a las mujeres para que sobrevivan como puedan. El único superviviente varón es el nieto de Hécabe, la reina de Troya. Como los griegos no quieren que haya ningún superviviente del linaje real, arrebatan al bebé de los brazos de su madre y lo arrojan por encima de las murallas de Troya. Ya no quedan más que mujeres abandonadas, viudas y madres. Es una situación muy arquetípica. Pensad simplemente en lo que sucede en la guerra. Por lo general, las mujeres se quedan solas para llorar la muerte de sus maridos y sus hijos. A mí me conmovió mucho el coro de *Las troyanas*. En el drama griego, el coro representa al espectador y asume el papel plutoniano de dolerse o regocijarse, es decir, lo que siente el espectador al asistir a la representación. El coro grita y a todo el público se le ponen los pelos de punta. El coro habla directamente con los espectadores, invitándolos a participar en la terrible historia de esas mujeres que han sobrevivido a la muerte de sus hombres. Y esos refinadísimos aficionados al teatro de Nueva York estaban ahí sentados, sollozando y gritando durante toda la representación. Lo interesante es que, una vez terminada la tragedia, uno realmente salía sintiéndose purificado por lo que había visto y experimentado. A pesar de que es una historia horrible, lo deja a uno con la sensación de lo importante y maravillosa que es la condición humana. Uno se siente renovado y purificado por la tragedia, porque la representación ha evocado los principios arquetípicos de la compasión y el terror. Eso es el *eros* en su función más pura.

Aristóteles señaló otra función del *eros* relacionada con el hecho de compartir la compasión y el terror. El filósofo creía que vinculaba a la comunidad en una unidad al hacer que sus miembros participaran en la misma tragedia o en el mismo ritual. En cierto sentido, esto es lo mismo que se expresa mediante el ritual cristiano de la comunión, cuyo mismo nombre sugiere la unión de la comunidad. Claro que no sé cuántas de las personas que participan en la comunión cristiana consiguen efectivamente sentir la compasión y el terror que ese ritual debería evocar, pero estoy seguro de que esta fue originariamente la intención que lo animaba. Tampoco sé en qué medida hoy en día el teatro llega a suscitar la compasión y el terror que en sus orígenes debió de evocar. Sin compasión y sin terror, no hay comunión a nivel de grupo. Como este mundo nuestro que llamamos civilizado ya no tiene acceso a esos rituales en los que se da la representación de lo erótico a nivel de grupo, tal como sucedía en las saturnales romanas o en las bacanales griegas, estamos casi totalmente desconectados del *eros*. Aún podemos verlo en parte en rituales como los funerales judíos, donde la gente se desgarra las vestiduras, se cubre la cabeza de ceniza y hace otras cosas por el estilo, pero, en general, nuestra sociedad no está en contacto con el *eros*. Lo que sucede, por lo tanto, es que su fuerza queda bloqueada o estreñida, y entonces empezamos a buscarlo en nuestras relaciones personales, porque no podemos encontrarlo en ningún otro aspecto de nuestra vida. De modo que terminamos por asociar la compasión, el terror y la catarsis con nuestros amores. El *eros* queda totalmente encerrado, canalizado en el estrecho espacio de las relaciones personales. Lo buscamos en la unión erótica con un amante, basada en el placer sexual, y no hay relación que pueda soportar una presión semejante. Este desplazamiento del *eros* explica por qué andamos por el mundo cargando con semejantes expectativas de lo que es enamorarse y tener una relación apasionante. Nos parece que deberíamos conocer a alguien y sentir que la tierra tiembla, ¿verdad? Quiero decir que basta con leer el material tórrido y dramático de las novelas o las revistas románticas: «El conde de Oxford entra en la habitación y el corazón de la heroína aletea como un pájaro prisionero en su pecho, y ella siente que el suelo se le hunde bajo los pies cuando levanta los ojos y se encuentra con la mirada de él, firme, apasionada y viril». Este es el tipo de cosa que se vende.

Oyente: Me parece que lo que dices es que al no tener los rituales de grupo adecuados para evocar el *eros*, tenemos que buscarlo en las relaciones personales; pero, ¿eso significa también que es imposible experimentarlo de un modo continuado en una relación de persona a persona?

Richard: Sí, creo que la gente intenta hallar el *eros* en las relaciones personales íntimas, y que así es muy difícil experimentarlo con continuidad. Lo que sucede es que se desgasta en una relación apasionada, y entonces vamos en busca de otra relación, de un amante mejor con el que podamos reanudar la vivencia del *eros*. Asociamos demasiado el *eros* con el enamoramiento..., ya sabéis, el pequeño Cupido lanza la flecha y uno exclama: «Oh, es ella, ahí está mi *anima,* la mujer de mis sueños». Y sin embargo, tras eso generalmente volvemos a la relación vertical y estática entre el padre o la madre y el niño. Un hombre puede pensar que se está casando con su amante, cuando en realidad se está casando con su madre. Se habla muchísimo de cómo mantener vivo el romance en el matrimonio. Hay quien dice que una mujer casada debe seguir tratando de mostrarse atractiva y seductora para mantener vivo el interés de su marido. Otros quizá piensen que leerse el *Kama Sutra* y practicar las posturas que sugiere (en el estilo de «Hoy podríamos probar la 17b») es la manera de mantener vivo el *eros* en el matrimonio. Y hay quien se imagina que si su mujer estuviera más delgada o su marido fuera más cariñoso, o si pudiera expresar más fácilmente sus necesidades sexuales, podría vivir en un estado permanente de éxtasis erótico. Si estos intentos fallan, la relación se rompe, y uno necesita entregarse a la búsqueda de un nuevo amante que sea capaz de invocar en su interior el misterio del *eros*. Incluso puede suceder que tenga éxito y encuentre, efectivamente, a alguien que durante un breve tiempo lo consiga, pero, por desgracia, es un hecho que la familiaridad apaga el fuego erótico. Es verdad que cuando te enamoras de alguien, puedes sentir que la tierra se estremece y tiembla, y eso es fascinante. Ahí está tu amada, temblorosa, con los labios húmedos, estremeciéndose, deshecha, sin poder siquiera comer, y te sentirás incluso compadecido de ella. Pero esta situación no se puede mantener en una relación amorosa a largo plazo, porque el *eros* se nutre del misterio, de lo desconocido. Eros es el dios del mundo subterráneo que mora en el ámbito de lo invisible. Sólo por mediación de la oscuridad y el misterio, hundiéndose a plomo en lo desconocido, puede darse lo erótico. Uno trata de mantener cierto misterio en su matrimonio, pero eso es más fácil decirlo que hacerlo. Antes, a nadie se le ocurría pensar que su cónyuge fuera su mejor amigo. Pero ahora, esperamos que nuestra pareja no sólo se haga cargo de la *epithemia*, sino que además sea nuestro mejor amigo o nuestra mejor amiga, el ser amado en el sentido de la *philia*. Y para coronarlo todo, también ha de ser quien perpetuamente despierte nuestro interés romántico, quien siempre nos haga temblar y estremecernos y, en la medida en que haga todo eso, conserve viva en nosotros la atracción erótica. ¿Cómo se puede mantener vivo el misterio con alguien que es tu mejor amigo? Realmente, es demasiado.

Finalmente, se supone que además de la *epithemia*, la *philia* y el *eros*, tú y tu pareja habéis de compartir el *agape*, que es una clase de amor tierno, divino y desapegado del que hablaré extensamente más adelante. Aplicado al matrimonio, el *agape* os pide algo realmente difícil: que tengáis una relación abierta, que vuestra pareja debe amaros lo suficiente para dejaros tener relaciones con otras personas, y arreglárselas para no sentir celos. Pero, ¿cómo podemos erotizarnos si no nos ponemos celosos? ¿Veis a qué me refiero? El hecho es que estamos pidiendo demasiado de una única relación. Al incluir el *agape*, el deseo de conectarse con lo divino por mediación de una pareja, hemos impuesto a la situación conyugal cuatro variantes diferentes del amor, y no creo que ningún matrimonio pueda cargar con semejante peso.

Hay también algo básicamente trágico en las relaciones plutonianas o eróticas, por la sencilla razón de que no se puede vivir perpetuamente en éxtasis. Por eso Romeo y Julieta tuvieron que morir jóvenes. ¿Os podéis imaginar a esta pareja como un matrimonio mayor con una docena de *bambini*? A Julieta se le han ensanchado un poco las caderas y

Romeo anda persiguiendo a chicas jóvenes, y cuando llega a casa, antes de tirarle una sartén a la cabeza, ella lo saluda diciéndole: «¡Eh! ¿Te pasa algo?». Con esto quiero decir que en el *eros* siempre está implícita la muerte, y que el dolor es inherente a toda relación erótica.

Una interacción similar se da entre el terapeuta y su cliente. El terapeuta invita al cliente a ir más allá de su trasfondo básico. Le ofrece su ayuda para dar este paso, pero darlo es como morder la manzana: una vez que lo has hecho te resultará muy difícil volver a ser como eras, será muy duro regresar otra vez a casa. Estas son cosas que sólo pueden suceder cuando hay un vínculo erótico entre terapeuta y cliente. Y en este caso, al hablar de «erótico» no me refiero a nada explícitamente sexual. El terapeuta debe convocar el poder de Plutón para ayudar a su cliente a romper los resistentes vínculos que lo atan a sus mitos familiares y a su pasado, permitiéndole así que siga avanzando. El terapeuta es como Virgilio, que guió a Dante hasta el noveno abismo del infierno. Y si recordáis el relato, el descenso al infierno era tan doloroso para el guía como para la persona a quien guiaba. El terapeuta que no comparte o no quiere compartir ese viaje tiene miedo de invocar a Eros, y eso significa que no está en contacto consigo mismo. Sólo los que saben en carne propia lo que es estar herido y dañado pueden guiar a otra persona en su descenso a las profundidades..., y esto nos lleva al concepto del sanador herido. Dante escogió a Virgilio como su guía en el descenso a los infiernos porque a Virgilio se lo conocía como el poeta del corazón roto.

Si vuestro deseo es guiar a otras personas por lugares sombríos, primero deberéis tener el corazón roto. Esto, y no otra cosa, es el *eros*; esto es lo que nos enseña. ¿Cuál es el símbolo de las tarjetas de San Valentín? Pues el corazón roto, el corazón que ha sido atravesado por las flechas de Eros. Cuando estuve en Sudáfrica me contaron algo interesante relacionado con esto, una historia sobre los rituales del cortejo entre los bosquimanos que viven en el desierto de Kalahari. Cuando un bosquimano ve a una mujer y desea cortejarla, le dispara una minúscula flecha en el trasero. Si ella no se la quita, significa que lo acepta. Si se la quita y la tira al suelo, es expresión de rechazo. De manera que aquí vemos el amor y el cortejo simbolizados, muy al pie de la letra, por el dolor y la herida de una flecha. Eros atraviesa el corazón. También podemos ver este símbolo en la iconografía cristiana, cuando a Jesús y a veces a María se los representa con el corazón herido y sangrante. El cristianismo ha adoptado estas antiguas estructuras, aunque en ocasiones también las ha deformado.

¡Cómo vuela el tiempo! Aún me queda mucho por decir, pero quisiera saber si tenéis algo que preguntarme.

Oyente: ¿Crees que la imagen del corazón sangrante es una especie de proyección cultural?

Richard: Sí, se la podría ver como una proyección neptuniana. Jesús es muy neptuniano al predicar la compasión y el hecho de ofrecer la otra mejilla. Quizás el corazón sangrante sea una manera de curtirnos o endurecernos, de equilibrar el exceso de compasión o de blandura.

Oyente: Si todos tenemos que pasar por períodos de muerte y renacimiento, ¿no será que nos pasamos gran parte del tiempo cortejando a Eros?

Richard: Sí, es verdad que pasamos por períodos de muerte para renacer de nuevo, pero también es cierto que a la mayoría no nos gusta nada la idea de la muerte, en la forma que sea. A casi todos nos aterroriza, y la mayoría queremos que todas las cosas sean básicas y fáciles. Queremos nadar y guardar la ropa. Vivimos en una sociedad que no nos ofrece suficientes canalizaciones para el *eros*. Así como el cristianismo convirtió a Afrodita en una pecadora, una prostituta, a Plutón lo transformó en Satán. A los griegos jamás se les habría ocurrido ver al dios del mundo subterráneo como una figura satánica. Pero la cultura judeocristiana convirtió tanto a Afrodita como a Plutón en parias. Por eso, cuando hablo del eje Tauro-Escorpio lo llamo «el eje oscuro». Para nosotros es muy difícil integrar este eje en nuestra vida de manera positiva. Lo que quiero subrayar ahora son los riesgos y dificultades con que tropezamos al tratar de encontrar todos los tipos y niveles diferentes de amor en una sola relación. Algunas personas se casan porque tienen una necesidad muy fuerte de acariciar y ser acariciadas; en otras palabras, el matrimonio debe cargar con el poder de la *epithemia*. Y esto me recuerda algo. Tengo un primo más o menos de mi edad, y cuando contábamos veintiún años, dijo que se iba a buscar una esposa. Cuando le pregunté por qué, me respondió que la necesitaba porque vivía en una excitación sexual permanente y estaba cansado de tener que salir todos los sábados por la noche a buscar, en los bares de solteros, a alguna mujer para acostarse con ella. Como se sentía solo y le gustaba dormir con alguien, pensaba que era el momento de casarse. En menos de una semana, encontró a una chica que tenía inclinaciones semejantes a las suyas y, tras un año de noviazgo, como se estilaba entonces, se casaron y todavía siguen juntos. No estoy diciendo que su matrimonio sea bueno ni malo, sino que hay mucha gente que se casa por las mismas razones que mi primo, para aliviar su soledad y contar con alguien a quien puedan tocar, abrazar, acariciar y tener al lado cuando duermen.

Así como podríamos casarnos para obtener la *epithemia*, también podríamos hacerlo teniendo como meta el *eros*. Como nuestra sociedad supuestamente civilizada nos ofrece muy pocos canales para la satisfacción erótica, buscamos una pareja matrimonial que satisfaga esa necesidad. Y también buscamos una pareja matrimonial de quien podamos ser amigos, y que sea igualmente una especie de ser divino que nos redima. De modo que ya veis que el matrimonio es realmente un tema muy cargado. Tenemos la esperanza de llegar a conocer todas esas formas diferentes de amor por medio del matrimonio, pero en realidad es imposible que una sola persona pueda estar a la altura de semejante variedad de exigencias, y por eso tanta gente termina decepcionada. Entonces, o bien rompen la relación para buscar a alguien que satisfaga mejor sus necesidades y fantasías, o constantemente tratan de conseguir que su pareja cambie: que adelgace o que engorde, que sea más fuerte o más independiente, que demuestre más pasión o que sea menos exigente, que les acaricie más o que no lo haga tanto, etc. Creen que si pudiera transformarse mágicamente, entonces sería más capaz de satisfacer sus deseos.

Oyente: Lo que estás diciendo es que los griegos tenían formas de canalización que permitían a la gente experimentar el *eros*, entre ellas la catarsis compartida por el público que asistía a la representación de una tragedia. Y además, dices que como nosotros no tenemos esas formas de canalización en nuestra sociedad, buscamos el *eros* en una relación o intentamos arrebatarle toda esa energía a una sola persona. Yo todavía no estoy seguro de por qué al *eros* se lo elabora mejor mediante una experiencia de grupo.

Richard: El *eros*, la energía ctónica del mundo subterráneo, es tan potente que muy fácilmente puede hacerte saltar un fusible. Una energía tan poderosa es muy difícil de contener en el seno de una relación personal, y esto es algo que no debería sorprender a nadie que alguna vez haya tenido una relación realmente erótica, tan intensa que puede llegar a quemarte. Para la energía del *eros*, la mejor toma de tierra es experimentarla en un grupo o rodeado por varias personas. Cosas como la música, la danza, el canto y el ritual ayudan también a conectar con la tierra y dispersar ese intenso poder. Lo único que puedo decir es que la energía del *eros* es demasiada para una relación de persona a persona. Incluso dentro de la situación terapéutica implica graves riesgos, y por eso ésta tiende a ser muy estructurada, porque esa estructura es necesaria. El terapeuta necesita ser muy consciente de los tipos de transferencia y contratransferencia que se evocan por medio del proceso de sanación erótica constituido por la terapia o el psicoanálisis.

Oyente: Un buen partido de fútbol, ¿podría servir como una forma de canalizar y concentrar el *eros*?

Richard: Bueno, sí; sin duda en los que comparten la experiencia de presenciar un partido interesante se da en cierta medida una catarsis, pero yo hablaría más bien de una vivencia marciana indirecta, ya que no implica en la medida suficiente ni la compasión ni el terror que van asociados con Plutón. Pienso que una corrida de toros se acerca más a un enfrentamiento con Plutón. Recordad que las corridas de toros se originaron en la antigua danza cretense del toro, un símbolo de muerte y transformación. En este sentido, una corrida es mucho más realista y satisfactoria que un partido de fútbol. Creo que quizá la razón de la violencia en los partidos de fútbol no tenga otro origen que la pura frustración: las multitudes acuden en busca de una especie de catarsis plutoniana, pero como no hay ni terror ni compasión, tienen que conformarse con Marte.

Oyente: Pero, Richard, seguro que hay algunos matrimonios excelentes y estables en donde se dé también la vivencia de la compasión y el terror.

Richard: ¿Tú conoces alguno?

Oyente: Estoy pensando en matrimonios en los que las dos personas se permiten cambiar y crecer. Se debe de sentir mucha ansiedad y mucho miedo ante la incertidumbre de si la relación podrá sobrevivir a tales cambios o si uno cambiará y dejará de querer a su pareja, o viceversa. Me parece que de hecho una relación estable o un matrimonio incluye esas cuatro clases diferentes de amor, pero que se las experimenta en distintas etapas o fases de la relación, es decir, en un período se vive intensamente la *epithemia*, en otro la *philia*, en otro el *eros*... ¿No será este tipo de cambios lo que mantiene el misterio y el interés?

Richard: Sí, supongo que eso puede suceder, pero lo que has dicho me trae a la memoria el adagio según el cual la esperanza es lo último que se pierde. Lo siento, pero casi todos creemos todavía que en alguna parte existe esa persona especial y única que será todo lo que necesitemos. Ya sabéis a qué me refiero: la idea de que una vez en la vida, o quizá dos si la primera no acaba de funcionar, encontraremos a esa persona que nos cambiará para siempre, y el romance tendrá un final de cuento de hadas, es decir que viviremos eternamente felices, o por lo menos juntos. De acuerdo, podría suceder. Pero lo que quiero señalar es que es muy difícil. Para que eso ocurra, hacen falta dos personas que hayan pasado por el proceso de individuación y que, en un nivel u otro, estén en contacto con todas las diferentes formas de amor de las que hemos hablado. Hacen falta dos personas que vivan como adultos, que en alguna medida hayan cortado el cordón umbilical o estén canalizando parcialmente la intensidad del *eros* en su trabajo o en una actividad creativa, o que tengan fuera del matrimonio amigos que se hagan cargo de la *philia*, y también necesitarían estar en contacto con la *epithemia* en la medida necesaria para canalizarla hacia el cuidado del propio cuerpo. No conozco a muchas personas así, pero estoy de acuerdo contigo, porque no quiero renunciar a la esperanza. De hecho, en cierto sentido, sí quisiera renunciar a la esperanza, porque, como dice M. Scott Peck en *Un camino sin huella,* para amar de verdad tenemos que desenamorarnos. Permitidme decir, parafraseando su expresión, que para enamorarnos tenemos que desenamorarnos del amor. Y eso es precisamente lo que os animo a hacer. No os estoy diciendo que las relaciones sean algo imposible ni que jamás tengáis otra en la vida. Simplemente os aconsejo que, en vez de hacerlo a ciegas, os aventuréis en este ámbito con los ojos abiertos.

Me gustaría dedicar algún tiempo más a hablar del *agape*. A estas alturas ya debéis de haberos dado cuenta de que es un concepto que yo asocio con Acuario y Urano. Creo que la importancia arquetípica y mitológica del signo de Acuario ha sido muy mal entendida. Para los griegos, *agape* significaba literalmente «el amor de dios por el hombre». Ahora bien, si nos fijamos en cómo amaban los dioses griegos a los simples mortales, veréis que no era en modo alguno un amor asexual. Pero sí era un amor sexual *desapegado*; los dioses y las diosas jamás se casaban ni establecían relaciones permanentes con un mortal. Pero llegaron los cristianos y desvirtuaron el *agape* más o menos de la misma manera que desvirtuaron la *epithemia*, la *philia* y el *eros*, poniéndolos todos patas arriba. Ahora, cuando hablamos de *agape* en el sentido cristiano del término (o de *caritas*, que es lo mismo en latín), vemos el amor de Dios por los seres humanos como un amor asexual. Después de todo, Dios no tiene esposa, y Yahvé era soltero; la única mujer en su vida fue la Virgen María, quien concibió de un modo inmaculado, lo cual significa que jamás la tocó siquiera. Es más, a todo lo que fuera sexual y táctil se lo consideraba tan malo que incluso a la madre de la Virgen se la vio como santa y virtuosa, con lo cual el concepto de la inmaculada concepción se hizo extensivo a la generación anterior. Es decir que para la tradición judeocristiana nada que sea sexual forma parte de la condición divina, sino que es algo aparte, algo que, por cierto, es el resultado de la labor de Satán y de la caída de Eva. Es decir que en el cristianismo tenemos la idea de que la condición divina es asexual, mientras que los griegos dejaban en ella margen para la sexualidad. En la mitología griega, los dioses tenían contacto sexual con los mortales a fin de brindarles alguna especie de don o de despertar, como podía ser una lluvia de oro. Y con frecuencia, el resultado del contacto sexual de un dios o de una diosa con un mortal era el nacimiento de un héroe o de una heroína.

El *agape* no es una forma de amor asexual, ni Acuario es un signo asexual. Acuario lleva consigo todo lo que se ha aprendido gracias a la *epithemia*, la *philia* y el *eros*, pero va un paso más allá al incorporar y asumir el sentimiento de amar lo suficiente a otra persona para dejar que sea quien es. A eso me refiero al hablar de un amor desapegado. Es el amor que siente el que promueve el despertar por aquel que despierta. El *agape*, o amor acuariano, es uraniano, introduce en la relación ese destello del despertar y de la toma de conciencia que hace trizas al yo y lo desintegra. A su manera, puede ser tan doloroso como el amor erótico y plutoniano, porque, al desintegrarte, hace que tomes conciencia de verdades referentes a ti mismo de las que no habías tenido ni el menor atisbo. Para mí, Acuario no es el signo de los amigos. Si habéis conocido de verdad a algunos acuarianos, habréis observado que son superficialmente sociales, saben jugar a los juegos de sociedad. El más aficionado a las fiestas es Libra, un signo mucho más social que Acuario, cuyo sentimiento es más bien éste: «Prefiero estar solo o comprometido con la comunidad mundial en su totalidad, en lugar de enredarme en formas de relación que no son más que cháchara superficial entre dos personas». Como acabo de decir, Acuario representa el *agape*, esa forma de relación desapegada que existe entre el que despierta y quien lo despierta. El *agape* es una forma de amor que dice: «Te amo más cuando eres quien eres, incluso si eso significa que tengas que dejarme». El *eros* no podría soportar esta sinceridad, y por eso el *agape* está un paso más allá del *eros*. Para que un terapeuta deje ir a un cliente, debe ser capaz de experimentar el sentimiento del *agape* en relación con su cliente. «La mejor expresión de mi amor es liberarte», dice el *agape*, y hay por ahí terapeutas que no pueden hacerlo: «Tienes que seguir viniendo aunque ya lleves veinticinco años de terapia, porque todavía estamos trabajando con material muy oscuro y profundo». El *eros* puede transformarse en una relación para toda la vida si es capaz de alcanzar el nivel del *agape*, una forma de amor más aérea que el *eros*, que está hecho de agua. «Te amo lo suficiente para proporcionarte espacio y distancia», dice el *agape*. Pero la cuestión es si la distancia no implica romper completamente la relación. Parece como si esto les sucediera hoy, en nuestra cultura, a la mayoría de las personas: creen que cuando en un matrimonio empieza a haber distancia, eso significa el final de la relación conyugal. ¿Qué ha sucedido con el fogoso período de cortejo de la *philia*? ¿Adónde se ha ido la poderosa conexión emocional y sexual del *eros*? Una vez desaparecidos estos dos elementos, parece como si la relación hubiera terminado. La relación verdaderamente perdurable debe incluir el *agape*, es decir, el amor desapegado. Pero esto no quiere decir que la relación no haya de ser sexual. El *agape* significa amar lo suficiente a la otra persona para dejar que sea, de forma más plena y completa, quien realmente es. Y de hecho, cuanto más plena y completamente sea ella misma, mayor será nuestro amor por ella, porque así también nosotros podremos ser más plena y completamente quienes somos. ¿Veis qué diferente es esto de la *philia*? La *philia* dice: «Tú debes ser mi héroe o mi heroína, debes ser ese hermoso ídolo allí instalado, esa visión arquetípica de lo más recóndito de mi corazón, y jamás debes caerte de ese pedestal porque hacerlo sería destruir la imagen que yo tengo de quién soy yo y de quién eres tú». De modo que Acuario es sexual, pero sigue siendo desapegado.

Acuario y el *agape* son muy diferentes del *eros*, que es posesivo por naturaleza, porque su empeño está siempre puesto en mantener los sentimientos de éxtasis con él asociados. La *epithemia* es posesiva de la misma forma en que un perro lo es con su hueso, o como un niño lo es con su madre. Un bebé no ama a su madre porque sea una persona virtuosa, bien educada, simpática y comprensiva. Le gusta su madre porque significa tibieza, leche, alguien que lo tiene en brazos y lo mima, y seguridad. Estas son las razones por las que un bebé ama a su madre. El amor del bebé por su madre es la *epithemia* en su versión más pura y sincera, y es algo bueno y que está bien. Toda relación incluye en mayor o menor grado la *epithemia*. ¿Habéis oído hablar de las feromonas? Son hormonas sexuales que todos segregamos y que se distinguen por su olor. Los animales descubren mediante el olfato por quién se sienten atraídos, y de hecho los humanos también, pero hoy en día el problema reside en los desodorantes, perfumes y lociones para después del afeitado que los anuncios nos instan a usar y que ocultan y disimulan el olor de las feromonas. Lo que quiero decir es que también nosotros descubriríamos por el olfato quién es la persona que nos atrae si los fabricantes de perfumes y cosméticos no se hubieran esforzado tanto por convencernos de que ellos saben mejor cómo debemos oler. El olfato es el sentido primario que yo asocio con Tauro y con la *epithemia*. Las personas por quienes nos sentimos atraídos son aquellas cuyo olor nos gusta. El olfato es uno de los puntos de contacto originarios. Cuando estamos sexualmente excitados, desprendemos un olor muy fuerte, pero después de habernos puesto el desodorante, ese olor natural queda desterrado. O sea, que nuestra herencia cultural nos dice que la gente no debe oler a gente, en especial no debe oler a gente sexualmente excitada.

Tengo que decir algunas cosas más sobre el *agape*. La imagen asociada con Acuario es el aguador, un dios que vierte agua u otra sustancia líquida de una vasija. La vasija y su contenido representan el amor como un don de los dioses. El *agape* nos despierta y nos libera al mismo tiempo, y por eso considero que Acuario es el signo que simboliza el arquetipo del Santo Grial; más específicamente, del Grial vertido. Los héroes y heroínas, y tanto da que nos estemos refiriendo a Parsifal como a Jesús, tras culminar su viaje heroico, regresan trayendo los dones de la verdad, la libertad, la iluminación, la purificación y la redención, para compartirlos con la humanidad. El héroe parte en un viaje o se somete a una prueba, pero luego regresa para compartir lo que ha aprendido o lo que ha obtenido de su experiencia. El *agape* nos impulsa a convertir en una ofrenda de amor lo que hemos aprendido en el transcurso de nuestro viaje individual y mediante nuestro sufrimiento. Leo, la *philia* y el Sol representan al héroe que se vuelve consciente de su carácter divino y se embarca en un viaje hacia la redención; pero este viaje no se completa mientras no regrese de él con algo valioso y se lo ofrezca a todos para que lo compartan. Repito que el *agape* no es asexual; puede ser sexual, pero de una manera desapegada. Creo que ya he dicho lo que quería. Dediquemos ahora algún tiempo a las preguntas.

Oyente: Me parece interesante que asocies la idea griega de las cuatro clases de amor con los cuatro signos fijos.

Richard: Sí, y la razón es que los signos fijos son signos de manifestación. Se concentran en algo que se inicia en un signo cardinal y que cambiará y se transformará en otra cosa, en un signo mutable.

Oyente: La forma sexual del *agape*, ¿contiene el elemento de dolor que va asociado con el amor erótico?

Richard: Si ambos miembros de la pareja están en contacto con él, el *agape* no debería generar dolor, teóricamente por lo menos. Pero sí puede ser doloroso. Esto me recuerda que Grünewald pintó un tríptico de la Anunciación, es decir, la escena en que el ángel desciende a la Tierra para decirle a la Virgen María que va a tener un hijo, y que será el hijo de Dios. Este fue un tema muy popular entre los artistas del Renacimiento. Normalmente, en estos cuadros el ángel está de pie, dándole la buena noticia a María, pero en la versión de Grünewald el arcángel Gabriel está mirándola de una manera muy semejante a como Lucifer miraba a Eva. De hecho, el ángel le está diciendo: «Esto os cambiará la vida para siempre, señora. Es un don de Dios, pero no os resultará fácil sobrellevarlo». Urano puede tener sobre nosotros un «efecto Humpty-Dumpty»: nos da un golpecito y nos caemos del muro. El don de Dios transformará a María, pero es una espada de doble filo. Dicho sea de paso, la Virgen María que pinta Grünewald es bastante apetitosa: voluptuosa y de pecho generoso, viste una túnica de escote tan bajo que sus senos casi se salen de ella. No es para nada la imagen de esa criatura estrecha, delgada y con cierto aspecto de lombriz que se estilaba en las versiones medievales de la Virgen María. ¡En el cuadro de Grünewald se puede ver muy bien por qué le gustaba a Dios! Está sentada ante su tocador con un espejo en la mano, como buena hija de Afrodita, volviéndose para mirar por encima del hombro a ese ángel de la Anunciación que mágicamente se manifiesta en su tocador, y su reacción es tender la mano en un ademán que sugiere que está más bien alarmada por el lío en que se ha metido. María, la *Mater Dolorosa,* la madre perpetuamente sufriente, padeció muchísimo a causa de ese ambiguo don que le otorgó Dios. O sea que sí, el *agape* puede tener matices dolorosos. Y deberíais recordar que ninguna relación es de una sola manera, de modo que en la vuestra podría haber algo de *agape* mezclado con algo de *eros,* y esta última parte explica los celos que podáis sentir. En realidad, muchas personas no se dan cuenta de que están enamoradas mientras no sienten celos, lo cual significa que han definido el amor en función del *eros,* y cuando ya no sienten celos, dan por sentado que la relación debe de haberse terminado. Pero quizá no; tal vez eso significa que han pasado a la fase del *agape.*

Oyente: Antes has dicho que como mejor se tiene la vivencia del *eros* es por medio de un grupo de personas para conectar a tierra esa poderosa energía. Yo creo que el grupo sirve también para encender la chispa del *eros.*

Richard: Sí, es verdad, y me alegro de que hayas sacado este tema. La razón de que necesitemos a un grupo de personas es que para evocar algo de índole plutoniana se precisa una masa crítica de energía. Supongo que puede haber una masa crítica de dos personas, y en algunos casos, de sólo una. Estoy pensando en Miguel Ángel, que decía que la razón que lo llevaba a esculpir era liberar la forma oculta en el interior de la piedra, y desde luego esto implica un *eros* en activo. O sea que puede darse una relación erótica entre el creador y sus creaciones. Normalmente, sin embargo, es necesaria una cierta cantidad de gente para estimular en su plenitud la energía de Plutón y del *eros.* Lo podéis ver ahora mismo, en esta habitación; en este grupo se siente el chisporroteo del *eros.* Y eso se puede percibir también en las escenas en que interviene una muchedumbre, o cuando el pánico se apodera de una multitud. El teatro exige un público. ¿Habéis ido alguna vez al cine cuando no había más de tres o cuatro personas? Quizá la película fuera muy emocionante, pero seguro que encontrasteis a faltar algo. Si veis la misma película rodeados de un montón de gente, la vivencia será mucho más intensa. Podéis contar con toda seguridad con que una multitud se entusiasme y se movilice, pero no siempre se puede contar con que eso suceda en una situación de persona a persona. Otra cosa que quería señalar, ya que hablamos del *eros,* es que el amor romántico es muy frecuentemente un amor prohibido. Romeo y Julieta no llegaron a pasar demasiado tiempo juntos. El *eros* se nutre del tabú, de lo prohibido. Si puedo estar contigo en cualquier momento, el éxtasis del encuentro y el dolor de la separación se pierden. El concepto del amor romántico floreció en la época medieval, pero era un romance basado en la frustración.

Oyente: ¿Puedes decir algo sobre el papel del *agape* en la situación terapéutica?

Richard: Los terapeutas pueden establecer una contratransferencia fuertemente erótica con sus clientes, pero es de esperar que dispongan del *agape* necesario para amar a sus clientes sin querer retenerlos. El terapeuta debe tener conciencia de la energía erótica que se da entre el sanador y el paciente, y es responsabilidad suya asegurarse de que la situación esté siempre bajo el control del *agape*. Si no fuera así, podría quedar atrapado en una contratransferencia erótica que no haría más que obstaculizar el proceso terapéutico.

* * *

Vamos a completar ahora nuestro análisis de los cuatro tipos de amor: la *epithemia* de Tauro, la *philia* de Leo, el *eros* de Escorpio y el *agape* de Acuario. Sé que es bastante doloroso comprender y aceptar el hecho de que no vamos a satisfacer continuamente todos estos niveles del amor con la misma persona, y sin embargo, tengo que deciros que es así. Solemos pensar que si encontráramos a la persona adecuada, o si pudiéramos llegar a ser más evolucionados, o nos las arregláramos para resolver todos nuestros problemas, podríamos tener, simultáneamente y con la misma persona, la vivencia de todos los niveles del amor. Lo siento, pero no creo que eso sea posible, aunque sí pienso que la única manera de que algo así pueda llegar a suceder sería renunciando a la idea de semejante posibilidad. Como dije antes, para encontrar el amor hay que desenamorarse de él, y eso significa renunciar a la expectativa de que para nosotros habrá, allá donde termina el arco iris, una especie de olla llena de oro, muy especial. Con frecuencia, al estar tan embobados con los ideales románticos de cómo debería ser una relación, nos perdemos la belleza y las oportunidades que tenemos ante nuestras propias narices. Es posible tener la vivencia de todas estas formas del amor, pero no todo el tiempo ni con la misma persona. O quizá podamos lograrlo con la misma persona, pero no todo el tiempo. Si realmente estamos en medio de un proceso, si vamos creciendo y evolucionando, debemos esperar y aceptar que el cambio forme parte de la vida.

El problema de Deméter era que no podía aceptar el cambio, y por eso tuvo que perder a su hija. Y según cómo se mire, ese fue también el problema de Yahvé en el Antiguo Testamento. Creó a Adán y Eva con la esperanza de que vivieran eternamente felices en el Jardín del Edén, pero a ellos esto no les dejaba mucho margen para crecer y cambiar. Una relación puede iniciarse teniendo como tónica la *philia*, pero la idealización recíproca no puede durar para siempre. Lo que quiero decir es que las relaciones van pasando por distintas fases, y que debemos respetar la fase que en cada momento domine. Una relación que se inicia en un clima muy erótico puede cambiar de rostro para convertirse en otra basada más bien en el *agape*, en esa forma de amor que se brinda con la mano abierta, sin celos y sin ánimo posesivo. Siempre he pensado que el símbolo de Escorpio, el signo del amor erótico, se parece a una montaña rusa, con sus cumbres y sus valles, llena de altibajos. Cuando el *eros* abandona una relación, jamás deberíamos tratar de recuperarlo de un modo artificial ni por la fuerza. Paradójicamente, la única forma de recuperar el *eros* es renunciar al deseo predominante de tenerlo en nuestra relación principal. Si estamos llevando una vida de relativa autorrealización, tendremos un trabajo que nos interesa, otras relaciones significativas e importantes con la familia y con los amigos, una afición que nos fascine u otra manera de canalizar nuestra creatividad, y también alguna forma de vida espiritual. Quien posea todo esto no tendrá que empeñarse en satisfacer todas sus necesidades por mediación de una sola persona única y especial, una persona que, desde luego, no imponga a la relación demasiadas exigencias y deje a la otra en libertad de ser quien realmente es. Una vez dicho todo esto, reconozco que aún sigue siendo muy difícil renunciar a la idea de que finalmente pueda llegar alguien que cambie nuestra vida para siempre.

El mito del amor romántico se remonta al concepto medieval y renacentista del amor cortés, transmitido por los trovadores y juglares. Me encantaría detenerme más en todo esto, pero es que ya no nos queda tiempo. Os sugiero que leáis el libro de Robert Johnson *We* [Nosotros],[3] donde se considera el amor cortés como la fusión o mezcla del concepto del romance con los ideales del cristianismo. Por ejemplo, la idealiza-

3. Robert Johnson, *We: Understanding the Psychology of Romantic Love,* Harper-Collins, San Francisco, 1985.

ción de una mujer inalcanzable es similar a la adoración de la Virgen. Se podría decir que el *anima* colectiva de la época medieval y renacentista fue esta Virgen divina e intocable. Lo extraño de todo esto es que a la Virgen se le permitió casarse. Aunque este es un tema del que no se ha hablado demasiado, María se casó efectivamente con José. En general, sin embargo, hubo tres reglas principales impuestas al amor romántico o cortés, y se las puede ver en relatos como el del triángulo entre el rey Arturo, Lancelot y la reina Ginebra, o en la historia de Tristán e Isolda. La regla número uno es que jamás debe haber contacto sexual entre los amantes, de modo que el amor cortés nunca podía consumarse, de forma muy semejante a como nuestro amor por la Virgen María jamás puede consumarse. Dios nunca consumó su amor por la Virgen María; esto quedó a cargo de un tercero, el ángel. A diferencia de Zeus, Dios no se encarnó en un toro o un cisne, ni tomó la forma de una lluvia de oro para unirse a una mortal. No tener contacto sexual con la persona objeto de vuestro amor significa que ella seguirá siendo siempre inmaculada. No importa que después se case con otro y tenga relaciones sexuales con él; por lo que a vosotros se refiere, seguirá siendo inmaculada y perfecta. La segunda regla es que los amantes jamás deben casarse entre sí; es más, generalmente se casan con otras personas. Y la tercera regla es que deben permanecer para siempre consumidos por la pasión.

Es interesante ver cómo funcionan juntas estas tres reglas: podéis estar perpetuamente ardiendo de pasión, siempre y cuando no tengáis contacto sexual ni lleguéis a uniros en matrimonio con aquel o aquella a quien vuestro corazón desea. Estas son las reglas, y en todo ello hay también implícito un elemento de sufrimiento. El llamado amor romántico es una situación sumamente neptuniana, en la cual jamás podéis consumar ni satisfacer por completo todos vuestros deseos. Hay, eso sí, un cortejo perpetuo, pero las cosas no van mucho más allá. ¿Podéis imaginároslo? El buen caballero elegía a su hermosa dama y seguía rindiéndole culto y adorándola eternamente, alimentando esa pasión devoradora durante cincuenta o sesenta años. Ahora bien, en gran parte esto se genera en el ideal cristiano según el cual es mejor sublimar algo que vivirlo, con lo cual nos remontamos directamente a san Pablo, quien al parecer se sentía bastante mal con su propia sexualidad. Decía que era mejor no tener relaciones sexuales, aunque especificaba también que si el ansia sexual resultaba muy fuerte, era «mejor casarse que quemarse» en el infierno. Lo que parece haber querido decir san Pablo es que el contacto sexual conyugal es preferible a las relaciones fuera del matrimonio, de modo que si habéis de sentir deseo, por lo menos debéis canalizarlo de una manera ordenada y aprobada por Dios, o al menos por un rabino o un sacerdote. De esa manera se contiene o se atenúa la condición desordenada o destructiva de la sexualidad desenfrenada y sin control.

A los románticos les gustaban ambas cosas. Querían casarse con una persona y consumirse de amor por otra; así conseguían mantener encendida la llama del deseo, lo cual no molesta en absoluto al *eros*, porque se nutre de los impedimentos y le encantan los triángulos. Si hubierais de representar el *eros* como una configuración astrológica, tendría la forma de una cuadratura en T con vosotros como punto focal. El ideal cristiano de sublimar el impulso sexual para convertirlo en algo de orden superior tuvo una importante influencia en la naturaleza del amor romántico. En la época medieval, nadie esperaba consumar un romance. En la leyenda artúrica, todos, incluyendo al rey Arturo, sabían que Lancelot y Ginebra estaban locamente enamorados, y aquello no era considerado algo malo. Lo que sí estaba mal era que consumaran la relación. Y lo otro que hicieron mal fue dejarse atrapar haciéndolo. Semejante consumación del amor cortés se consideraba un acto de traición, y por eso Ginebra fue condenada a morir en la hoguera. Lo punible no era que estuvieran enamorados, sino el hecho de que rompieran el estricto código asociado con el amor cortés.

En nuestra sociedad tendemos a ver el romance como un preludio del matrimonio. Y no hay nada de malo en eso, salvo por el hecho de que casi todos nosotros creemos también que los miembros de la pareja han de mantener vivo el romance incluso después de haberse casado. Y si ya no seguimos sintiéndonos románticos después de haber contraído matrimonio, pensamos que algo anda mal en nuestra relación de pareja. Pero no se puede mantener viva esta forma de romance en el matrimonio, porque lo que mantiene vivo el romance es la frustración, la privación, el sufrimiento, la distancia y la sublimación que se generan en el hecho de no poder consumar la relación y vivir con la persona que amamos. ¿Veis lo que hemos hecho? Hemos establecido un doble vínculo que es esencialmente imposible de resolver. Estamos ávidos de esta idea del romance. Mirad la clase de relatos que aparecen en las revistas románticas y que siempre terminan con los amantes viviendo eternamente felices después de casarse. Los escritores y los editores de estas historias no nos cuentan cómo evoluciona realmente la relación después del matrimonio, porque no quieren que lo sepamos. Dicho de otra manera, estas publicaciones se nutren de la idea de que el romance conduce siempre mágicamente al matrimonio y a eso que se resume en la frase «vivieron felices y comieron perdices». Francamente, mientras no podamos dejar de lado semejantes ideas, no podremos tener una relación auténtica. Este ideal del amor romántico interfiere también en otras relaciones que podamos tener, porque si estamos tan pendientes de buscar y esperar que llegue esa persona «única» y especial que se hará cargo de nuestra *epithemia*, nuestra *philia*, nuestro *eros* y nuestro *agape*, no será mucho lo que podamos dar a nuestros amigos ni dedicar al cultivo de los aspectos creativos de nuestra naturaleza.

Evidentemente, hoy es mi día de pinchar burbujas, y espero que lo que estoy diciendo no os parezca demasiado negativo ni deprimente. Me gustaría que lo vierais, al contrario, como algo esperanzador. Para mí lo es, porque la individuación y la disposición a asumirse como adulto consisten en parte en ser capaz de renunciar a las falsas ilusiones de la niñez y la adolescencia.

Otra burbuja que me gustaría hacer estallar se relaciona con el mito sobre la familia tal como la conocemos desde la época en que estábamos todos amontonados en cavernas, sirviéndonos una pierna de tigre de dientes de sable. Esa clase de familia está en vías de extinción. Cuando hablamos de familia, nos referimos normalmente a una madre, un padre y sus hijos, pese al hecho de que ahora, en Estados Unidos, al 26 por ciento de los niños los cría uno solo de los padres, y la tasa de divorcios supera con creces el 50 por ciento. Se calcula que en el año 2000, el 50 por ciento de los niños estarán viviendo con (y por lo tanto siendo educados por) uno solo de los padres, con toda probabilidad la madre. ¡El cincuenta por ciento, es decir, la mitad! Por lo general, cuando hablamos arquetípica o astrológicamente de la familia, lo hacemos en términos históricos, con la vieja noción de la familia basada en las tribus y los clanes formados por personas relacionadas entre sí y que viven todas en el mismo territorio. Hablamos de tíos y tías, de abuelos y abuelas, de primos y primas cada vez más lejanos. En otras palabras, todavía seguimos viendo a la familia como esa gran masa de gente unida afectivamente por un vínculo de parentesco. Hoy en día, en la mayoría de los casos en lo que hemos dado en llamar el Primer Mundo (Estados Unidos, Europa Occidental, Australia y posiblemente también en alguna medida Japón), esta idea anticuada de lo que es la familia está empezando a desmoronarse por razones que no me pondré a analizar detalladamente ahora, pero que incluyen el fracaso de la religión estructurada y la tremenda expansión de las comunicaciones, los viajes y los transportes,

junto con la idea, cada vez más difundida, de que la manera de indivi-
dualizarnos y encontrarnos a nosotros mismos es abandonar el nido y a
la familia para descubrir quiénes somos de verdad. Entonces, nos ponemos el sombrero, cogemos la maleta y decimos: «Adiós, familia, voy a
ver si me encuentro a mí mismo». Por todas estas razones se está desin-
tegrando la familia. No digo que esto sea ni bueno ni malo, sino sólo que
así están las cosas en estos momentos.

La desintegración del antiguo modelo de red familiar es otra de las
razones de que tengamos dificultades en nuestras relaciones. El «otro
idealizado», ese personaje que aparece para hacerse cargo de todo lo que
nos concierne, tiene que ser ahora padre y madre para nosotros, además
de nuestro mejor amigo y compañero, crítico y maestro, la pantalla
donde podamos proyectar, según el caso, nuestra *anima* o nuestro *animus,* y además la persona que nos ayude a resolver todos los problemas
que no hemos aclarado con nuestros padres, al mismo tiempo que nos
concede graciosamente la libertad de descubrirnos a nosotros mismos.
Y para coronar todo esto, también queremos que la relación sea abierta
(lo cual generalmente significa que quiero que tú respetes mi libertad
pero no que yo vaya a respetar la tuya), aunque no nos molesta que de
cuando en cuando nuestra pareja se ponga celosa, porque eso demuestra
cuánto nos sigue amando. ¿Veis las horribles paradojas en que nos
hemos metido? Lo que quiero señalar es que estamos exigiendo que
nuestra relación con esa persona única y especial cargue con más peso
del que puede soportar, y que una relación tan sobrecargada no puede
menos que derrumbarse estrepitosamente, lo cual explica por qué tenemos cifras de divorcio tan elevadas. Nuestra tremenda fantasía sobre el
hallazgo de una relación tan idealizada nos mantiene perpetuamente en
busca de esa única persona adecuada.

Oyente: Entonces, lo que dices es que nuestra sociedad ha construido
este mito del encuentro con ese ser *único.* ¿No existen mitos similares
en otras culturas?

Richard: No creo que sea un mito, sino más bien una esperanza, el
hecho de tomar los deseos por realidades, y eso es algo muy diferente
de un mito. Pero dejadme hablar muy brevemente del aspecto cultural.
El concepto del romance existe ciertamente en casi todas las culturas,
y el del *eros* en la mayor parte de las sociedades. Pero la mayoría de
las culturas no suponen que caigamos presas del amor romántico por la

persona con quien finalmente tendremos que casarnos y compartir la vida. Esto se debe a que no consideran que el enamoramiento sea la razón principal para casarse y convivir. En muchas partes del mundo, al matrimonio se lo ve más bien como un compromiso jurídico, un acuerdo que tradicionalmente establecen los padres. El padre es el dueño de su hija; ella es una propiedad suya, y por lo tanto puede dársela a quien él elija. En la India todavía muchos matrimonios se arreglan astrológicamente, y la elección de pareja depende también del sistema de castas o de la posición social de los padres. El príncipe Carlos no es un caso típico, pero es alguien que ha tenido muy poco margen para casarse siguiendo los dictados de su corazón. Recuerdo que mi abuela solía preguntar qué era todo ese asunto de casarse por amor. Decía que en su juventud, los padres se reunían y establecían un arreglo, que era de esperar que te buscaran a un buen muchacho y que con un poco de suerte ambos iríais aprendiendo, poco a poco, a amaros. ¿Recordáis aquella hermosísima canción que cantan Tevye y su mujer, Golda, en *El violinista en el tejado*? Tienen tres hijas en edad de casarse y, cosa extraña para la época, todas quieren casarse por amor. ¿Qué significa eso? ¿Y qué hay de la tradición? Después llega la gran escena con su mujer, cuando él le pregunta: «Golda, ¿me amas?». Y ella le contesta algo parecido a esto: «¿Que si te amo? Hace veinticinco años que vivo contigo, que me acuesto contigo, que crío a tus hijas y te hago la comida. ¿Qué quieres decir con eso de si te amo?». Y finalmente los dos coinciden en que si no es amor, entonces, ¿qué es? Los matrimonios arreglados son la norma en la India, en China, en la mayor parte de África y en otras culturas tribales, y probablemente en casi todo el mundo islámico. Para la mentalidad occidental, esto puede parecer escandaloso y atrasado, pero en realidad el concepto de romance y la idea de que la gente ha de casarse por amor constituyen un fenómeno moderno y relativamente raro.

Es interesante considerar las diferentes casas astrológicas en función de la clase de amor que se corresponde con ellas. La casa ocho, que tiene que ver con el *eros*, la pasión, la muerte y la transformación, y con otros peligros de esta naturaleza, no es lo mismo que la quinta, que describe el deseo de nuestro corazón, el despertar del amor romántico y lo que hemos dado en llamar autoexpresión creativa. La quinta es la casa donde es más probable que se exprese la *philia*, y su significado es muy diferente del de la séptima, la que normalmente se asigna al matrimonio. El signo que es el regente natural de la casa siete es Libra, asociado con contratos y negociaciones diplomáticas, como puede ser un acuerdo matrimonial cuidadosamente pensado y evaluado.

Oyente: A mí me parece que mucha gente va en busca de una experiencia de lo divino o lo transpersonal por mediación de una relación amorosa, y no siguiendo un camino religioso de devoción a la idea de Dios. ¿Es así?

Richard: Sí. En todos nosotros hay una parte que tiende hacia lo divino, pero como los antiguos preceptos religiosos ya no tienen vigencia para nosotros, ahora traducimos la idea medieval del amor romántico en términos de la búsqueda de un ser viviente y encarnado que llegue y nos transforme la vida. El otro día os cité una línea del subtítulo de una película que decía algo así como que un día llegaría a tu vida alguien capaz de transformarla para siempre. Hace quinientos años, un sentimiento como este se habría referido a un encuentro con Dios o con Jesús. Como ya he dicho, el problema está en que buscamos lo transpersonal en lo interpersonal. Seguimos esperando que podremos encontrar y experimentar lo mágico, lo místico y lo numinoso en una relación con otra persona. Y no sólo eso, sino que queremos que esta experiencia de lo numinoso se mantenga continuamente viva en nuestro matrimonio. Ahí está el problema. Seguimos buscando no sólo nuestro Yo más profundo, sino también a Jesús y la redención en una relación amorosa de persona a persona. Seguimos buscando un amor que nos transforme, que nos sane, que nos ayude a descubrirnos a nosotros mismos y nos devuelva nuestra totalidad. Seguimos esperando esa relación que haga desaparecer todos nuestros dolores y nos conduzca a la autorrealización. Pensamos que cuando esa persona finalmente llegue a nuestra vida, nos traerá la iluminación, y seguimos buscándola para que haga esto por nosotros, para que nos convierta en seres plenamente humanos. Esperamos, ansiamos y anhelamos un amor de esta naturaleza, y, cuando no lo encontramos, pensamos que si nos teñimos el pelo de otro color tal vez eso cambie nuestra suerte y nos acerque a esa persona especial y divina.

En la historia de Tristán e Isolda hay algunos puntos que quiero comentar. Tristán tiene una experiencia celestial cuando conoce a Isolda y se enamora de ella, pero no puede conseguirla porque está casada con el rey de Cornualles, o sea que es intocable. Su inaccesibilidad es precisamente lo que mantiene encendido en él el fuego erótico. Podría tener a otra mujer, pero no la quiere, y la razón de que no la quiera es que puede tenerla. Básicamente, el problema principal del amor romántico es que una vez que el enamorado consigue al ser que ama, éste pierde el aura romántica. Lo que nos mantiene sobre ascuas es aquello que no podemos tener; tan pronto como lo conseguimos, el aura mágica se pierde. Es lo que nos sucede cuando proyectamos lo transpersonal sobre otra persona. Lo transpersonal es infinito e ilimitado. Es una injusticia tratar de imponer el carácter numinoso de lo transpersonal a algo que es básicamente relativo, finito y material. En su libro *Nosotros,* Robert Johnson define el pecado como el acto de darle a algo un nombre que no le corresponde.

Otra cosa que pasa con el amor romántico es que no implica necesariamente que uno quiera la felicidad del ser amado. Tristán no quiere que Isolda sea feliz en su matrimonio; sufre porque no puede tenerla, y le gustaría que ella sufriera tanto como él. Eso no es amor. No es el *agape,* que dice: «Te amo tanto como para dejarte ir». En el mejor de los casos, el amor de Tristán por Isolda es muy esquizofrénico. Como él sufre mucho, ella tampoco tendría que ser feliz. Lo único que daría solaz a Tristán sería ver que ella es tan desdichada como él. Algo similar sucede al final de la leyenda artúrica. Hace mucho tiempo que el rey Arturo ha muerto, y Ginebra ha ingresado en un convento. Hace muchos, muchos años que no ve a Lancelot, hasta que finalmente él cede a la compulsión de buscarla. Para él es importante saber que ella todavía sigue sufriendo tanto como él. Sin embargo, cuando se encuentran, Ginebra le dice que ha encontrado la salvación por la vía de la devoción a Jesús, algo que san Pablo habría aplaudido sin reservas. Finalmente, Ginebra había dado en el blanco, porque el único lugar adecuado para depositar lo transpersonal es lo transpersonal, y no es posible encontrarlo en lo interpersonal, porque son dos cosas diferentes. Leo, Virgo, Libra y Escorpio son signos sociales, interpersonales. Sagitario, Capricornio, Acuario y Piscis son signos transpersonales. Nos gustaría encontrar lo transpersonal en lo interpersonal, pero las cosas no funcionan así. Quizá penséis que habéis hallado lo numinoso y lo transpersonal en una relación romántica, pero puedo aseguraros que se trata de una proyección. Este sueño que tenemos de encontrar a la persona que pueda satisfacer nuestra necesidad de lo numinoso se resiste a morir. Y oigo muchos pataleos y gritos relacionados con ello.

Oyente: ¿No podríamos encontrar lo transpersonal en la más importante de todas las relaciones, la que tenemos con nosotros mismos?

Richard: Sí, a eso precisamente iba a llegar. No podemos encontrar todos los diferentes niveles y formas de amor en un único ser humano. Si lo intentáis, estaréis condenados a la infelicidad, porque buscaréis siempre fuera de vosotros mismos algo que no existe. Si queréis seguir aferrándoos a ese sueño, muy bien, es asunto vuestro. Mucha gente no sabe que está viva a menos que tenga esa especie de esperanza sufriente. No quiero decir que no debáis amar con pasión ni de un modo erótico, sino que no debéis tratar de aferraros para siempre a ese tipo de amor. El problema en nuestra sociedad es que se nos plantea una doble cuestión. Empezamos por pensar que realmente podemos encontrar una relación que satisfaga a la vez todas nuestras necesidades amorosas, y en segundo lugar, creemos que cuando la hayamos encontrado podremos mantenerla permanentemente. No quiero decir que haya nada de malo en que el dios Eros nos traspase con su flecha. Es más, considero que cuando esto nos sucede, es un gran don de los dioses. Este tipo de amor apasionado puede darse entre dos amantes; puede darse entre un maestro y un estudiante, y se dio entre Beethoven y su música. Beethoven tenía tal apego por su música que había que engañarlo para hacerle salir de casa con el fin de que alguien se llevara las partituras de las que él se negaba a separarse.

¿Os dais cuenta de lo que os estoy diciendo? Lo que os digo es: salid y tened la experiencia del *eros*. Id en su busca, arriesgaos. Sentid tan profundamente como podáis. Si tenéis la suerte de ser elegidos por los dioses para disfrutar de una experiencia como esta, aprovechadla. Estáis entre los bienaventurados si habéis sido escogidos para que os atraviese una de las flechas de Eros. Es una vivencia maravillosa. Pero también os digo que no debéis abrigar la esperanza de casaros y vivir eternamente así, porque eso no pertenece a la naturaleza del amor erótico. Una gran parte del sufrimiento y la decepción que sentimos en nuestras relaciones tiene que ver con el hecho de que abrigamos la esperanza de capturar la intensidad del amor erótico y mantenerla para siempre. Si efectivamente conseguís capturar el *eros*, no será más que durante un fugaz momento, porque los dioses no permitirán que sea de otra manera. Entonces, bendecid ese momento, sumergíos completamente en él, entregaos a él. Recordad, sin embargo, que no podréis entregaros al momento si seguís procurando desesperadamente aferraros a él y retenerlo para siempre. Aceptadlo con las manos abiertas, y no las cerréis: dejad que se vaya libremente. Cuando tengáis esta vivencia, estaréis experimentando lo que los griegos llamaban «locura divina», os poseerá una especie de *daimon*.

Algo similar sucede cuando estáis en pleno éxtasis creativo, sólo que en este caso la forma del *daimon* que os posee es ligeramente diferente. El amor apasionado y la creatividad apasionada son cosas eróticas a las que no es posible aferrarse de forma permanente. Cuando habéis terminado de escribir un libro, tenéis que soltarlo, tenéis que entregárselo a los editores. Una experiencia erótica es como el hálito de Dios que fluyera a través de vosotros, pero sólo podéis hallar inspiración en esta intensa vivencia plutoniana si estáis dispuestos a no tenerla. Tal es la paradoja de todo esto. Sé que lo que os he estado diciendo ha desencadenado muchísimas cosas dentro de vosotros, y estos son precisamente los temas que me gustaría que tratarais en vuestros grupos de trabajo. Para todo esto no hay respuestas correctas ni erróneas. Yo no estoy diciendo que tenga razón; lo que sí digo es que esta es mi experiencia, mi vivencia, la forma en que yo veo las cosas. Haced con ello lo que queráis.

* * *

Bien, sigamos. Ahora me gustaría hablar de la forma en que la Luna, Mercurio, Venus y el Sol se introducen arquetípicamente en la experiencia de la relación. Ya nos hemos ocupado bastante del tipo de amor lunar, que es una especie de amor umbilical, incluso en los adultos. Lo que dice el amor lunar es que, si me amas, encontraré en ti mi alimento emocional, tú serás mi mamá o mi papá. Me sorprendió muchísimo que me dijeran que Reagan llama «Mami» a su mujer. No estaría tan mal si ella lo llamara «Papi», pero lo llama Ronnie, y a mí eso me hace pensar que tienen un buen problema. No hay nada de malo en el amor lunar, que es uno de los componentes de toda relación. Tenemos necesidad de brindarnos nutrición emocional los unos a los otros, y si nuestra pareja no satisface esa parte afectiva lunar, no podemos sentirnos seguros, amados ni reconfortados. En las conferencias siguientes veremos con más profundidad la sinastría, pero por el momento me limitaré a decir que uno de los planetas más importantes que hay que considerar en los aspectos por sinastría es la Luna, porque representa a nuestro niño interior, que necesita que lo alimenten. El amor lunar sólo se vuelve problemático si nos dejamos atrapar por él a expensas de otras formas de amor, o de otras facetas de nuestra naturaleza más solares, mercurianas o venusianas, es decir, si todavía estamos tan atados al cordón umbilical que lo único que queremos de la relación es que la otra persona nos dé continuamente todo el alimento emocional que necesitamos. En las relaciones amorosas también hay un nivel mercuriano. El amor de Mercurio actúa por ensayo y error. Es cuando experimentamos sin sentimiento, para descubrir quiénes somos, y lo hacemos probando diversas relaciones. Es lo que yo llamo «la relación como síndrome terapéutico», es decir que no sé realmente quién soy mientras no paso tiempo con otra persona y, mediante la experimentación, el proceso de ensayo y error y el esfuerzo por entender las cosas, empiezo a descubrir no sólo algo referente a esa otra persona, sino también algo referente a mí.

El amor lunar actúa en el nivel del niño pequeño (fijaos en que evito usar la palabra «infantil», que suena un poco como un juicio de valor), mientras que el amor mercuriano se correlaciona con lo que hay en nosotros del *puer* y de la *puella,* las versiones masculina y femenina de la eterna juventud. Esta es la etapa en que somos Peter Pan o Alicia en el País de las Maravillas. Peter Pan es un *puer* clásico, porque no quiere demasiada proximidad ni dependencia en las relaciones, y sin embargo, continuamente está atrayendo y arrastrando hacia sí a la gente. Pinocho es otro *puer*: es artificial, una marioneta, y su sueño es convertirse en un niño de verdad. Esta fase mercuriana de encontrarnos a nosotros mismos mediante un proceso de ensayo y error es una etapa muy normal de todas nuestras relaciones: lo hacemos en la niñez, con los primeros amigos que tenemos, y es probable que lo hagamos también en nuestros primeros contactos sexuales. La etapa mercuriana es la que se da cuando un niño y una niña de siete años, o dos niños del mismo sexo, se van al granero a jugar a los «médicos». Tienen curiosidad por sus recíprocas diferencias, por ver qué es lo que tiene el otro: «Enséñame lo tuyo y yo te enseñaré lo mío». Es diferente de la etapa de Venus, que podría darse hacia los dieciséis años, cuando los dos se van al granero no sólo para ver cuáles son sus diferencias, sino también para unirlas. En serio, esta es la distinción entre el amor de Mercurio y el de Venus. Mercurio sigue estando separado, y lo impulsa el deseo de entender el mundo. Al estar conectado arquetípicamente con Géminis, un signo de aire, el amor de Mercurio dice: «Quiero tomar distancia y observarme en diferentes situaciones para descubrir quién soy, y la mejor forma de hacerlo es la comparación: comparando una cosa con la otra, o comparándome con los demás». Virgo hace algo similar en un nivel terrenal: «Necesito tomar distancia, discernir y comparar una cosa con otra para decidir qué es qué y cuál es cuál». Yo asocio a Venus con la fase del amor adolescente, un período en el que se nos despiertan los ideales. Venus, especialmente por su conexión con Libra, es muy sensible a lo que nuestra cultura considera ideal o hermoso, y esto es lo que buscamos en una pareja, porque queremos sentirnos completos, sentirnos bien con nosotros mismos. Por ejemplo, si uno de vosotros fuera un muchacho de fines del siglo pasado o de comienzos de éste, probablemente soñaría con una mujer con una cintura de avispa, anchas caderas y enormes pechos. Mae West era el prototipo de esta clase de figura. Sin embargo, un chico de hoy preferiría a una mujer con aspecto de anoréxica, porque esto es lo que constituye actualmente para nuestra cultura el ideal divino. Los adolescentes de ambos sexos, que están todavía en el proceso de descubrir quiénes son, se muestran sumamente sensibles a este tipo de presión de los chicos de su edad. Entonces, el héroe deportivo de la escuela y la rubia animadora de ojos azules son aquellos de quienes casi todos los demás adolescentes se enamoran. Él carga con la proyección del *animus* de la mayoría de las chicas de la escuela, y ella es la depositaria del *anima* de la mayor parte de los muchachos. Y generalmente cada uno de ellos dos va en busca del otro. Y cuando se casan, todo el mundo suspira y dice que era inevitable, que ya se sabía. Por lo que a mí se refiere, me parece perfecto que estos hermosos adolescentes se busquen y se unan mientras todavía están viviendo la etapa venusiana de intensa proyección erótica. Pero las cosas se ven de otra manera cuando él empieza a tener barriga y no puede encontrar un buen trabajo, y la ve a ella con los rulos puestos y se empieza a dar cuenta de que tiene sus rasgos de arpía, además de no ser tan buena cocinera. Es decir que este tipo de relación idealizada tiene tendencia a desmoronarse a medida que pasan los años.

Romeo y Julieta son el ejemplo perfecto de la fase venusiana arquetípica de la relación, durante la cual buscamos nuestro ideal de belleza en otra persona. Por supuesto, Shakespeare tuvo que matarlos a los dos para que siguieran viviendo, tan bellos como siempre, en nuestra imaginación. La verdad es que esta fase venusiana de proyección del ideal simplemente no puede durar para siempre. Sin embargo, hay muchas personas que intentan aferrarse de por vida a esta fase en sus relaciones, así como hay muchas otras que siguen empeñándose en vivirlas en el nivel del niño pequeño. Si nos quedamos atascados en la fase lunar basada en la infancia, andaremos en busca de alguien que sea para nosotros el papá perfecto o la mamá ideal. Si nos quedamos en la fase venusiana, nos aferraremos a los ideales adolescentes en la relación, y estaremos diciendo que para sentirnos completos necesitamos que el otro sea perfecto. El amor venusiano está enganchado en buena medida a los ideales físicos y superficiales de lo que debe ser una persona. Él tiene que ser alto y de hombros anchos, un moreno de personalidad sub-yugante y voz grave, y ganar muchísimo dinero como ejecutivo o en algún cargo igualmente importante. Ella debe ser siempre joven y hermosa. Continuamente uno se encuentra con este panorama a su alrededor: los hombres proyectan su Venus sobre las mujeres, mientras que ellas proyectan sobre los hombres no sólo su Venus, sino también su Marte. Pero, ¿qué sucede cuando un hombre proyecta su Venus sobre una mujer y ella empieza a envejecer? Con frecuencia, la deja por una más joven, y como bien sabéis ese es uno de los temores clásicos que albergan muchas mujeres. En términos generales, los hombres no reconocen su propia Venus, lo cual significa que no están en contacto con la belleza que ellos mismos llevan dentro ni con su posibilidad de atraer amor, y por lo tanto buscan todo esto en el exterior, en una pareja que pueda cargar con la proyección de su Venus. Como esta es el arquetipo de una mujer joven, en edad de merecer, la proyección de Venus se vuelve imposible cuando la mujer se hace mayor o empieza a mostrarse demasiado maternal. De hecho, muchos hombres se desenamoran de su mujer cuando nace su primer hijo, porque al convertirse en madre ya no le cuadra el arquetipo de Venus. Un hombre puede ser bastante feliz teniendo una esposa de tipo maternal, pero para encontrar a su Venus tendrá que beber en otras fuentes. Creo que, en algún nivel, las mujeres lo saben, y saben también que esto las pone en una posición muy difícil. ¿Cómo pueden ser a la vez la Luna y Venus? ¿Cómo pueden ser la madre de alguien y al mismo tiempo seguir siendo la perpetua Afrodita?

Un hombre que consigue reivindicar su propia Venus libera a su compañera o a su mujer de tener que cargar con semejante fardo, y le permite, por lo tanto, que envejezca y cambie. Y lo mismo pasa también con la mujer y su Marte. Si una mujer proyecta a su Marte en un hombre, él tiene que ser el héroe que la conquiste, el caballero montado en su corcel blanco, el que sale a enfrentarse con el mundo para defenderla y protegerla de los múltiples dragones que en su fantasía la están acechando continuamente. Y si siente que él no está a la altura de sus expectativas, provocará un conflicto para ver si la ama lo suficiente para luchar por defenderla. Afrodita, que en su forma pura era un elemento verdaderamente perturbador, se pasaba la vida provocando a los hombres para que asumieran el papel del guerrero, siempre dispuesto a trabarse en lucha con sus rivales para conseguir el amor de ella. Una amiga mía es un buen ejemplo de esto. Tiene el Sol en conjunción con Marte y Plutón en Leo en la casa doce, con Venus también en Leo justo sobre el

Ascendente. Es una mujer muy hermosa que siempre se las arregla para complicarse la vida metiéndose en triángulos amorosos. En realidad, no deberíamos hablar de triángulos, sino de cuadraturas en T. Es habilísima para complicarse en configuraciones como esta, donde ella siempre es el punto focal. Por ejemplo, estaba saliendo con dos hombres, ambos enamorados de ella y dispuestos a casarse. De alguna manera se las arregló para citarse con los dos la misma noche. Cuando ambos llegaron al mismo tiempo, ella sugirió que era posible que los tres se amaran los unos a los otros y salieran juntos. A ellos no les gustó la idea. Joe dijo algo así como: «Escucha, te comprometiste a salir conmigo, y este otro tío ya puede ir haciéndose humo». Y Sam le dijo: «Mira, ahora o nunca; decídete, porque estas cosas no te las pienso aguantar». Entonces, ella se quejó de la situación terrible en que la ponían; dijo que simplemente no entendía por qué ellos dos no podían encontrar una solución de común acuerdo. Y por supuesto no era la primera vez que le pasaba una cosa así. Se podría decir que a Afrodita le entusiasma la sangre. Después de todo, escogió a Ares, el dios de la guerra, para que fuera su amante. A ella le encantan los conflictos, y está constantemente provocándolos. O sea que la auténtica Afrodita es alguien que no ha integrado a su propio Marte y por eso lo busca en un hombre.

Oyente: ¿No fue Afrodita quien provocó indirectamente la guerra de Troya?

Richard: Sí, la guerra de Troya es un buen ejemplo de lo que quiero decir. Es probable que ya conozcáis la historia, pero la repasaremos rápidamente. Dos mortales se casan y todos los dioses están invitados a la boda, salvo Eris, la diosa de las peleas y la discordia. Para vengarse, cuando todos los dioses y diosas se disponen a participar en el festín de bodas, Eris echa a rodar sobre la mesa una manzana de oro donde se lee: «Para la más hermosa», y que va a detenerse a mitad de camino entre Hera, Atenea y Afrodita. Las tres tienden la mano al mismo tiempo. Se plantea, pues, un problema. Zeus, desentendiéndose del asunto como es su costumbre, decide resolver la cuestión encargando a Paris, un mortal, que decida cuál de las tres diosas es la más hermosa y merece, por lo tanto, la manzana de oro. No es una casualidad que sea Paris el elegido para ser juez en ese pleito. La historia cuenta que a Príamo, el rey de Troya, un oráculo le dijo que tendría un hijo que sería causa de la caída y destrucción de su ciudad y de toda su familia. En un inútil intento de impedir que se concrete ese destino, Príamo abandona en la montaña a Paris, su primer hijo varón, a quien finalmente adoptan unos pastores que lo crían tan lejos de todo otro contacto humano que el muchacho jamás ha visto a una mujer joven y hermosa. Como es tan puro e inocente en este aspecto, Zeus lo elige como juez en el improvisado concurso de belleza. Las tres competidoras se empeñan en sobornarlo para influir en su elección. Hera le ofrece hacerlo muy poderoso, convirtiéndolo en gobernador de toda Asia; Atenea le dice que, si la elige, ella lo convertirá en el mayor guerrero que jamás haya existido, y Afrodita se limita a ponerse de pie y, aflojándose el cordón de la túnica, que deja caer con gesto seductor por debajo de la cintura, le dice que, si la escoge, ya se ocupará ella de que tenga por esposa a la mujer más bella del mundo. Por supuesto, Paris le da a ella la manzana de oro. (No sé si sabíais que a Afrodita se la representa con frecuencia con un espejo en una mano y una manzana de oro en la otra, dando a entender que era la clásica narcisista, totalmente enamorada de sí misma.) La mujer más hermosa del mundo en aquel momento era Helena, que estaba casada con Menelao, el rey de Esparta. Valiéndose de su cinturón mágico, Afrodita dispone las cosas de modo que Helena y Paris se encuentren y se enamoren. Paris se lleva a Helena a su ciudad natal, y así se desencadena la guerra de Troya: doce años de tragedia y destrucción provocados por el deseo de Afrodita de ganar a cualquier precio el concurso de belleza.

Creedme que hay que guardarse mucho de aceptar esta idea, que tanta gente tiene, de que Venus es pura dulzura y claridad, bombones y caramelos. Se trata de un gran error, porque Venus (Afrodita) tiene un lado muy oscuro, que es esencial aceptar para poder afrontarlo y elaborarlo, en vez de expresarlo de forma inconsciente o indiscriminada. Se podría decir que Marte sin su opuesto (Venus) es un monstruo, y que también puede ser monstruosa Venus sin su opuesto (Marte). Junto con la Luna, Venus es para los hombres la principal figura del *anima,* mientras que, para las mujeres, la figura predominante del *animus* es Marte. Lo que impide que Venus y Marte lleguen a ser destructivos es su integración y su equilibrio. Digamos de paso que esto es válido también para todas las otras parejas arquetípicas de planetas complementarios. La integración de la Luna con su opuesto, Saturno, los despoja a ambos de su carácter de monstruos. Lo mismo vale para las otras parejas de planetas complementarios, es decir, el Sol y Urano, Mercurio y Júpiter, Mercurio y Neptuno, y Venus y Plutón. Si no encontramos una manera de integrar, equilibrar y armonizar cada uno de estos pares de planetas, es probable que nuestro comportamiento se vuelva patológico.

Oyente: Entonces, las parejas de planetas complementarios se basan en los regentes planetarios de signos opuestos.

Richard: Sí, Venus rige a Libra y Marte rige a Aries, de manera que Venus y Marte se complementan el uno al otro porque son los regentes de signos opuestos. El Sol rige a Leo y Urano rige a Acuario, así que el Sol y Urano son planetas complementarios que hay que equilibrar. La Luna rige a Cáncer y Saturno a Capricornio, de modo que ambos planetas son contrarios y complementarios. Como Saturno es el corregente de Acuario, también podríamos incluir al Sol y a Saturno en nuestra lista de complementarios. Si los dos lados de una pareja planetaria no están recíprocamente integrados y equilibrados, el lado más descuidado se proyectará al exterior y el nativo lo encontrará externamente. A un planeta no integrado se lo experimenta por lo general de forma mítica o arquetípica y, con mucha frecuencia, sumamente monstruosa. En cualquier caso, parte del proceso de sanación consiste en integrar los arquetipos de los seis pares de signos complementarios y de las parejas de planetas regentes que les corresponden. Por ejemplo, si Core, que arquetípicamente era una inocente figura de Venus, hubiera estado en contacto con su Plutón, no habría necesitado la experiencia de convocarlo para que saliera de manera tan monstruosa del mundo subterráneo. Hasta podríamos interpretar la violación y el rapto como un don de los dioses, porque le permitieron tomar contacto con una parte de su psique cuya existencia ella aún no había reconocido ni incluido en su vida. Venus (en la forma de Core) atrajo a su opuesto, Plutón, de manera muy semejante a como Eva atrajo a su opuesto en la forma de Lucifer. Si Eva ya hubiera aceptado e integrado a su propio Plutón, y se hubiera comido un trozo de manzana por su propia voluntad, no habría polarizado ni manifestado la necesidad de un ser como Lucifer que la tentara a hacerlo. Y una dinámica similar está viva y goza de excelente salud en el seno de muchísimas relaciones.

Yo diría que el amor solar es un amor adulto. Y os ruego que no penséis que con esto quiero decir que es una forma de amor buena o mejor que las otras; simplemente es una clase diferente de amor. El amor solar dice: «Soy adulto, sé quién soy y conozco mis límites». El símbolo del Sol expresa algo similar: «Estoy en el centro de mi ser», aunque en algunos casos esto también puede significar egocentrismo. Si tomamos el

símbolo del Sol y lo atravesamos con doce líneas, lo habremos convertido en la carta astral, y si os imagináis de pie en el centro de la carta, en
cualquier dirección en la que os volváis estaréis viendo otra parte de vosotros mismos. Quien está en el centro de su ser como adulto es capaz
de establecer una forma adulta de relación, que dice: «Yo sé quién soy, y
no te necesito para que me definas. No necesito asumir contigo el papel
de madre, ni de padre ni de niño. Tampoco te estoy usando como un ex-
perimento para descubrir quién soy yo». Como ya expliqué antes, el
amor mercuriano, a diferencia del amor solar, usa la relación como una
terapia, como una manera de crecer: «Dios mío, esta relación es terrible,
pero realmente estamos aprendiendo muchísimo de ella». Y el amor
solar no es como el amor venusiano, que está lleno de proyecciones e
idealizaciones, y que puede basarse en cosas superficiales que no son ni
siquiera tangibles. El amor solar no se parece al amor que va asociado
con Mercurio o con Venus; el amor solar no dice: «Te necesito», sino
«Te escojo». La Luna, Mercurio y Venus necesitan de la otra persona,
mientras que en el amor solar somos nosotros quienes, conscientemente,
escogemos a una pareja desde nuestro propio centro.

Ahora bien, nadie experimenta el amor pura y exclusivamente en el
nivel del Sol. Sólo podemos llegar al nivel solar cuando nos hemos vuelto hacia nuestro propio interior para recuperar e integrar nuestras proyecciones lunares. En realidad, debería decir que sólo podemos llegar al
nivel solar cuando hemos integrado el eje Luna-Saturno, porque deberíamos considerar a los planetas como parejas de complementarios. Es
decir que cuando el eje Luna-Saturno está integrado y equilibrado dentro de nosotros, y ya podemos cuidar razonablemente bien de nuestro
niño interior, es cuando estamos más preparados para el amor solar. Y
cuando tenemos superada una buena parte de la fase experimental mercuriana del amor como proceso de ensayo y error, hemos integrado en
alguna medida a Venus y Marte, y ya no enviamos proyecciones demasiado fuertes sobre el «otro idealizado», entonces estamos empezando a
ser lo suficientemente libres para sintonizar la frecuencia del amor solar.
Las personas que están sintonizadas con ella son totalmente capaces de
sentirse contentas y felices estando solas. Reconocen que son personas
aparte, individuos por derecho propio, y que no *tienen que* estar con
nadie en especial. Esta es, para la mayoría de nosotros, una posición
muy difícil de alcanzar, porque las partes de nosotros que corresponden
a la Luna, Mercurio y Venus necesitan estar con alguien. ¿Podéis estar
solos sin encender el televisor? ¿Podéis estar solos sin necesidad de leer

algo que os mantenga ocupados? ¿Podéis estar simplemente solos con vosotros mismos? No es nada fácil. El amor solar adulto no sólo dice que podemos estar solos, sino también que, básicamente, nos gustamos tal como somos. Esto no significa que estemos negando el hecho de que necesitamos cambiar y crecer en algunos sentidos, sino que, esencialmente, nos amamos y nos aceptamos tal como somos. En otras palabras, no necesitamos de nadie más que nos ame para demostrarnos que somos dignos de amor. El amor solar no dice: «Te necesito», sino: «Te escojo», y es capaz de ver y aceptar los fallos de su pareja, porque las personas que están en el nivel solar del amor son capaces de seguir amándose a sí mismas con sus propias imperfecciones. Y eso significa: «Si puedo aceptar mis imperfecciones y seguir amándome, también puedo aceptar las tuyas y seguir amándote».

Si todavía proyectáis aspectos y rasgos de vosotros mismos por todas partes, no podréis comprender el amor solar. Muchas personas viven aferradas al mito de que en realidad no pueden amar a nadie ni dejar que nadie las ame mientras no hayan logrado la perfección: mientras no hayan perdido esos cinco kilos de más, o no hayan terminado su carrera universitaria, o no estén ganando suficiente dinero, o no hayan conseguido hacer lo que sea. Todo sigue continuamente esperando ese mágico momento de perfección que, como es natural, jamás llega. Mucha gente vive también con la engañosa ilusión de que el amor tiene que esperar hasta que ellos encuentren a esa persona perfecta que lo reúna todo, sabiduría y belleza.

Oyente: He estado pensando que Woody Allen nos ha ofrecido un tipo de héroe completamente nuevo. Es muy abierto en lo que respecta a sí mismo, y no tiene miedo de mostrarse tal como es en su obra, en especial cuando se trata de sus debilidades en el tema del amor. No se me ocurre un único arquetipo astrológico que defina lo que hace. No es el Sol, ni Mercurio, y decididamente, no es Marte.

Richard: Si quieres que te diga lo que realmente pienso, la verdad es que a mí Woody Allen me saca de quicio. Confieso que soy neoyorquino, y por eso me saca de quicio. Aunque lo considere un genio, creo que es un hombre demasiado psicoanalizado, que constantemente le está metiendo por las narices a todo el mundo su «viaje» psicoanalítico. Y a mí eso me aburre. Cuando veo sus películas, me siento atrapado y forzado a mirar cómo se masturba psicológicamente, algo que puede ser interesante una o dos veces, pero cuando se abusa de ello es demasiado. Creo que en muchos sentidos es muy divertido, y estoy de acuerdo contigo en que contacta con alguna especie de arquetipo, pero me parece que ese arquetipo tiene que ver con un interés por sí mismo total y absoluto. Creo que es un completo narcisista. Sin embargo, no deja de ser educativo ver algo de lo que hace. Es un hombre sumamente creativo, y *Annie Hall* me pareció una película maravillosa, pero tardo muy poco en cansarme de verlo mirarse el ombligo.

Sé que muchas de las cuestiones referentes al amor y a las relaciones que hemos estado viendo y analizando en los últimos días no son fáciles de aceptar. Se trata de cosas de elaboración difícil, lenta y dolorosa. Yo diría, sin embargo, que la mitad de la batalla está ganada con ese «Ah, sí» con que reaccionáis tras haberos sentido sacudidos por una nueva comprensión intuitiva, es decir, por una nueva toma de conciencia. Ello se debe a que están actuando Urano, Neptuno y Plutón, a que dentro de vosotros algo se ha sacudido, se ha disuelto o ha reventado, y con frecuencia hay un largo período entre el impacto y el «Ah, sí», entre el hecho de darse cuenta de algo y el cambio que se produce como resultado de esa toma de conciencia. Durante este período es importante que uno sea paciente y amable consigo mismo. No os castiguéis pensando que sois estúpidos por no haber entendido algo antes. No sirve de nada hacerse ese tipo de reproches. Muchas personas piensan que el cambio sigue inmediatamente al hecho de haberse dado cuenta, pero no es así. Una buena parte de lo que sucede en el proceso psicoterapéutico es que damos vueltas y más vueltas alrededor de nuestro trasfondo básico hasta que hemos explorado todos los parámetros del material que llevamos dentro. Y después de muchas vueltas, finalmente decimos: «A ver, un momento, esto ya lo conozco. Ya he recorrido este espacio, de modo que, ¿por qué estoy de nuevo dando vueltas por aquí?». Aunque quizás estemos temblando y muertos de miedo, lo que en el fondo necesitamos es dar un paso muy pequeño fuera de los parámetros de nuestro círculo habitual y observar qué es lo que hay más allá de él. Una vez llegados a este punto, es realmente útil contar con un aliado, ya sea un amigo, nuestra pareja o nuestro terapeuta. En la Edad Media, cuando se creía que la Tierra era plana, los cartógrafos solían dibujar dragones fuera de la superficie marcada por los límites del mundo. Pensaban que cuando uno llegaba al borde del mundo podía caerse e ir a parar a un lugar terrible, espantoso. En este sentido somos como conejos, nos aterroriza ir más allá del mundo conocido. Creo que es verdad que ahí fuera hay dragones, y que no son meras ficciones de nuestra imaginación. El dragón puede ser vuestra madre, o el hecho de tomar conciencia de que estáis creciendo y de que ya es hora de reconocer y recuperar vuestras proyecciones, o de integrar vuestros planetas. No importa de qué manera queráis decirlo: hay dragones ahí fuera, más allá de las fronteras de vuestro mundo conocido, y para enfrentaros a ellos necesitáis actuar con auténtico coraje.

Uno de mis primeros profesores de psicología solía decir que nos podemos pasar la vida dando vueltas en el tiovivo en una búsqueda interminable del *porqué*. Perpetuamente andamos dando vueltas en círculo en busca del porqué. No quiero decir en modo alguno que uno de nuestros objetivos no deba ser buscarlo, sino que la perpetua búsqueda del porqué puede interponerse en el camino que nos llevaría a salir del círculo mágico para entrar en el mundo, donde nos esperan los verdaderos dragones. Lo que os digo es que seáis pacientes con vosotros mismos. En casa, en la pared de la sala donde atiendo a mis clientes, he puesto en letras grandes una cita tomada de *Hamlet*. Dice simplemente: «Con estar dispuesto basta». A veces, uno sólo tiene que dejar las cosas como están, pero si habéis iniciado el proceso, confiad en que llegará el momento en que estéis preparados para empuñar una espada e ir en busca de vuestros dragones particulares. De todos modos, es un misterio: en realidad no sabéis si llegaréis a ese punto, ni cuándo; ni siquiera los tránsitos y las progresiones pueden decíroslo de manera segura. Puede ser que un tránsito o una progresión indique que una deidad está llamando a vuestra puerta; pero, ¿quién puede saber si estaréis o no en casa para abrírsela?

Espero que estéis empezando a ver, o que yo esté empezando a explicar con más claridad, que el camino de la integración, en términos astrológicos por lo menos, consiste en que reconozcamos dentro de nosotros mismos los pares de planetas y de signos complementarios. Si un lado está desequilibrado, el otro también debe de estarlo; pero si empezáis a integrar un lado, automáticamente se integrará el otro. ¿Entendéis a qué me refiero? Tomemos a la Luna y Saturno, por ejemplo: cuanto más integréis a vuestro propio padre (y supongamos que se trate de un padre afectuoso), tanto más estaréis integrando al niño ávido que está en el otro lado. O tomemos al Sol y Urano: cuanto más cómodos estéis con vuestra forma de ser, más podréis aceptar la experiencia uraniana de haceros trizas, desmoronaros y reconstruiros después. A pesar de que vuestro ego pueda haberse hecho añicos debido a un avance o una toma de conciencia, sabéis que volverá a reorganizarse de alguna otra manera. No voy a recorrer ahora con vosotros todos los pares de opuestos; simplemente, recordad que cada signo y cada planeta tiene su contrario, que también es su complementario.

A todo esto, ¿cómo podéis saber dónde estáis? Empezad por observar atentamente vuestra vida, y también vuestras relaciones. Recordad que las personas que hay en nuestro mundo son espejos de nosotros mismos. Como es muy difícil ser al mismo tiempo subjetivo y objetivo, no es fácil que uno se vea a sí mismo con claridad y objetividad. Pero es un hecho que el mundo objetivo está representado muy claramente por la clase de personas que hemos escogido para que formen parte de nuestra vida. Una indicación de que nos estamos embarcando en un proceso de cambio e integración se da cuando varias relaciones importantes en nuestra vida empiezan a debilitarse o a romperse. El proceso no es fácil, porque a una parte de nosotros le gustaría mantenerse dentro de nuestro trasfondo básico, una parte que no quiere cambiar ni crecer, ni renunciar a nuestras proyecciones. Jung dijo una vez que el cambio es difícil y doloroso. Quizá no cambiemos mientras no hayamos sufrido lo suficiente. Cuando uno empieza a crecer, cambiar e integrarse, es probable que ciertas relaciones se desmoronen o que pasen por un período de prueba muy difícil. Esto no significa necesariamente que esas relaciones hayan de disolverse o terminar, pero podría ser que estemos ya preparados para asumir lo que hemos proyectado en ellas. Cuando recuperamos cosas que hemos estado proyectando en otra persona, es posible que esa persona ya no pueda seguir nuestro mismo camino. Lo explicaré más detalladamente. Al recuperar nuestras proyecciones, nos integramos y equilibramos más. Digamos que eres una mujer que ha estado jugando al juego de la niña o de la novia infantil en tu relación con un hombre que actuaba como si fuera tu padre. Dicho de otra manera, tú eras la Luna y él, Saturno. Y digamos que en tu vida llega finalmente un momento en que estás preparada para convertirte, en alguna medida, en tu propio padre y tu propia madre. Descubres entonces tus objetivos, ambiciones y metas, y también un destino que es exclusivamente tuyo, que se extiende más allá de los parámetros de tu matrimonio o de tu familia. Entonces, lo que sucede es que, si recuperas tu Saturno, tu marido deberá recuperar su Luna, que hasta ese momento había proyectado sobre ti. Y si no está a la altura de las circunstancias y no lo hace, a ti no te quedará otra alternativa que decirle: «Mira, o cambias conmigo, o tendré que hacerlo sola», y esto puede significar una separación muy difícil. Las relaciones son como los aspectos de una carta, y los aspectos son como cadenas de energía. No puedes tener un tránsito sobre un planeta sin que afecte a cualquier otro planeta que esté en aspecto con él. Una dinámica similar se da en las relaciones. Si a ti te sucede algo, ello provoca una reacción en cadena que afecta a todas las personas con las que te relacionas, y aquellas que tienen un vínculo más estrecho contigo (en conjunción o en oposición) son las que se verán más afectadas por tus cambios. Lo único que puedo deciros es que cambiar y crecer suelen ser procesos muy difíciles, muchas veces dolorosos, y sin embargo, también esperanzadores. No olvidéis que a vuestro alrededor hay personas que os ayudarán a superarlos. Estamos todos en el mismo barco, en el proceso de búsqueda de una mayor integración, y ni uno solo de nosotros ha llegado todavía a una completa realización. Por eso, os ruego que seáis muy considerados con vosotros mismos en este proceso.

Marte: La autoafirmación
en las relaciones

Quiero hablaros un poco de la cólera y de Marte en la carta natal. Se trata de otro ámbito emocionalmente cargado, y estoy casi seguro de que provocará en vosotros algunas reacciones fuertes. Ojalá tuviéramos mucho más tiempo para dedicarnos con profundidad a este tema. De hecho, me gusta provocaros, porque tengo un carácter bastante provocador.

Oyente: En ese caso, ¿tenemos que reservarnos las preguntas hasta el final?

Richard: Sí, reserváoslas. Sufrid con ellas, vivid un poco con ellas, dejad que se os infiltren dentro, y después nos dedicaremos a hablar de todo eso y nos lo pasaremos muy bien.

Naturalmente, se asocia la cólera con Marte, porque es el regente de Aries, y la característica arquetípica fundamental de este signo es sobrevivir. Aries representa nuestra propia supervivencia, «mi» supervivencia. Creo que el primer principio de la vida, el más fundamental, es el de la propia supervivencia. De Piscis pasamos a Aries; del caos y la nada pasamos a ser algo. El impulso básico de la vida es mantener la manifestación de ese algo, y por eso llamo a Aries el signo fundamental de la supervivencia. Si queréis considerarlo bajo una luz freudiana o algo junguiana, podéis verlo como la fuerza de la vida, la fuerza vital o el deseo de vivir, el ansia de existir en el mundo. Aries es tan primitivo y arquetípico que es casi imposible de describir. Lo que puedo decir es que representa el instinto de supervivencia, y que sobrevive mediante la afirmación. Tauro también es un arquetipo de supervivencia, pero sobrevive mediante la conservación. O sea que Aries sobrevive mediante la afirmación, y Tauro mediante la conservación. Estos dos modos de supervivencia son muy diferentes, y sin embargo Aries y Tauro necesitan trabajar juntos. La afirmación dice: «Yo voy en busca de lo que quiero y de lo que pienso que está bien para mí». Los opuestos de Marte y Aries son Venus y Libra. Marte y Aries son muy primitivos; se podría decir que son presociales, y por naturaleza son capaces de ser muy sanguinarios. La *Ilíada* es un ejemplo de una obra literaria que considero clara y puramente marciana, con toda su avidez de sangre, matanza y gloria. Se puede ver algo similar (el júbilo del pillaje y la violación por puro gusto) en los vikingos. El sentimiento es el de: «Yo me siento más vivo cuando tú estás muerto». Yahvé está continuamente ordenando a los israelitas que incendien casas y asesinen a mujeres y niños. Este es un tipo de Marte muy burdo y primitivo, y es evidente que no podríamos vivir en una sociedad civilizada si todos basáramos nuestro comportamiento en este principio marciano puramente asocial.

De modo que tenemos a Venus y Libra, contrarios y complementarios de Marte y Aries, para hacer de contrapeso. Libra nos da el conocimiento de las costumbres y normas morales y el control social, y su tarea es ayudarnos a alcanzar un mayor equilibrio en nuestra forma de comportarnos socialmente. Claro que la idea de lo que constituye un comportamiento moral o adecuado varía de una sociedad a otra, pero en todo caso, Libra ayuda a contrapesar el carácter primitivo de Aries. Generalmente, las personas que tienen un desequilibrio demasiado grande hacia la dimensión ariana de la polaridad no siguen formando parte de la sociedad durante mucho tiempo, porque las confinamos en instituciones mentales o en prisiones. Las consideramos antisociales, asociales o psicópatas, porque no han llegado a desarrollar la suficiente conciencia social para vivir dentro de la sociedad. Y hay un reducido porcentaje de gente en nuestra sociedad que es, quizá, permanentemente antisocial. Es lo que sucede con el lado ariano cuando no cuenta con el equilibrio que puede proporcionarle Libra.

Sin embargo, casi todos nos las hemos arreglado para ser niños buenos: nos hemos aprendido muy bien el papel que corresponde a Libra. Sabemos lo que es ser amable y considerado con los demás, ser objetivo y ver el punto de vista de otra persona, y tener buenos modales. Libra es el signo de las buenas maneras, que usamos para equilibrar la energía burda y primitiva de Marte y Aries. En la Antigua Roma, darse la mano significaba que cada cual sujetara el brazo del otro hasta el codo. El apretón de manos de los romanos no era así por gusto, sino porque sujetar firmemente el brazo que una persona usaba para esgrimir la espada era una manera de asegurarse de que no iba a echar mano de ella para atacarlo a uno. Inclinarse es un modo de ofrecer el cuello para que a uno se lo corten, y el mensaje que transmite es que quien lo hace no tiene malas intenciones. Tocarse el sombrero para saludar viene de los días en que los caballeros se levantaban la visera para mostrar el rostro, una acción que equivalía a decir: «No soy el enemigo, sino un amigo». Cuando un caballero se bajaba la visera de cierto modo, eso significaba: «Saca la espada porque estoy listo para el combate». Los orígenes de la cortesía son interesantes. Las mujeres nunca llevaban espada en la corte, pero era frecuente que usaran dagas, y creo que podéis imaginaros dónde las ocultaban. Si se inclinaban para hacer una reverencia era seguro que, en el caso de que llevaran una daga oculta, se les caería de su escondite. Probadlo en casa. La reverencia es similar a la inclinación, en la medida en que al hacerla estáis ofreciendo el cuello. De hecho, cuando los hombres usaban túnica, en la Antigua Roma, también ellos estaban obligados a hacer reverencias. O sea que muchas de las cosas que consideramos meros modales y costumbres provienen directamente de ciertas maneras de demostrar a los demás que uno no tenía intención de hacerles daño. Incluso la sonrisa, la famosa sonrisa de Libra, es un modo de decir a otra persona que no queremos hacerle daño. Ahora bien, el problema es que la mayoría de nosotros nos hemos aprendido tan bien las lecciones de Libra que tenemos cierta propensión hacia ese lado de las cosas, lo cual deja flojo y subdesarrollado nuestro lado ariano. Tenemos miedo de autoafirmarnos, porque nos parece que si lo hacemos los demás nos encontrarán prepotentes y nos rechazarán. Claro que este problema es mucho mayor para las mujeres que para los hombres, porque Marte es fundamentalmente un planeta relacionado con el *animus,* y Aries, el más primitivo y arquetípicamente masculino de los signos. En términos generales, las mujeres tienen más problemas con su lado ariano, así como los hombres los tienen con Tauro, que es fundamentalmente un signo femenino. Los hombres tienen más problemas que las mujeres cuando se trata de la sensualidad y de su capacidad para sintonizar con el mundo de la naturaleza; y las mujeres tienen más problemas para autoafirmarse y para ir directamente en busca de lo que quieren conseguir en la vida.

Autoafirmarse es saber lo que uno quiere y, luego, ir en busca de ello. Es importante, sin embargo, entender la diferencia entre autoafirmación y agresividad. La autoafirmación es decir: «Aunque pido lo que quiero, reconozco que hay otras personas que piensan en sus propios intereses, de modo que también estoy dispuesto a aceptar que quizá no pueda conseguir lo que quiero». La agresividad es decir: «Yo consigo lo que quiero y tú no me importas». Entre las dos hay una gran diferencia. Si la gente dice que yo me autoafirmo, tengo que admitir que es cierto, porque considero que normalmente no dejo que me lleven por delante. Si dicen que soy agresivo, no estoy de acuerdo con ellos, porque en verdad no creo que lo sea. No me gustaría pensar que soy agresivo, porque una cosa es decir: «Oye, necesito algo de ti», y otra muy diferente es exigir de forma tajante: «Dame lo que necesito». Lo opuesto de agredir es apaciguar. La agresividad se genera cuando Marte no está conectado con Venus, cuando se rompe el vínculo entre ellos; pero también es posible lo contrario: que Venus, siempre apaciguando, esté totalmente desconectada de Marte y jamás llegue a saber lo que quiere. Si tenéis la balanza desequilibrada hacia el lado venusiano, no podéis autoafirmaros, no podéis expresar con claridad lo que necesitáis, y estáis constantemente tratando de andar por la cuerda floja de Libra, creyendo que si os mantenéis neutrales y no os comprometéis a nada, de alguna manera estaréis a salvo. Es la actitud de Libra cuando intenta mantener a raya su sombra marciana. La autoafirmación, sin embargo, se produce cuando Marte y Venus están mejor integrados y, repitámoslo, la persona puede decir: «Soy capaz de expresar claramente lo que quiero y, al mismo tiempo, de darme cuenta de que tú existes. Y también soy consciente de que tal vez lo que puede estar bien para mí, y lo que quiero que me des, no sea lo que a ti te va mejor».

Podría ser entretenido e instructivo, para ilustrar lo que estoy diciendo, hacer una especie de representación teatral. Necesito un voluntario. ¿Alguien se anima? Muy bien, Phyllis, ven, sube al podio y siéntate en esta silla. Vamos a representar a Aries y Libra en un drama improvisado, para ilustrar la diferencia entre agredir y autoafirmarse. Ya veréis a qué me refiero. Para empezar, voy a ser un Aries que no tiene integrado el lado de Libra, de manera que fijaos en lo que sucede. Empezaré por abordar a Phyllis de esta manera:

Richard: Hola, ¿qué tal? Fantástico. Me llamo Richard. Oye, realmente estás muy bien. ¿Quieres que salgamos?

Phyllis: No.

Richard: Oh, vamos, di que sí. Te pasaré a buscar a las ocho. Verás cómo nos divertiremos. Soy el tío más cachondo del mundo.

Phyllis: Estoy ocupada.

Richard: ¿Y qué? Pues, cancélalo. Sea quien sea el hombre con quien te hayas citado, yo soy mejor. Soy exactamente el tipo de hombre que te gusta.

Phyllis: No saldré contigo.

Richard (al público): ¿Os dais cuenta de cuál es mi papel? Estoy representando a Marte sin Venus, y como podéis ver, cuando me muestro de esa manera, ella se asusta. Por supuesto, lo estoy ilustrando de una manera muy burda, y podría ser un Aries mucho más atractivo y manejar la situación de un modo menos agresivo si me acercara a ella diciéndole:

Richard: «Hola, ¿cómo estás?».

Phyllis: Muy bien.

Richard: Me alegro. Me llamo Richard.

Phyllis: Y yo Phyllis.

Richard: Encantado de conocerte, Phyllis. Acabo de llegar de California. Soy astrólogo... Ya sabes, estudio las estrellas. Si te interesa, podría hacer tu carta astral. Me encanta tu pelo rojo. Dios mío, ¡las pelirrojas sois realmente fantásticas!

Phyllis: Muchas gracias.

Richard: De nada. Dime...

Richard (al público): Una de las cosas que notaréis al observar a un Aries desconectado de Libra es que en realidad no se da cuenta del espacio físico que ocupan los demás. Si soy de esta clase de Aries, entonces lo único que cuenta es mi voluntad; tú no existes, no eres más que un objeto. Phyllis, ¿era así como empezabas a sentirte?

Phyllis: Sí, desde luego.

Richard: Así es como Aries tiende a hacer que se sientan los demás cuando no está conectado con Libra. Otra cosa que hace un Aries desequilibrado es estar siempre gritándote, porque un Aries puro, sin contacto con Libra, no tiene sentido del espacio ni de la distancia. ¿Os habéis fijado que en el último *sketch* toda la conversación la llevaba yo? Aunque la he abordado, no he mostrado el menor interés por ella como persona por derecho propio. ¿Tú te has dado cuenta?

Phyllis: Sí.

Richard: ¿Y has sentido también que me he acercado a ti con un propósito muy concreto en mente?

Phyllis: Sí.

Richard (al público): Bien, ahora representaré de nuevo el mismo guión, pero esta vez seré Libra.

Richard: Hola.

Phyllis: Hola.

Richard: ¿Cómo estás?

Phyllis: Bien.

Richard: Me alegro. *(Pausa prolongada.)* ¿Vienes por aquí con frecuencia?

Phyllis: No, es la primera vez.

Richard: ¿Ah, sí? ¿Cómo te llamas?

Phyllis: Phyllis.

Richard: Bonito nombre. ¿De dónde eres?

Phyllis: De Denver.

Richard: Es una ciudad muy hermosa. ¿A qué te dedicas?

Phyllis: Soy astróloga.

Richard: ¡Astróloga! ¡Qué interesante! Cuéntame algo de eso. ¿O estás aquí de vacaciones y prefieres no tocar el tema?

Phyllis: Algo así.

Richard: Perfecto. ¿Te gusta este sitio?

Phyllis: Me encanta.

Richard: Me alegro. ¿Qué has estado haciendo desde que llegaste?

Phyllis: Todavía no he tenido ocasión de hacer mucho.

Richard: Oh, pues hablemos de lo que se puede hacer aquí. ¿Te molesta si me acerco un poco? No te oigo demasiado bien.

Richard (al público): Libra es tan capaz de autoafirmarse como Aries, pero lo hace de una manera completamente diferente. Fijaos en que en esta última conversación con Phyllis, ella ha terminado sin saber nada de mí. Libra actúa siempre a modo de espejo, y Aries está continuamente autoafirmándose. Cuando Libra no se ha integrado con Aries, puede llegar a un estancamiento total, como si la balanza se atascara. Os daré un ejemplo de mi archivo. Trabajé una vez con un matrimonio que estaba pensando en divorciarse porque toda la «magia» de su relación se había evaporado. En la primera sesión que hice con ellos, observé que en realidad daban la impresión de que hubiera mucho amor entre los dos. Él tenía al Sol y la Luna en Libra, y ella al Sol y Venus en este mismo signo en conjunción con su Ascendente Libra, o sea que la sinastría no era demasiado mala. Inadvertidamente, dejé la grabadora en marcha al terminar la sesión, y ellos estuvieron hablando de lo que harían durante el resto del día. Ella le dijo algo así como: «Cariño, ¿qué quieres que hagamos esta noche?», y él le contestó que no tenía ninguna preferencia y que le parecería bien cualquier cosa que ella quisiera hacer. Cuando su mujer propuso que fueran al cine, él se mostró de acuerdo, pero entonces ella sugirió que volvieran a casa, porque los niños estaban con los abuelos y en realidad ellos ya habían estado demasiado tiempo fuera. «Si lo prefieres, haremos eso. Cualquier cosa que decidas, para mí está bien», respondió él, pero añadió que también podrían ir con el coche hasta la playa a caminar un rato. Su mujer le respondió que si él quería, no tenía inconveniente. ¿Veis lo que pasaba? Ambos se miraban el uno al otro con desesperación, y el mensaje mutuo era: «Dime lo que quieres para que pueda saber lo que quiero yo». Es lo que sucede cuando hay un exceso de Libra: sin nadie que sea capaz de tomar una decisión, la relación se desmorona. Entonces, podríamos decir que una relación autoafirmativa es erótica; una relación agresiva es destructiva, y una relación apaciguadora es aburrida.

La próxima cuestión es qué papel tiene la cólera en todo esto, porque la mayoría de las personas la ven como un acto de agresión. Os aseguro que no lo es, pero es cierto que la mayor parte de la gente la expresa de un modo agresivo. Culturalmente, la cólera constituye una gran sombra en el seno de nuestra sociedad y, como tal, es más grande para las mujeres que para los hombres. La mayoría de nosotros no hemos tenido buenos modelos de cómo expresar correctamente la cólera. Lo que hemos presenciado en nuestra familia y en todo nuestro entorno es una cólera deformada, expresada mediante actos violentos y agresivos, que probablemente nos aterrorizaron. Por esta razón, cuando éramos niños, nuestra mente infantil llegó a la conclusión de que la cólera era algo malo en lo que no debíamos participar. Marte es uno de los planetas que más tendemos a proyectar, y es probable que sea, de todos ellos, el que con mayor frecuencia va a parar a la sombra (al igual que el signo de Aries). Pero esto es un verdadero problema, porque si tenemos miedo de autoafirmarnos, o de la posibilidad de que nuestra autoafirmación se convierta en agresión, y tememos además despertar la ira de otras personas, entonces lo que sucede es que terminamos por suprimir por completo nuestro instinto de supervivencia. Y cuando esto sucede, nuestra capacidad de autodefensa comienza a debilitarse. Ya dije antes que este es un problema grave, especialmente para las mujeres, porque muchas de ellas creen que si se muestran apaciguadoras al estilo venusiano, jamás les sucederá nada malo. Con respecto a esto, tengo un ejemplo bastante lamentable. A una de mis clientas la violaron en Nueva York. Estaba en el metro, y un sujeto sentado frente a ella empezó a mirarla fijamente. Me confió que su reacción instintiva fue cambiarse de asiento o alejarse en busca de ayuda. (Dicho sea de paso, si estáis en contacto con Marte, estáis en contacto con vuestro instinto de supervivencia.) Pero esta mujer me dijo que no se animó a seguir estos impulsos, porque tenía miedo de herir los sentimientos del hombre, que en realidad podría haber sido una excelente persona. Sus palabras fueron, más o menos: «Cuando él me sonrió tuve la sensación de que, bueno, no podía actuar de forma hostil. Quiero decir que pensé que no debía reaccionar con frialdad, de modo que le respondí con una sonrisita». Y así ocurrió lo que ocurrió. Su postura ante el mundo consiste básicamente en apaciguar. La sonrisa que dirigió al hombre sentado frente a ella en el metro era una sonrisa forzada, con la que de hecho estaba diciéndole: «Estoy cansada, déjeme en paz y no siga mirándome», pero ese mensaje apaciguador no sirvió más que para alimentar la agresividad que él llevaba acumulada en su interior. Por eso, siempre digo a las mujeres que reconozcan y honren a su Marte, incluso si para hacerlo han de aprender artes marciales o algo por el estilo. Puede que una mujer no necesite en toda su vida aplicar sus conocimientos de artes marciales, pero el solo hecho de saber que, si fuera necesario, podría hacerlo, le servirá para tener una relación más positiva con su Marte.

Oyente: Entonces, ¿estás diciendo que el intento de apaciguar sirve, de hecho, para desencadenar la agresividad de los demás?

Richard: Sí, el intento de apaciguar desencadena la agresividad, y eso es algo que se puede ver continuamente. ¿Os habéis fijado alguna vez en el cortejo entre los animales? Cuando la hembra actúa de un modo apaciguador, desencadena la agresividad del macho. Algunas mujeres creen que siendo apaciguadoras se muestran desarmadas, cuando lo que en realidad hacen es mostrarse seductoras.

Mi definición de la cólera es «autoafirmación más pasión». Es una autoafirmación erotizada. Lo que proclama es: «Esta situación me afecta tan profundamente que desencadena en mí un torrente de emoción». Uno de mis profesores de psicología solía decir que la cólera es un regalo del amor, lo cual es una hermosa manera de definirla. Las personas con las que puedo expresar mi cólera son aquellas por quienes me intereso de forma apasionada, y una de ellas soy yo mismo. Por eso puedo expresar mi cólera cuando me están haciendo algo que no me gusta y que quiero impedir. Por ello la cólera es un componente importante de nuestro instinto de supervivencia. Claro que cuando la deformamos o la disfrazamos con alguna otra forma de comportamiento, como el mal humor o el enfurruñamiento, puede que no sirva de modo positivo al instinto de supervivencia tal como sucede cuando la expresamos de manera limpia y directa.

Yo creo que la cólera es el lenguaje del amor. Se podría decir que una de las reglas de la relación erótica es que la cólera conduce a la pasión, el afecto, la intimidad y la claridad. Una de las cosas que hace (siempre y cuando no sea una cólera deformada) es proporcionarnos una mayor claridad. Puede aclararnos algunas cosas de forma inmediata. Atención, no estoy hablando de echar culpas, ni tampoco del sarcasmo ni de la violencia. La cólera dice: «¡Recórcholis! Tú eres mi marido, y cuando voy contigo a una fiesta y te veo intentando seducir a otras mujeres me pongo furiosa. Entonces quiero impedirlo, y en ese momento, esa es mi manera de decirte que te amo, y que además tengo amor propio, y de ese modo también te digo cómo me siento cuando te comportas así en las fiestas». Como ya os he dicho, creo que la cólera aclara las cosas. En la escena que acabo de describiros, por ejemplo, el marido podría responder: «Vaya, cariño, tienes razón. Lo siento, realmente tendré que ir con más cuidado en estas cosas. A veces, en las fiestas conecto el piloto automático y después me olvido, pero créeme, te amo de verdad. Procuraré que no vuelva a suceder». En este caso, la cólera de su mujer le ha hecho tomar conciencia de algo que él no había visto antes, y ha permitido que hablen abiertamente de ello. Claro que el marido podría limitarse a responder: «Vete a que te zurzan, que yo haré lo que me parezca». Una respuesta como esta, para quien de verdad quiera oírla, también aclarará las cosas, porque dice muchísimo sobre la calidad de la relación. Otra posible respuesta del marido es esta: «Siempre te estás imaginando cosas», lo cual puede decirle a la mujer que él simplemente no la escucha. Y si el marido le contestara: «No sé de qué te quejas, cuando hace tres años y medio, en la fiesta de Susan, estuviste todo el rato flirteando como una loca con un tío», esa respuesta también sería clarificadora, porque le indicaría que él sigue aferrado a algo que todavía no está resuelto en su interior, y hasta podría significar que lo que está haciendo es vengarse de su mujer. Y si el marido responde: «Lo siento, pero no quiero hablar del tema», esa respuesta informará a la mujer de que está casada con alguien que en realidad no quiere comunicarse con ella, y la obligará a hacer algo al respecto. De modo que, cada vez que nos autoafirmamos, conseguimos aclarar algo, aun cuando la respuesta no sea la que más nos gustaría oír. La forma de autoafirmación apasionada que acompaña a la cólera tiene como efecto aportar claridad, porque fuerza a encarar abiertamente los problemas.

Expresar la cólera suele ser difícil tanto para los hombres como para las mujeres, pero en general lo es más para ellas, porque desde siempre se las educa en la creencia de que está mal que lo hagan. Lo lamentable es que por lo común la cólera negada o reprimida se vuelve tóxica. Creo que la cólera que no se expresa es una de las causas fundamentales de la depresión. Incluso el símbolo de Marte dice: «Quiero salir de mí mismo hacia algo». Si por alguna razón no podéis dar expresión a vuestro Marte, se volverá contra vosotros, manifestándose de modo activo, ya sea como odio hacia uno mismo o como depresión. Y si os encontráis casi siempre agotados o deprimidos, eso podría significar que estáis reprimiendo una gran cantidad de energía marciana, en vez de canalizarla adecuadamente en la dirección en que necesita ir. Por lo común, la gente reprime su Marte si teme que expresarlo pueda ser una amenaza para la estabilidad o la seguridad de una relación. Tiene miedo de que al autoafirmarse o al expresar su cólera la relación se venga abajo. Uno puede tener miedo de provocar respuestas que no quiere escuchar, de modo que no se atreve a hacer la pregunta o simplemente a decir lo que quiere, porque no está seguro de ser capaz de afrontar las consecuencias. Os ruego que entendáis que no os estoy diciendo que debáis poneros inmediatamente a descargar vuestra cólera reprimida, sino que aprender a expresarla es algo en lo que deberíais pensar, para trabajar en ello. No es cuestión de que al volver a casa os pongáis enseguida a practicarlo con vuestra pareja, pero sí de que podáis por lo menos empezar a buscar maneras de sentiros más cómodos expresando vuestra cólera.

Otra regla referente a la cólera es que hay que servirla caliente, recién salida del horno, como un *soufflé*. Las personas que tienen mucha agua en la carta o a Marte en un signo de agua pueden tender a suprimirla porque tienen miedo de desmoronarse, sufrir una crisis nerviosa o ponerse a llorar si la expresan. En cuanto a quienes tienen a Marte en un signo de aire, quizá piensen que será mejor esperar tres o cuatro días más para expresar su cólera, porque así podrán pensar en la situación, lo cual les dará tiempo para considerar todas las facetas de la cuestión y ver si realmente se justifica o es necesario encolerizarse. El problema es que de esta forma la cólera se enfría, y tiende a expresarse de manera deformada. A quienes tienen a Marte en un signo de tierra no les gusta la experiencia de alterarse, de la manera que sea, de modo que tienden a reprimir su cólera hasta que se manifiesta bajo la forma de una úlcera. O bien la desplazan comiendo en exceso, o la subliman en alguna actividad como limpiar la casa, o se refugian en un trabajo o un proyecto que les permita escabullirse. Marte en un signo de fuego, es probable que esté preparado para expresar más directamente sus sentimientos, aunque la gente con este emplazamiento podría tener miedo de que su cólera estalle de forma demasiado intensa o provoque una conmoción excesiva. No atreverse a expresar la cólera por miedo a la explosión que podría causar sugiere una falta de confianza en uno mismo, algo lamentable, porque vivir una vida consciente, solar o erótica depende, en última instancia, de que uno se conozca y se fíe de sí mismo.

Oyente: Las personas de fuego que conozco no suelen pensárselo tanto; más bien estallan.

Richard: Bueno, hay personas con Marte en fuego que de hecho tienen miedo de estallar porque temen hacer daño a alguien o incluso hacérselo a sí mismas. Pero si tenéis confianza en vosotros mismos, sabéis hasta dónde podéis llegar y conocéis vuestros límites, sabréis también que no vais a coger un palo de golf para empezar a asestárselo en la cabeza a la gente. Creo que cuanto más rápidamente se exprese la cólera, menos tóxica es. Y a la inversa, cuanto más se la reprime, peor y más retorcida se vuelve.

En otras ocasiones he dirigido talleres en donde hemos hecho ejercicios para aprender más sobre la forma de expresar limpiamente la cólera, pero la pena es que en este seminario no tenemos tiempo para hacerlo. Una de las mejores reglas para expresar nuestro Aries o nuestro Marte es empezar las frases diciendo «Quiero» o «Siento». Si os atenéis a esta norma no os desviaréis del camino correcto. Por ejemplo, en vez de insultar a vuestro marido llamándolo «hijo de puta» o «bastardo egoísta», podríais decirle: «Me siento descuidada, como si no te importara en absoluto, cuando tú...». Así se expresa Marte claramente. Es probable que de bebés hayamos empezado a expresar de un modo instintivo nuestra cólera, pero desde muy temprana edad se nos reprime esta tendencia. Casi todos tenemos que aprender a expresar limpiamente nuestra cólera, porque la mayoría hemos crecido sin modelos que pudieran enseñarnos a manejar esta emoción de forma saludable. Pero os advierto que cualquier relación (no solamente amorosa, sino también de amistad o familiar) que no permita autoafirmarse o encolerizarse terminará por volverse estática y desapasionada. Las relaciones que no dejan margen para la cólera ni para la autoafirmación acaban por desinflarse; el afecto se va evaporando, porque una de las personas implicadas (o las dos) continúa reprimiendo toda una serie de cosas que no ha expresado y que siguen siendo para ella motivo de cólera. Algunos terapeutas llaman a este comportamiento «coleccionar sellos»: cada sello representa algo que no se ha llegado a decir. En este momento recuerdo la obra de teatro *Who's Afraid of Virginia Woolf?*,* que quizás algunos de vosotros hayáis visto. Los dos protagonistas, George y Martha, tienen una típica relación cruel y vengativa. Todo el veneno que jamás han sacado fuera en el curso de su larga relación aflora en el último acto, que si no recuerdo mal se llama «La muerte de los dioses». Cuando un matrimonio decide iniciar alguna forma de terapia conyugal o de pareja, generalmente han llegado ya a esa fase en la que todo el veneno acumulado está empezando a aflorar. Para entonces las cosas han ido tan lejos, y es tanto el material tóxico que está supurando, que la relación está casi inevitablemente condenada, lo cual puede ser algo muy doloroso de presenciar y de vivir. Llamamos a Venus el planeta de las relaciones, pero Venus no puede existir sin Marte. Ambos son las dos caras de una misma moneda. Y, tal como acabo de explicar, Marte es una zona de sombra en la mayoría de las cartas natales.

Hay muchas formas de deformar la cólera, y no tenemos tiempo de describirlas detalladamente todas. En términos generales, deformamos la expresión de la cólera en un intento de mantener estática una relación: no queremos correr el riesgo de quedar mal ni de que la otra persona se distancie, o bien queremos mantener las cosas bajo control y no renunciar ni siquiera a un mínimo de poder. Lo que normalmente sucede es que terminamos echando las culpas, que es una de las formas más comunes de deformar la cólera: «¿Cómo te las arreglas para hacerme sentir siempre tan mal? ¿Cómo es que siempre terminas hiriéndome?». Echar la culpa es una manera de hacer responsable a la otra persona de lo que tú estás sintiendo, cuando en realidad tus sentimientos y tu forma de reaccionar a lo que supuestamente alguien te está haciendo son tu propia responsabilidad. O sea que echar la culpa es una deformación de Marte que tiene como fin hacer que el otro se sienta culpable. Es un recurso que he visto utilizar a personas con combinaciones Marte-Saturno o bien aspectos entre la Luna y Marte. El sarcasmo es otra deformación de Marte y de la cólera. Tú estás enojado con tu pareja, pero en vez de expresar lo que sientes de manera limpia y directa, lo escupes en forma de sarcasmo, generalmente como observaciones o comentarios cáusticos

*. Edward Albee, *¿Quién teme a Virginia Woolf?* (Ed. original: Macmillan, 1962).

dirigidos contra ella. Incluso hacerle bromas pesadas a alguien puede ser una deformación de la cólera. Me contaron que un novio, el día de su boda, había echado polvos de picapica en las medias de su mujer..., ¡y después no podía entender que ella se hubiera enfadado tanto, si no era más que una broma!

Otra forma común de deformar la cólera es lo que se conoce como agresividad pasiva. Enfermar como recurso para hacer que el otro se sienta culpable es una forma de agresividad pasiva. Quemar la comida, olvidarse de un aniversario o incluso engordar también pueden ser manifestaciones de una expresión pasiva o indirecta de la cólera. La agresividad pasiva es un arma muy típica de los niños que, cuando se sienten impotentes, suelen aprender con mucha rapidez a valerse de ella. Se olvidan continuamente de hacer las cosas que prometieron hacer, o llegan siempre demasiado tarde para cumplir lo prometido, o a menudo se les derrama la leche. ¿Habéis observado alguna vez esta forma de comportamiento en un niño? Está sentado en su silla, observándoos, esperando que miréis hacia otro lado, y entonces, «sin querer», se le derrama el vaso de leche que tenía delante de él, y empiezan las justificaciones: «Pero si yo no he sido, de veras que no sé qué ha pasado, se me debe de haber movido el codo sin que me diera cuenta». La agresividad pasiva es el recurso de los impotentes, y muchas mujeres recurren a ella cuando se sienten así: se ponen enfermas, se desmayan, les da un ataque de histeria, lloran, ponen cara larga o se encierran en sí mismas. Y en realidad no se las puede culpar, porque la sociedad es, en buena medida, la responsable de haberles enseñado ese comportamiento.

El rencor y el espíritu de venganza también son deformaciones de la cólera. Recurrir a la venganza es una de las maneras más rápidas de distanciarse de alguien. Generalmente asume la forma de golpe bajo, lo más probable es que se haga en público y muy a menudo se refiere a temas sexuales. Si tu pareja quiere vengarse de ti te agredirá en público contando lo más privado y confidencial que le hayas revelado en momentos de intimidad. Y vuelvo a recordar una escena de *¿Quién teme a Virginia Woolf?*, en la que Martha ha puesto a George contra las cuerdas. Tras castigarlo sin piedad, cuando él finalmente le pide una tregua, ella le grita algo así como: «Por el amor de Dios, George, ¿cuándo terminarás de darte cuenta de que para esto te casaste conmigo?». La violencia, tanto física como psicológica, es otra deformación de la cólera. Esencialmente, la persona violenta está diciendo: «Te voy a ganar a cualquier precio, y serás tú quien saldrá perdiendo. No voy a correr el riesgo de mostrarme vulnerable, y me valdré de cualquier medio para dominarte y controlarte».

He observado algo muy interesante en lo que se refiere a la violencia: casi cada vez que alguien está a punto de cometer un acto violento contra nosotros, instintivamente nuestro Marte procura advertírnoslo. Pero por lo general interviene nuestra apaciguadora Venus, que quiere que la relación se mantenga estática, y nos dice: «No te preocupes que ya se le pasará, y una vez que se tranquilice todo volverá a andar bien». Quiero daros una regla con respecto a la violencia: si alguien con quien tenéis una relación íntima se ha mostrado alguna vez violento con personas o cosas, lo más probable es que en una u otra ocasión lo sea con vosotros. Es decir que si observáis en una persona cualquier forma de violencia, no penséis que estáis mágicamente protegidos, porque también la puede ejercer contra vosotros de la misma manera. La persona a quien habéis visto perder la paciencia y pegarle un puñetazo a alguien en la cara porque no le ha cedido el paso, probablemente hará lo mismo con vosotros cuando os crucéis en su camino. El hombre que da una patada a un perro terminará golpeando a su mujer o a sus hijos, a menos, claro, que se haya esforzado por dominar el lado explosivo de su naturaleza. Siempre hay presagios de la violencia, señales que son claras llamadas de atención. Si estamos en contacto con nuestro Marte, sabremos qué pasos hemos de dar para hacer frente a la inminente violencia. En los libros de Castaneda, Don Juan dice a Carlos que hemos de ser siempre como un guerrero, lo cual significa que, sin necesidad de estar paranoicos, debemos andar por el mundo con las antenas bien levantadas. Es decir, siempre hemos de tener conciencia de lo que sucede a nuestro alrededor, en especial del hecho de que la muerte puede estar acechándonos en cualquier momento. Entonces, en vez de andar a ciegas, deberíamos estar continuamente conscientes de lo que sucede a nuestro alrededor. Yo viví durante doce años en Nueva York, en Harlem, y era el único blanco en bastantes manzanas. Fue una experiencia que me encantó, y aprendí muchísimo de ella. Era una situación peligrosa, pero cuando estaba en la calle tenía siempre las antenas bien levantadas, y si una voz interior me decía que no fuera por esa acera, pues cruzaba la calle y seguía por la otra. A mí me gusta mirar a la gente, pero con algunas personas sentía de un modo instintivo que no debía mirarlas directamente. O si se me iba acercando alguien que me producía la más mínima sensación extraña, me daba la vuelta y echaba a andar rápidamente en sentido contrario. A eso me refiero al hablar de estar en contacto con los instintos marcianos, porque Marte es el planeta del superviviente. Y aquí podría añadir que si habéis tenido padres violentos, la violencia formará parte de vuestro mito en lo que respecta a las relaciones, y tenderéis a atraerla o a expresarla. Se podría decir bastante más, pero creo que es hora de responder a algunas preguntas.

Oyente: ¿Podrías darnos una breve lista de las artes marciales?

Richard: Las primeras que inmediatamente se me ocurren son el kung fu, el karate, la lucha libre, el boxeo, el judo, el aikido y el tai chi.

Oyente: A mí me preocupa algo. Me ha parecido entender que, en tu opinión, las mujeres pasivas invitan a la violencia y otras formas de comportamiento agresivo. A mí esa manera de verlo no me gusta, porque se parece demasiado a echar la culpa a la víctima. Sé de casos en que las mujeres se han defendido y sólo han conseguido que las golpearan más. Parece un callejón sin salida.

Richard: Lo es.

Oyente: Y también me he irritado cuando has dicho que con frecuencia las mujeres actúan de una manera que desencadena la agresividad de los demás. Realmente, creo que en muchísimos casos eso no es cierto, y sin embargo, los hombres siguen siendo agresivos con ellas.

Richard: Creo que tu punto de vista es muy legítimo, y entiendo que todo esto te irrite, pero sigo pensando que la idea de que uno es una víctima no es un mito al que convenga aferrarse. Es demasiado fácil proyectar la culpa. Lo que os ofrezco es otra manera de considerar esta situación. Si una mujer sostiene que la sociedad, o cualquier otro factor externo a ella misma, es responsable de que las mujeres se conviertan en víctimas de la brutalidad de los hombres, está bastante atascada en el papel de víctima. Creo que cuando una mujer empieza verdaderamente a integrar su Marte, algo cambia en ella, en un nivel interior y psíquico. Empieza a caminar con una actitud diferente, y envía mensajes distintos de los que emitía cuando estaba habituada a no reconocer a su propio Marte y a proyectarlo. Cualquiera de nosotros podría convertirse en una víctima. Considerad a todas esas personas que iban en el avión que secuestraron en Líbano. En este caso, no creo que el secuestro tuviera mucho que ver con el hecho de que hubieran integrado o no a su Marte, ya que igualmente todos terminaron siendo víctimas. Pero si habéis integrado en buena medida a vuestro Marte, podría resultaros muy útil para ayudaros a salir de una situación como esa. Marte es vuestro guerrero interior. Un Marte desmesurado podría decir: «Me da igual. Voy a matar a uno de estos tíos aunque ellos acaben matándonos a todos». En cambio, una Venus totalmente pasiva se desmoronaría, incapaz de hacer nada, y esperaría a que otra persona se hiciera cargo de la situación.

Oyente: Yo creo que es mejor tener a Marte tan integrado que vayas siempre por ahí con un mecanismo de supervivencia activado, en lugar de sacarlo a relucir sólo cuando tengas necesidad de defenderte.

Oyente: Para mí lo importante es tener físicamente integrado a Marte. Además de llevar las antenas levantadas, viene bien andar por el mundo con unos hombros anchos y un aspecto que diga: «No os metáis conmigo». Es como si fueras un actor; aunque te sientas inseguro por dentro, de cara al mundo muestras una presencia fuerte que generalmente servirá para disuadir a los demás de que te ataquen.

Richard: Ya sabía yo que este tema generaría mucha discusión. Me alegro de que estéis hablando de esto entre vosotros, pero de hecho no hay respuestas verdaderas ni falsas, y eso se debe a que es un tema emocionalmente muy cargado. Voy a contaros una historia para ilustrar cómo veo yo estas cosas. Cuando vivía en Nueva York estudié interpretación teatral con Uta Hagen, una mujer que, dicho sea de paso, fue quien hizo por primera vez en Broadway el papel de Martha en la puesta en escena de *¿Quién teme a Virgina Woolf?* Es una mujer muy centrada, que se las ha arreglado para integrar a su Marte sin masculinizarse ni volverse demasiado competitiva o dominante. He observado que con frecuencia la gente que ha empezado a equilibrar a Marte y Venus se vuelve bastante andrógina, lo cual no significa que, en el caso de una mujer, pierda su feminidad, sino que en ella hay algo que es fuerte y autosuficiente. Creo que es muy difícil que a una mujer como Katherine Hepburn la asalten por la calle. Podría suceder, pero me parece que, por naturaleza, debe de emitir mensajes de este estilo: «¡Oye, chico, a ver si te tranquilizas, que si te metes conmigo te arrepentirás!», y no necesita golpear a nadie para que entiendan su mensaje. Sea como fuere, Uta Hagen es una mujer de ese tipo. Jamás me olvidaré de un incidente que se produjo en una clase suya. Estaba ahí sentada con el perro faldero que siempre llevaba a la clase, y con el pelo recogido en lo alto de la cabeza. Uno de los estudiantes hacía una improvisación, y los basureros empezaron a armar un gran alboroto en la calle mientras almorzaban. Era tan difícil concentrarse con todo ese tumulto que Uta detuvo la improvisación y pidió a la secretaria de la clase, una joven muy agradable, que fuera a pedirles que bajaran un poco el volumen. La secretaria salió, pero sus esfuerzos sólo sirvieron para provocar más gritos y risas de los hombres, con lo cual el alboroto fue peor que antes. Uta dijo que intentaríamos aguantarlo y seguir con la improvisación, porque no tardarían en terminar con su almuerzo, pero el ruido fue en aumento, hasta el punto de que pidió al tesorero de la escuela, un hombre alto y corpulento, que intentara convencerlos de que lo redujeran para que pudiéramos seguir con la clase. Bueno, pues el hombre salió a la calle, y una vez más, lo único que se oyó fue cómo esos tipos se reían de él. Cuando volvió, nos informó de que eran ocho, y todos muy grandes. Uta dijo que intentáramos una vez más continuar con nuestro trabajo, pero como era de esperar, el ruido de fuera siguió empeorando. Finalmente, ella se levantó, le dio el perrito a alguien para que se lo tuviera, se quitó las minúsculas gafas que llevaba sobre la punta de la nariz, abrió la puerta, salió con paso firme, y en medio minuto se había acabado el ruido y no se oía más que silencio. Uta volvió y seguimos con la improvisación. Al final, alguien le preguntó qué había hecho para que se callaran. Respondió que no había hecho más que mirarlos. He aquí un ejemplo del tipo de poder que puede tener quien ha alcanzado un alto nivel de integración. Es una cualidad interior, una especie de aura interna que dice: «No os metáis conmigo», y que no necesariamente significa que se haya de tener la fuerza física necesaria para poner en su lugar a nadie.

Ahora ya podemos acabar. Os sugiero que hoy, en algún momento, os reunáis con vuestro grupo de trabajo para hablar de los temas que hemos ido tratando, en particular de la cólera. Mirad vuestras cartas, fijaos dónde tenéis a Marte, por casa y por signo. Estudiad qué es lo que hacéis con vuestra cólera y vuestra autoafirmación. Si tenéis tiempo, también podéis hablar de las cuatro clases de amor: *epithemia, philia, eros* y *agape*. Además, podríais examinar lo que proyectáis en un romance y profundizar en las cuestiones relacionadas con el *anima* y el *animus*. Y no os olvidéis de correlacionar lo que vayáis hablando con los emplazamientos en la carta astral.

TERCERA PARTE

Aplicaciones prácticas de la sinastría

Los indicadores de las relaciones en la carta natal

Hoy quiero empezar hablando de algunas de las cosas que habéis de buscar en la carta de una persona para obtener indicios de cómo son para ella las relaciones. Esto nos llevará directamente a la sinastría y a la comparación de cartas, pero creo que es muy importante que estudiéis por separado la respectiva carta de cada persona antes de empezar a compararlas para ver cómo se relacionan e interaccionan. Establecemos relaciones según cómo somos; por ello, a fin de hacer una sinastría adecuada entre las cartas de dos personas, es importante saber cómo es cada una de ellas individualmente, y también tener alguna noción de lo que cada una de las dos tenderá a buscar en una relación. Meterse a comparar dos cartas sin haberlas estudiado antes por separado es como tratar de interpretar un tránsito o una progresión sin saber siquiera qué aspectos hay en la carta natal.

Aunque el punto de donde se parta no es tan importante, yo empezaré hablando de las *funciones que faltan,* que son una de las primeras cosas que buscaría en una carta para tener un atisbo de cómo pueden ser las relaciones para esa persona. Me valgo de la expresión «función que falta» para describir una situación en la que no hay ningún planeta en uno de los elementos (fuego, tierra, aire o agua), en una de las polaridades (signos yang o signos yin), en una de las modalidades (signos cardinales, fijos o mutables) o en una de las orientaciones (signos personales, sociales o universales). Algo que hago también y que vosotros podéis hacer o no, es mirar las casas en función de su orientación. Las cuatro primeras casas son personales, las cuatro siguientes sociales, y las cuatro últimas universales. O sea que si no tuvierais ningún planeta en las primeras cuatro casas, faltaría la función de las casas personales. Si no tuvierais nada en las siguientes cuatro casas, la función que faltaría sería la de las casas sociales, etc. (A título informativo: yo no considero que las casas tengan elementos o modalidades. Una casa puede ser angular, sucedente o cadente, pero yo no me referiría a ninguna de ellas diciendo que es de fuego, tierra, aire o agua. Lo digo porque los elementos describen una tipología o una manera de percibir el mundo, mientras que las casas representan ámbitos de la experiencia, y no creo que ambas cosas deban mezclarse. Sin embargo, si vosotros, personalmente, sentís que está bien mezclarlas, pues adelante: hacedlo.) Las funciones que faltan indican un área susceptible de ser proyectada en las relaciones. De hecho, veréis que las relaciones más dinámicas no son aquellas en las que lo igual busca lo igual, sino aquellas en las que lo *diferente* busca lo *diferente*. Os ruego que no asignéis a esto ningún juicio de valor. Cuando se trata de comparar cartas, debéis recordar que nada es bueno ni malo *per se*. Algo que a vosotros podría pareceros un aspecto muy difícil quizá sea precisamente lo que estimula y anima a otra persona. Por ejemplo, yo considero que los contactos Marte-Saturno son de los más dinámicos que pueden darse entre dos cartas, algo con lo cual la astrología clásica no estaría de acuerdo, pero para mí es así. Y ciertamente, lo he confirmado en cada caso que he visto.

Como estaba diciendo, una función que falta es un área susceptible de ser proyectada sobre otra persona. Empleo la expresión *función dominante* para describir dónde se concentra la mayor cantidad de energía. Por ejemplo, para quien tenga la mayoría de sus planetas en signos de aire, el aire será una función dominante. Digamos que alguien tiene siete planetas en signos de aire, lo cual deja sólo los tres restantes para que se los repartan la tierra, el fuego y el agua. En ese caso, estas tres funciones serían menos dominantes, o *inferiores*. Cuidado, no interpretéis el término «inferior» como menos bueno que algo dominante; significa simplemente que de eso hay menos. Una función dominante es un área donde nos sentimos cómodos, donde las cosas se nos dan de un modo natural, donde estamos en casa. Generalmente, la persona con una función de aire dominante se siente cómoda en el terreno de la comunicación. Alguien que tenga el aire como una función inferior también necesita comunicarse, pero esa necesidad es obsesiva o compulsiva. (Dicho sea de paso, cuando en un grupo cualquiera se da un único planeta de una clase, considero esa función como inferior.) Psicológicamente hablando, las funciones inferiores tienen un carácter impulsivo o compulsivo, y es mucho más probable que a su alrededor se reúnan mecanismos de defensa psicológicos (negación, represión, proyección, sublimación o compensación). Como no quiero disparar sobre vosotros una ráfaga de jerga psicológica sin que entendáis de qué os estoy hablando, será mejor que intente resumir muy rápidamente qué significan algunos de estos términos. La negación se da cuando no quiero admitir ni siquiera la posibilidad de que haya una determinada característica dentro de mí. En cambio, la represión significa que alguna parte de mí reconoce que tengo cierto rasgo, pero lo reprimo o intento mantenerlo fuera de mi percepción consciente porque en realidad no quiero dejar que aflore a la superficie. Dicho de otra manera, aquello que se reprime está un poco más cerca de la conciencia que lo que se niega.

Creo que debería decir algo más sobre la negación. Es un mecanismo de defensa y lo usamos cuando no podemos soportar en absoluto el enfrentamiento con algo que llevamos dentro. Hay astrólogos que se zambullen en la carta de un cliente y le empiezan a hablar de todos los múltiples problemas, complejos y defensas que la carta les permite ver en esa persona. Hacer esto es como abrir todos los cierres de la psique del cliente de tal manera que su contenido se desparrama y queda a la vista. Por más seguro que esté el astrólogo de que su interpretación es correcta, resulta probable que el cliente proteste y niegue la validez de esa lectura. Con esto quiero decir que debéis andar con pies de plomo si os enfrentáis con la negación de un consultante, porque si está allí es para acorazarlo o protegerlo contra cosas que todavía no está en condiciones de reconocer, y menos aún de manejar. Un terapeuta con la formación adecuada sabe que es probable que tenga que trabajar mucho con algunas personas hasta que estén preparadas para renunciar a la negación, mientras que algunos astrólogos tienden a zambullirse en aguas profundas y acosar al cliente antes de que esté realmente en condiciones de oír ciertas cosas. Por eso estoy convencido de que quienes quieran trabajar como consejeros astrológicos deben adquirir una buena formación en el campo de la psicología. Esta convicción no me ha hecho muy popular entre algunos astrólogos estadounidenses. Ya sé que me muevo en un terreno muy difícil, muy cargado emocionalmente para muchas personas, pero lo que estoy diciendo es algo que siento en lo más hondo de mi corazón. Suelo decir que soy un astrólogo «renacido» porque empecé practicando la astrología tradicional y después volví a la universidad con el fin de adquirir la formación psicológica necesaria para profundizar y mejorar el nivel de mi trabajo astrológico. Si ya estáis trabajando como consejeros astrológicos, o tenéis el proyecto de hacerlo, lo mínimo que debéis a vuestros clientes, y que os debéis a vosotros mismos, es adquirir una buena formación en las técnicas psicológicas, tanto en el nivel teórico como en el práctico.

De un modo u otro, la función dominante es un área en la que nos movemos con bastante facilidad y donde nos sentimos cómodos. La función inferior indica un área de tensión y de esfuerzo. Puede haber una cantidad enorme de poder y riqueza psíquica asociados con una función inferior. Beethoven tenía muy poca agua en la carta, y sin embargo se sintió impulsado a componer una música intensamente emotiva. Y recuerdo también que a Miguel Ángel le faltaba tierra. Poetas como Byron y Keats, el fogoso *latin lover* que fue Rodolfo Valentino y Errol Flynn, otro amante y aventurero de ardiente osadía, no tenían fuego en su carta. Dando un rodeo, lo que estoy diciendo es que hay personas que subliman su función inferior encontrándole una canalización creativa o dándole la forma de un rasgo o un logro sobresaliente. Dicho de otra manera, subliman o reencauzan su función inferior orientándola hacia un terreno diferente de la dirección primaria en la cual, de un modo natural, se habría expresado. La compensación es otro mecanismo de defensa que surge alrededor de la función inferior, y esto sucede cuando compensamos un sentimiento de debilidad o de carencia haciendo un esfuerzo extra para demostrar a los demás y demostrarnos a nosotros mismos que somos valiosos y capaces en ese dominio donde nos sentimos inadecuados o carentes de cualidades. Nuestra sociedad tiende a aprobar la sublimación y la compensación porque estos mecanismos de defensa suelen manifestarse en algún tipo de gran realización, y sin embargo, con frecuencia la persona que lleva a cabo la sublimación o la compensación experimenta el proceso como una compulsión que le provoca mucho sufrimiento psicológico.

No puedo repetirlo bastante: la función inferior es la que más probablemente resulta proyectada, y por esta razón es con la que más a menudo nos encontramos o la que más atraemos en nuestras relaciones. Os ruego que recordéis que las proyecciones pueden ser tanto positivas como negativas, y con frecuencia tenemos una relación de amor-odio con aquello que proyectamos o con la persona sobre quien lo proyectamos. Pensadlo en función de los signos astrológicos. Muchas personas, cuando empiezan a estudiar astrología, se sorprenden al darse cuenta de que los signos que más las atraen son los mismos que más les repugnan. ¿Pensáis que los Leo son pomposos, egotistas y egocéntricos, u os parecen juguetones, alegres, divertidos y afectuosos? Pues, amigos míos, la respuesta a esta pregunta depende totalmente del color del cristal con que se mire. Y puede ser que os encontréis con que, en algún momento, vuestro rechazo de este signo cambia o se modifica cuando empezáis a reconocer en vosotros mismos las características arquetípicas asociadas con él. Cuando tengáis más integrado lo que lleváis de Leo dentro de vosotros, probablemente veréis que la oscilación polar entre el horrible, terrible, egoísta y egotista León que os saca de quicio y el juguetón, encantador y creativo Leo a quien adoráis se va equilibrando. Una de las formas en que podéis descubrir hasta qué punto habéis integrado bien un signo es observar vuestras reacciones subjetivas ante las personas que muestran el comportamiento arquetípico asociado con él.

Como es natural, a veces os encontraréis con personas que no manifiestan las características asociadas con su función dominante. La razón de ello puede remontarse al condicionamiento familiar en la infancia, cuando las presiones de la familia actúan rechazando o inhibiendo la expresión de la función dominante en el niño. Por ejemplo, tomemos el caso de una mujer con el fuego como función dominante, que proviene de una familia muy tradicional donde se cree que las mujeres no han de actuar de manera fogosa. Entonces, el mensaje que la niña recibe desde muy temprano es que si se manifiesta tal como es, está loca o es mala, y que así perderá el amor de la madre, el del padre o el de ambos. Yo tengo la fuerte sospecha, avalada por mi experiencia, de que una función dominante reprimida puede conducir muy directamente a la psicosis, a reacciones fóbicas o a graves problemas somáticos, es decir, que afectan al cuerpo y a la salud. Quienes suprimen su función dominante viven por completo en su función inferior, y por lo tanto tienden a proyectar su función dominante sobre otra persona. Y, generalmente, sufren algún tipo de crisis cuando se enfrentan con la persona que recibe la proyección de su función dominante.

Cuando se considera una carta en función de las expectativas que una persona deposita en las relaciones, hay que examinar también cuidadosamente la casa séptima. Aunque creo que podemos proyectar cualquier parte de nuestra carta sobre otras personas, la línea de proyección más clásica es la que atraviesa las casas uno y siete. El Ascendente y la casa uno constituyen el dominio de uno mismo, mientras que el Descendente y la casa siete son el dominio de los demás. Nuestra máscara o *persona* (el rostro que enseñamos al mundo) se forma alrededor de la postura que tomamos preferentemente con respecto al mundo exterior, y su indicador es por lo común el Ascendente (aunque yo tengo la sensación de que éste representa algo más que nuestra mera máscara o *persona,* y creo también que otras partes de la carta, y no sólo el Ascendente, contribuyen a la formación de la máscara). Nuestra piel o armadura psíquica, o *persona,* evoluciona también en parte como reacción a nuestra percepción de lo que hay ahí fuera, en el resto del mundo, cuyos indicadores son el Descendente y la casa siete. El signo que está en la cúspide de la casa siete y los planetas que hay en ella indican aquellos rasgos que no creemos tener, y al mismo tiempo nos dicen muchas cosas sobre la forma en que vemos el mundo exterior. Por ejemplo, si yo tuviera a Sagitario en la cúspide de la casa siete, podría ser que viera el mundo como un lugar lleno de maestros, de sabios que pueden decirme qué hacer con mi vida. E invocaría a ese sabio maestro en otras personas por mediación de mi Ascendente Géminis, presentándome al mundo como un joven estudioso de la vida, lleno de preguntas, ansioso y de ojos vivos. Dicho de otra manera, para invocar al maestro que hay en ti, asumo el papel del estudiante arquetípico. Esta, por lo menos, es la manera positiva de proyectarlo, pero también podría hacerlo negativamente, viendo, por ejemplo, a la mayoría de las personas como pomposos charlatanes (el lado negativo de Sagitario en la siete) y asumiendo el papel de tramposo o bromista que cuadra con el Ascendente Géminis para así desafiar, provocar e irritar a los sabelotodo que andan por el mundo. Hay una especie de reacción química mediante la cual atraemos a nuestra vida a personas que están elaborando y afrontando problemas similares a los que sugiere nuestro propio eje Ascendente-Descendente. Ahora bien, esto no significa que vayáis a engancharos necesariamente con alguien cuyo Ascendente sea el mismo signo que vuestro Descendente, aunque os sorprendería saber con qué frecuencia se da este caso. El punto que debéis recordar es que, en lo que respecta a las relaciones, vuestro eje Ascendente-Descendente es para vosotros una fuerza muy poderosa. Cuando conocéis a alguien que encaja en este eje, algo en vosotros hace «clic» e inmediatamente reconocéis que hay una conexión o una interacción muy fuerte entre vosotros y esa persona. Os dais cuenta de que ambos estáis funcionando en la misma longitud de onda, y es posible que os disguste mucho esa clase de personas, porque están viviendo aspectos de vuestra naturaleza que todavía no habéis reconocido en vosotros mismos. Sin embargo, es frecuente que este tipo de conexión conduzca al romance. En *La fierecilla domada,* de Shakespeare, Kate y Petrucchio son buenos ejemplos de cómo el odio puede convertirse en amor, y la razón de ello es que a menudo los aparentes opuestos son más similares de lo que ellos mismos creen.

Es muy fácil fijarse en la naturaleza de un planeta emplazado en la casa siete y decir que uno no es así, aunque vea esas características en muchas otras personas. Desde luego, no es algo consciente, pero lo que sucede es que cualquiera que manifieste las características de ese planeta nos hace sentir excitados y atacados. Por ejemplo, si tenéis a Marte en la casa siete, puede que os resulte difícil aceptar vuestra tendencia a autoafirmaros, vuestra cólera, vuestra libido o vuestra sexualidad (esto podría ser especialmente válido para las mujeres con este emplazamiento, porque Marte es un planeta muy yang). Entonces aparece alguien que evidentemente manifiesta una fuerte energía marciana, alguien con Ascendente Aries o con una conjunción Sol-Marte, o con Marte en el Medio Cielo o en un aspecto fuerte con la Luna, Venus o el Ascendente en vuestra propia carta, y ¡zas!, os enamoráis de esa persona aunque también haya algo en vosotros que la rechaza o le encuentra peros. Si yo tuviera que imaginarme una carta para la Kate de *La fierecilla domada,* diría que es el ejemplo perfecto de Marte en la casa siete. Y naturalmente, a quien más aborrece y al mismo tiempo más ama es a ese Petrucchio tan marciano que ya a los tres minutos se la pone sobre las rodillas para darle una buena zurra en el trasero. Sí, ya os oigo deciros por lo bajo: «Mira a este cerdo machista, cómo le divierte que Petrucchio le dé un azote en las nalgas a Kate». No es que eso me parezca ninguna maravilla, pero pienso que precisamente en esa relación funcionó muy bien.

Las configuraciones planetarias importantes que aparecen en una carta son áreas que tienden a manifestarse en las relaciones y por mediación de éstas. El gran trígono, la cuadratura en T, el yod y la gran cruz son las configuraciones mayores más obvias que habréis de considerar, aunque la cometa y el gran sextil son otras dos configuraciones importantes a las que también podéis prestar atención. Para mí, la cuadratura en T y el yod son las más interesantes en función de la dinámica de las relaciones, porque son configuraciones mayores desequilibradas. En la cuadratura en T, los planetas A y B están en oposición, y el planeta C es el punto focal que está en cuadratura con los otros dos. En este caso, C se convierte en un planeta psicológicamente muy estresado. Y lo mismo vale para el yod: el planeta A y el planeta B forman un sextil, y ambos están en quincuncio con el planeta C, lo cual impone a este último un tremendo estrés. En estos dos casos, el planeta focal (C) está tan sensibilizado que se comporta casi como un niño que fuera especial en algún

ASTROLOGÍA DE LAS RELACIONES

sentido, tanto por su potencial para la genialidad como por su predisposición a la locura. Cuando se trata de una sinastría, podréis observar que con frecuencia las relaciones importantes o poderosas se correlacionan con un planeta o con un ángulo que, en la carta de una persona, provoca o hace estallar el punto focal, sumamente sensibilizado, de una cuadratura en T o de un yod en la carta de la otra. Es frecuente que las relaciones basadas en este tipo de aspectos en sinastría tengan un carácter compulsivo. Otra cosa que hay que vigilar es lo que sucede cuando una persona tiene en su carta un planeta (al que llamaremos planeta D) que forma una oposición con el punto focal (C) de una cuadratura en T en la carta de la otra persona. Es decir, cuando hacéis la sinastría entre las dos personas os encontráis con que el planeta D en la carta de una de ellas hace que la cuadratura en T en el tema de la otra se convierta en una gran cruz. El efecto de esto es equilibrar o completar la cuadratura en T, que por sí sola es una configuración incompleta o desequilibrada. Cuando esto sucede, podéis estar seguros de que entre esas dos personas se dará alguna forma de dinámica muy poderosa. Algo similar sucede con el yod. Si una persona tiene un planeta D que se opone al planeta C de la otra (es decir, al punto focal de su yod), entonces el yod se convierte de alguna manera en una configuración más completa o más equilibrada gracias a la interacción de esas dos personas. ¿Cómo llamaríais a un yod que se completa mediante una oposición al planeta focal? Podríamos denominarlo un bumerán, o también un gran yod. Me gusta ese nombre, suena muy elegante. De todas maneras, ya sea que hablemos de una cuadratura en T o de un yod, el planeta situado en el punto D, por el hecho de estar completando una configuración desequilibrada en el tema de la otra persona, sirve para cerrar un circuito abierto.

Los planetas estacionarios también son algo en lo que yo me fijaría en la carta de alguien para tener una sensación de lo que pueden suponer las relaciones para esa persona. Un planeta estacionario está atascado en un lugar, o sólo se mueve muy lentamente, pasando del movimiento retrógrado al directo o viceversa. (En lo que respecta a la carta en sí, no me interesa mucho si el planeta está estacionario para volverse directo o para volverse retrógrado, aunque esto tenga muchísima importancia cuando consideramos las progresiones.) Lo que importa es el hecho de que un planeta estacionario apenas se mueve, especialmente si es un planeta de movimiento rápido, como Mercurio, Venus o Marte. Me valdré de una metáfora para explicar su importancia. Imaginaos que el movimiento de mi mano representa el movimiento de un planeta, y que hay una vela encendida justamente debajo del lugar por donde estoy pasando la mano. Si la mano representa un planeta de movimiento rápido que se mueve a su velocidad normal, pasará con bastante rapidez por encima de la llama; puede ser que la llama oscile un poco y que yo sienta cierto calor, pero no sucederá nada más. Ahora bien, si muevo con más lentitud la mano, al pasar sobre la llama sentiré una ligera quemadura, y si la dejo inmóvil, sentiré una quemadura bastante intensa. Algo similar sucedería si mantuvieron una lente o un prisma inmóvil en línea con los rayos del sol. Al sostener la lente de ese modo, la luz del sol seguiría pasando a través de ella y finalmente encendería un fuego. Este ejemplo es una manera de explicaros que en la naturaleza de un planeta estacionario hay algo sumamente concentrado e intenso. De hecho, cuando Mercurio, Venus o Marte están estacionarios en una carta natal, pueden alcanzar el mismo tipo de poder y de intensidad que normalmente asociamos con los planetas exteriores. En un planeta estacionario (en especial si normalmente es de movimiento rápido) hay algo más de lo que se ve a simple vista. Por ejemplo, he visto la manifestación de Mercurio estacionario en casos de dislexia, y también cuando una persona muestra indudablemente alguna clase de genialidad. ¡Una vez trabajé con un muchacho con Mercurio estacionario en Piscis, que de hecho sólo podía hablar haciendo rimas! Era un rasgo natural en él; todo tenía que rimar. Os aseguro que eran asombrosas las cosas que decía. O sea que, en términos generales, los planetas estacionarios en la carta de una persona concentran algún tipo de energía o fuerza psicodinámica que afectará a cualquiera con quien esa persona esté en estrecho contacto. También me gusta comparar un planeta estacionario con una olla de sopa sobre un fuego. A medida que aumentamos la llama, la sopa se pondrá a hervir con más fuerza, con lo cual todo lo que estaba en el fondo del recipiente empezará a aflorar a la superficie. De manera similar, la intensidad de un planeta estacionario tiene su forma peculiar de remover una buena cantidad de material profundo en el nativo, en función del área de la carta que resulte afectada.

Para haceros una idea de lo que una persona puede encontrarse en sus relaciones, debéis considerar también las cuadraturas, oposiciones y quincuncios natales. Las oposiciones implican inmediatamente polaridad, y dos cosas cualesquiera que estén polarmente opuestas se complementan entre sí. Sin embargo, como vivimos en una sociedad muy lineal en la que se supone que tomamos partido y somos *esto* o *aquello,* hay una gran tendencia a no vivir ambos lados de una oposición, de manera que lo que sucede es que asumimos un lado de ella y proyectamos el otro sobre alguien. El lado que asumimos y el que proyectamos pueden variar de una relación a otra. Además, el lado que se proyecta también puede variar según el sexo de la persona; por ejemplo, en el caso de un hombre con una oposición Luna-Marte, lo más probable es que se identifique con Marte y proyecte la Luna. Aunque desde luego esto no será válido en todos los casos, yo esperaría como más probable esta alternativa que la otra, en que el hombre se identificaría con la Luna y proyectaría su Marte, aunque algunas veces es cierto que sucede al revés.

Las cuadraturas también son un aspecto sumamente psicodinámico, y en algunos sentidos se parecen a una fuerza irresistible que se enfrentara con un objeto inmóvil. Una cuadratura es un aspecto de confrontación y conflicto y, con frecuencia, representa un ámbito doloroso para la gente. Pero no olvidéis que, de todos los aspectos mayores, también considero que la cuadratura es el más creativo. Una de las formas de manejar una cuadratura es decidir cuál de los planetas que la componen es el que más tiene que ver con nuestro papel social o nuestro mito familiar, identificarnos entonces con él y proyectar el otro sobre alguna otra persona. En otras palabras: nos identificamos con uno de los planetas y desechamos el otro. El resultado es que nos quedamos incompletos y, por lo tanto, tenemos que «importar» lo que volvería a completarnos por mediación de otra persona. Usemos como ejemplo la carta de un hombre. Dado el papel que les corresponde a éstos en nuestra sociedad, es mucho más probable que un hombre con una cuadratura Marte-Venus se identifique con su Marte y proyecte su Venus, lo cual significa que se sentirá muy atraído por mujeres del tipo Venus o Afrodita, aunque es casi inevitable que, además, se pelee con ellas precisamente por ser tan venusianas. El guión es bastante conocido: el tipo de hombre a quien le atraen las mujeres exuberantes, voluptuosas y exhibicionistas tiende también a discutir con ellas, reprochándoles su forma provocativa de vestirse con argumentos como: «No me gusta que vayas tan escotada para salir a pasear por la ciudad. Sólo deberías vestirte así en la intimidad de nuestro hogar», y cosas por el estilo. ¡Y sin embargo, yo juraría que a un hombre como este en el fondo le gusta que ella se muestre *sexy* y provocativa en público, porque es probable que haya sido eso, en gran parte, lo que inicialmente le atrajo de ella!

Los quincuncios son, de por sí, aspectos muy paradójicos, porque lo que tenemos en este caso son dos signos que intentan conectarse allí donde por naturaleza no hay conexión alguna. Tomemos como ejemplo típico el quincuncio Aries-Virgo. Aries es cardinal y Virgo es mutable, de modo que tenemos dos modalidades diferentes que intentan ponerse de acuerdo. Aries es un signo de fuego y Virgo de tierra, o sea que tenemos un intento de aproximación entre elementos en conflicto. Aries es un signo personal, mientras que Virgo es un signo social, es decir que tenemos dos orientaciones diferentes que intentan reunirse. Ahora bien, podríais pensar que debido a sus diferencias no hay lugar para que pueda surgir la atracción, pero de hecho considero que el quincuncio es, de todos los aspectos planetarios, uno de los más eróticos. A mi modo de ver, lo que con más frecuencia provoca el erotismo son las diferencias y no la similitud, y el quincuncio se parece mucho a tratar de hacer encajar una estaca cuadrada en un agujero redondo. Por encima de todo, pienso que el quincuncio es un aspecto de resolución de problemas y de crisis: la resolución de problemas se genera en la conexión entre la casa uno y la seis, y la crisis, en la conexión entre la casa uno y la ocho. Dicho de otra manera, si en el zodíaco natural trazarais una línea desde la primera casa hasta la sexta (desde la casa natural de Aries hasta la casa natural de Virgo), obtendríais un ángulo de 150 grados, y la sexta casa es un área que, en mi opinión, representa la resolución de problemas. Y si trazarais una línea en el zodíaco natural desde la casa uno a la ocho (desde la casa natural de Aries hasta la casa natural de Escorpio), se formaría un ángulo de 150 grados, y la casa ocho es un área generadora de crisis. Como con la cuadratura y la oposición, también con el quincuncio hay tendencia a identificarse con un extremo del aspecto y proyectar el otro en las relaciones.

También es importante fijarse en cualquier aspecto difícil y cualquier conjunción que estén aislados. Esto sucede cuando no se tiene más que un conjunto de planetas en cuadratura, o sólo un conjunto en oposición, o solamente una conjunción en la carta. (Un trígono aislado o un sextil aislado no tendrá generalmente el mismo poder que una conjunción aislada o un aspecto difícil aislado, aunque puede haber excepciones a esta regla.) Un aspecto aislado tiene un poderoso efecto sobre la psique, porque es algo que desde el comienzo destaca psicológicamente como un ámbito que puede proyectarse con facilidad en las relaciones.

La casa doce es otro ámbito de la carta que puede influir en lo que uno atrae hacia sí o experimenta en sus relaciones. Como es la casa que muestra lo que está inmediatamente por debajo de la *persona* o máscara, los planetas que hay en ella (o el signo o signos que incluya) simbolizan con frecuencia características que para la *persona* del nativo son inaceptables, aunque también se lo puede ver de la siguiente manera: si el Ascendente representa la máscara que enseñamos al mundo (lo cual no es más que una de las muchas cosas que significa), entonces se podría decir que nuestra máscara es una reacción que compensa lo que está escondido tras ella en la doce. La casa doce es un gran armario psíquico, y si os fijáis en ella veréis lo que está oculto detrás de vuestra máscara. Como normalmente nos resistimos a integrar o aceptar lo que hay en nuestra casa doce, tendemos a proyectar esas características sobre otras personas, o bien, en nombre de la totalidad y la integridad, las atraemos hacia nosotros por mediación del tipo de personas con quienes establecemos relaciones de intimidad. Me gustaría insistir un poco más en este punto en función de los signos astrológicos. Creo que cada signo se deriva del material relacionado con el signo que lo precede. Aries, por ejemplo, proviene de Piscis. Si el signo de Aries pudiera hablar, probablemente diría algo parecido a esto: «Yo no soy caótico. Sé lo que quiero y voy en busca de ello. Olvidaos de toda esa cháchara de Piscis sobre la compasión y lo de adaptarse al cosmos o fundirse con él o con lo que otras personas necesitan y quieren. Yo quiero ser el Número Uno». Si pensáis un poco en ello, veréis que la energía arquetípica que representa Aries es una especie de compensación de Piscis, el signo anterior a él. Cada signo evoluciona a partir del que lo precede, y reacciona ante él. A Tauro se lo puede ver como compensación de Aries. Si Tauro pudiera hablar, tal vez diría: «¿Qué necesidad hay de toda esa energía prepotente y agresiva de Aries? Si sólo con sentarnos a esperar, todo nos va llegando». ¿Entendéis cómo cada signo se define por su reacción ante el signo que lo precede? Escorpio reacciona ante Libra preguntando: «¿A qué vienen tantas vacilaciones? ¿Qué es toda esa historia de la dulzura y la luz, la justicia, la objetividad y el desapego? Yo me muevo a partir de mis emociones y sentimientos más profundos, y me da lo mismo que a vosotros eso no os parezca justo ni razonable. Y voy en busca de lo que quiero aunque eso signifique invadir vuestro espacio».

Cualquier signo o planeta que esté en la casa doce indica qué tipo de cosas tomamos o sacamos del inconsciente colectivo. Como cualquier cosa que provenga de él tiende a expresarse de manera arquetípica, mítica y exagerada, podríamos tener dificultades para integrarla en la identidad de nuestro yo de todos los días. Esta es otra razón por la cual los planetas emplazados en la doce (o el planeta que rige el signo que está en esta casa) representan a menudo energías o características que proyectamos sobre los demás, o que atraemos por medio de alguien cercano a nosotros. Por ejemplo, a las personas con Neptuno en la doce suele resultarles difícil aceptar lo numinoso, lo místico, lo apasionado o lo poético, o bien esa parte de sí mismas que es propensa a perder el control y a dejarse llevar por algo mayor o más fuerte que el propio yo. En ese caso, se sentirán atraídas por alguien que les sirva como gancho o pantalla donde colgar o proyectar esas características. En esta misma línea, he observado que, con frecuencia, quienes tienen a Neptuno en la casa doce atraen a su vida a personas caóticas o desvalidas, y se empeñan en sanarlas o ayudarlas. Incluso pueden dedicarse profesionalmente a cuidar a gente de tipo neptuniano, es decir, a personas desvalidas, confundidas o perdidas. Como podéis ver, la casa doce suele ser un indicador muy sutil de la elección de carrera. Y finalmente debéis prestar especial atención a cualquier planeta emplazado en la doce que sea un indicador parental (en particular al Sol, la Luna o Saturno), porque es frecuente que quienes tienen estos emplazamientos anden en busca de alguien que asuma con ellos el papel de padre o de madre, ya se trate de una figura parental afectuosa que les brinde nutrición emocional (la Luna), una figura parental fuerte, deslumbrante y heroica (el Sol) o una figura parental rígida y autoritaria (Saturno). Lo mismo es válido si el regente de la casa doce está emplazado en la cuarta o en la décima, o si el regente de cualquiera de estas casas se encuentra en la doce.

Os sentiréis intensamente atraídos por aquellas personas en cuyo Ascendente o Medio Cielo se manifieste algo que para vosotros es una función de la sombra, o bien os inspirarán un fuerte rechazo. Por ejemplo, digamos que no os sentís muy conformes con vuestra Luna, lo cual significa que tenéis dificultades para aceptar esa parte de vosotros que sigue sintiéndose infantil, desvalida y necesitada. Si aparece alguien cuyo Ascendente o Medio Cielo cae en el mismo signo que vuestra Luna (lo cual significa que manifiesta exteriormente una parte de vuestra naturaleza que os hace sentir muy incómodos), os sentiréis sumamente atraídos por esa persona... o bien os repugnará. Lo interesante es que este tipo de experiencia es una manera de descubrir cuáles son las áreas de vuestra carta que están bajo el dominio de la sombra. Si estáis constantemente quejándoos de que la gente que tiene a Virgo en el Ascendente o en el Medio Cielo os vuelve locos, de hecho estáis revelando que lo que vosotros mismos tenéis de Virgo os parece inaceptable y os provoca rechazo. Si decís cosas como: «A mí, la gente con Ascendente Virgo me pone la piel de gallina; los huelo a kilómetros de distancia, y sé que están continuamente criticándome y analizando todo lo que hago», mirad qué planetas tenéis en Virgo o en Piscis en vuestra propia carta (porque con frecuencia a los signos opuestos les cuesta integrarse) para ver por qué esas personas os sacan de quicio de semejante manera, y si no tenéis ningún planeta en la polaridad Virgo-Piscis, mirad si estos signos son angulares en vuestra carta. Si nada de esto se aplica en vuestro caso, os aconsejaría que verificarais la casa o las casas con Virgo en la cúspide o que lo contengan, porque es probable que representen esferas de la vida donde actúa activamente vuestra sombra. E incluso podríais comprobar la posición de Mercurio (el regente de Virgo) en vuestra carta, como manera de descubrir qué area de vuestra vida está más afectada por la sombra de Virgo. Si Virgo o Mercurio están vinculados con las casas parentales (la cuarta y la décima) o con las casas siete y doce, podría ser que estuvierais proyectando las características que rechazáis de Virgo sobre vuestros padres, vuestra pareja u otras personas con quienes estéis en estrecho contacto.

Otro dominio fuerte dentro de las relaciones es el eje entre las casas cuatro y diez, porque son las que representan problemas con los padres y nos atan a ellos. Los planetas emplazados en estas casas, los signos que están en sus respectivas cúspides y los planetas regentes de dichos signos están cargados de «problemas umbilicales». Con sólo mirar la carta no se puede decir si habéis resuelto o no tales problemas, pero los signos y los planetas relacionados con estas dos casas describen el tipo de mitos familiares de los que sois portadores. Las personas que os movilicen estos emplazamientos os provocarán respuestas intensas porque, en la medida en que los problemas con vuestros padres estén aún por resolver (y nadie llega jamás a dejar del todo zanjados los asuntos con sus padres), se va creando un poderoso imán psíquico que atrae hacia vosotros precisamente a la gente que puede movilizar vuestros complejos parentales. Si no aprobáis un curso en la escuela, tenéis que repetirlo, y de la misma manera, si los problemas con vuestros padres siguen contaminando toda vuestra vida, mientras no hayáis aprendido la lección seguiréis atrayendo hacia vosotros a gente que los active. Inevitablemente aparecerá alguien que os plantee ese mismo problema, o sea que tendréis que continuar afrontándolo una y otra vez hasta que lo hayáis resuelto. Quizás os parezca que nunca lo lograréis, pero con un esfuerzo consciente de vuestra parte podréis crecer, cambiar y seguir adelante.

Hay un punto más que quiero señalar, referente a las áreas de la carta que afectan a las relaciones, y que tiene que ver con la naturaleza de los planetas natales y sus aspectos. Os voy a dar una clasificación de los planetas que puede parecer bastante arbitraria, pero que quizás os resulte útil. No se ha de tomar de forma demasiado literal, de modo que más bien procurad entenderlo en un nivel metafórico o arquetípico. Yo divido los planetas en yang y yin. En nuestra sociedad, por lo menos, los planetas yang se correlacionan con los planetas masculinos o positivos, y generalmente rigen signos masculinos. Por eso clasifico al Sol, Marte, Júpiter y Urano como yang. Los planetas yang son por naturaleza expresivos, desinhibidos y extravertidos. Por supuesto, esto puede variar: Marte en Cáncer suele perder algo de su carácter yang, y sin embargo la naturaleza innata de Marte consiste en ser extravertido y en expresarse desde su propio interior. Los planetas yin son normalmente introvertidos e introspectivos, de modo que coloco en esta categoría a la Luna, Saturno, Neptuno y Plutón. Los planetas yang tienden a ser expresivos, y los planetas yin receptivos. Ahora bien, esto nos deja con dos planetas, Mercurio y Venus, sin categoría definida. A Mercurio se lo puede ver como un planeta neutro, porque se desliza fácilmente de un lado a otro, y toma el color del signo donde está y de los aspectos que forma. Sin embargo, yo creo que en nuestra sociedad Mercurio tiende a ser más yang que yin. (A mí jamás me ha parecido adecuado que sea el regente de Virgo. Creo que aquí hay algo que está mal. Y tampoco me parece adecuado conectar Virgo con los asteroides.) Como Mercurio, también Venus es un planeta neutro o bipolar. Dicho de otra manera, tengo la sensación de que, por naturaleza, es bisexual, por más que se lo asocie con Afrodita. Y es interesante que, si se junta a Mercurio y Venus, el resultado sea Hermafrodito, el nombre que se dio al niño concebido por la unión de Hermes y Afrodita. El propio Eros fue otro dios sumamente andrógino, a quien se suele representar como a un joven de aspecto bastante femenino, o como a una muchacha de aspecto bastante masculino. Venus es bipolar. Dice: «Soy un espejo y te reflejaré, así que dime cómo quieres que sea». Pero, de hecho, en nuestra sociedad tiene una función predominantemente yin. Cuando digo que Venus es bipolar o bisexual, no me refiero a que Afrodita tenga literalmente contactos sexuales tanto con hombres como con mujeres, aunque sería muy capaz de hacerlo porque le gusta cualquier cosa que la haga sentir bien y no le interesa en absoluto lo moral. Venus representa el deseo de gustar y de reflejar al otro, y sin embargo es también un planeta muy dado a la discusión. Si sois del tipo de personas que están siempre argumentándolo todo de un modo perfectamente lógico, estáis expresando a Venus con el rostro de Atenea. Venus tiene un fuerte componente de Atenea, que se refleja en su permanente deseo de compensar el desequilibrio, pero ya nos detendremos en este punto más adelante. Por el momento, pondré a Mercurio en la columna yang y a Venus en la columna yin, aunque con frecuencia ambos se intercambian.

Tal como he dicho, los planetas yang son extravertidos y expresivos. Si tenéis un aspecto entre dos planetas yang, el deseo de expresar se multiplica y se intensifica. La naturaleza del aspecto no tiene en realidad mucha importancia. No es probable que ningún aspecto entre el Sol y Júpiter, por ejemplo, inhiba demasiado. El Sol dice: «Yo permito que la luz de mi conciencia resplandezca sobre ti, Júpiter», lo cual significa que el yo da permiso a Júpiter para que se exprese sin reservas. Y Júpiter le contesta: «Adelante, qué maravilla, sigue expandiéndote, que cuanto más sol hay, más me gusta». Por otro lado, cuando dos planetas yin forman aspecto, tienen una especie de contrato secreto que estipula: «Cuidado, que no se sepa. En realidad no sabemos cómo será el mundo exterior, así que vayamos con cautela». Tomemos como ejemplo la combinación Luna-Neptuno. La Luna dice: «Soy una niña tímida y sensible en un mundo enorme que me asusta, y no estoy muy segura de cómo arreglármelas». Y Neptuno responde: «Estoy totalmente de acuerdo contigo. Las cosas casi nunca son lo que parecen. La vida está repleta de engañosas ilusiones y de misterios, o sea que lo mejor será que nos quedemos quietos, y que lo observemos bien todo antes de seguir avanzando». ¿Veis lo que quiero decir? El yang está de acuerdo con el yang, y el yin coincide con el yin. Ahora bien, los fuegos artificiales se inician cuando un planeta yang está en aspecto con un planeta yin. Por ejemplo, Marte es yang y Saturno es yin (aunque también puede tener su lado yang). Si unimos estos dos planetas por aspecto, tendremos una fuerza irresistible que se enfrenta con un objeto inmóvil. La razón de que una cuadratura sea un aspecto tan dinámico es que pone a un signo yin en conflicto con un signo yang (a menos que sea una cuadratura fuera de signo, claro). Sólo hay otro aspecto mayor que hace lo mismo, y es el quincuncio. Por esta razón, las cuadraturas y los quincuncios natales indican importantes puntos de tensión en la carta, y es probable que esta tensión se vuelque en las relaciones. De manera similar, las cuadraturas y los quincuncios formados por aspectos en sinastría crean mucha energía del tipo atracción/repulsión entre las dos personas afectadas, es decir que pueden ser muy potentes desde el punto de vista erótico.

Oyente: ¿Sucede lo mismo si tienes un planeta yang en un signo yin o viceversa?

Richard: Muy buena pregunta; es un punto que yo tendría que haber tocado. Lo que se plantea en esta situación es una relación que suscita un diálogo entre el planeta y el signo implicados. Tomemos a Marte en Cáncer, por ejemplo. Cuando tenemos a Marte, que es yang, en Cáncer, que es un signo yin regido por la Luna (un planeta yin), es necesario que Marte y Cáncer establezcan un *modus vivendi,* una manera de convivir. Lo mismo es válido cuando Marte está en aspecto con la Luna. Si los dos planetas están en trígono, son socios iguales, los dos con el mismo grado de potencia. Marte en Cáncer también suscita un diálogo, pero de un tipo diferente. En este caso, Marte está en el área donde la Luna se encuentra en su casa, y por consiguiente le corresponde la obligación de acomodarse y adaptarse a la situación. Lo expresaré de otra manera. Si yo tuviera que viajar a Rusia, tendría que adaptarme a la forma de vida con que me encuentre allí en vez de esperar que los rusos se adapten a la mía. Eso no significa que no vaya a afectarlos en modo alguno, porque ciertamente lo haría, o por lo menos eso espero. Pero quien tendría que adaptarse más sería yo. Esto también nos lleva a la cuestión de si es bueno para un planeta estar en el signo del cual es el regente natural. Cuando estoy en mi propia casa, soy un patán. Claro que es porque me siento cómodo en ella, pero no pienso que eso sea necesariamente bueno para mi evolución. Ahora bien, si fuera a casa de uno de vosotros, mi comportamiento sería impecable, creedme. De la misma manera, un planeta emplazado en una posición incómoda empuja con frecuencia a una mayor evolución psicológica, mientras que los que se encuentran en su propio signo pueden ser bastante «revoltosos», como diría un amigo mío.

Jung dijo una vez que lo que estimula y provoca el conocimiento o la individuación es la dinámica constantemente cambiante entre la conciencia y el inconsciente. Y yo creo que esto se ve expresado con mucha claridad cuando un planeta yin está en aspecto con un planeta yang, ya sea natalmente o por sinastría. En términos generales, dos planetas yang son por naturaleza muy expresivos, y se ofrecen poca resistencia el uno al otro cuando están conectados por aspecto. Dos planetas yin en aspecto son por naturaleza muy introspectivos, tienden a estar de acuerdo el uno con el otro, y se esconden silenciosamente por debajo del nivel de la conciencia durante muchos años, hasta que sobrevenga algo yang que los empuje a la conciencia o a la acción. Debido a que el Sol, Marte, Júpiter, Urano y hasta cierto punto Mercurio son planetas yang o masculinos en nuestra sociedad, podríamos decir que son los planetas que abarcan el *animus* de una mujer y que, por consiguiente, son los que ella tiene más probabilidades de proyectar. Entonces, cuando los planetas de un hombre estén en aspecto con los planetas yang de una mujer, ella sentirá una fuerte carga emocional en esas áreas, especialmente si los ha tenido latentes o no los ha expresado durante mucho tiempo. Y ni siquiera tendrá que ser un hombre quien movilice sus planetas yang. También puede hacerlo otra mujer. Si la mujer A conoce a la mujer B, cuyos planetas activan su energía yang o su *animus,* la mujer A mostrará una fuerte reacción (negativa o positiva) ante la mujer B, porque esta última está viviendo el *animus* inexpresado de la mujer A. En la carta de un hombre, la Luna, Saturno, Neptuno, Plutón y Venus son los planetas que más probabilidades tienen de formar su *anima.* Y si él no ha integrado su *anima,* andará en busca de una mujer sobre quien pueda proyectar su propia energía femenina no expresada.

Todo esto nos conduce a algunos puntos bastante interesantes que se refieren a la comparación de cartas. Los trígonos y sextiles entre dos cartas tienden a suscitar un sentimiento de comodidad en la relación, que facilita la comunicación e intensifica el mutuo entendimiento. Una persona empieza a decir algo y la otra termina la frase, como si conociera su forma de pensar y lo que iba a decir. En otras palabras, ambas personas piensan de un modo parecido. Cuando se encuentra este tipo de conexión entre dos cartas, la relación tiene un carácter de hermanos, compañeros o amigos, sobre el cual se basan muchos matrimonios. No hay nada de malo, en realidad, en sentirse tan bien y tan cómodo, una situación que con frecuencia tiende a hacer que el modo dominante en la relación sea el *agape,* la capacidad de entenderse el uno al otro y de amar sin imponer restricciones. Pero es frecuente que las personas a quienes esto sucede, en vez de agradecer a su buena estrella el hecho de tener una relación así, se quejen de su falta de erotismo o de pasión. Y a causa de ello, podría ser que una u otra de ellas quisiera terminar la relación para buscar a alguien con quien la experiencia fuera más apasionada y excitante. En cambio, si la sinastría entre las dos cartas muestra principalmente cuadraturas, la relación tiende a ser más erótica. Recordad que las cuadraturas reúnen los signos yin con los signos yang, y la dinámica entre estas dos clases de energía puede ser bastante excitante y tempestuosa, con lo cual es probable que deseéis un poco más de calma y de paz. Una gran abundancia de cuadraturas entre ambas cartas puede dar como resultado el tipo de relación en que cada uno siente que no puede vivir sin el otro, pero tampoco con él. Incluso lo he visto entre padres e hijos, y entonces la relación suele llegar a un nivel de tensión constante y demoledora.

La índole de una carta natal puede deciros a qué tipo de relación es propensa una persona. Una carta muy dinámica, en la cual haya funciones que faltan, planetas y aspectos aislados, planetas estacionarios y muchas cuadraturas, oposiciones y quincuncios, denota al tipo de persona que opta por relaciones tremendamente eróticas y llenas de tensión. Se nutre de ellas, las necesita; para esta clase de persona la realidad consiste en eso. Sin embargo, también viene a pediros orientación o consejo y se queja de que parece que jamás podrán encontrar la pareja adecuada para que todo vaya maravillosamente, o bien os pregunta sin cesar cuándo se asentará su relación actual y empezará a ser más tranquila. Es como si quisiera convertir sus cuadraturas, oposiciones y quincuncios en trígonos. Pero si alguna vez consiguiera una relación acogedora y pacífica, probablemente se iría en busca de otra más excitante, porque es una persona que se nutre de la tensión y el conflicto. Quiero decir que si Kate y Petrucchio se las hubieran arreglado alguna vez para convertir su relación en una situación de tipo trígono, uno u otro de ellos habría salido disparado en busca de algo diferente. En cambio, la persona que tiene una carta astral básicamente relajada, equilibrada y fácil, en la que no falta ninguna función, sin planetas aislados y sin demasiadas cuadraturas ni oposiciones, sino con predominio de los sextiles y los trígonos, se sentirá más inclinada a una relación de tipo estático en lugar de erótico. Es la clase de persona que con frecuencia se lamenta de que no hay emoción en su vida, aunque si se encuentra con una relación excitante y tempestuosa, termina quejándose de que es demasiado para ella. En otras palabras, tened cuidado cuando la gente os dice qué es lo que realmente quiere, porque lo que dicen, o lo que piensan que quieren, no es lo que en realidad desean. Ser un terapeuta o un consejero sensible consiste, en parte, en ver a través de lo que dicen los clientes y en descubrir por qué razones lo dicen; es una técnica que yo llamo «pelar la cebolla» y que implica descubrir lo que se oculta detrás de lo que se dice. Winston Churchill dijo una vez algo así como: «El que eres habla en voz tan alta que no me deja oír una palabra de lo que estás diciendo». Por eso es necesario que los terapeutas examinen cuidadosamente la vida que llevan sus clientes, porque lo que hacen con su vida es una imagen más auténtica de qué y quiénes son que lo que dicen de sí mismos. ¿Tenéis alguna pregunta que hacerme?

Oyente: ¿Qué hay de las conjunciones entre dos cartas?

Richard: Un planeta yang de una persona en conjunción con un planeta yang de otra, tiende a estimular la expresión. Por ejemplo, si yo tuviera a Júpiter en conjunción con tu Marte, tendría el efecto de despertar y sacar fuera a tu Marte, probablemente de forma positiva. Si uno de mis planetas yin estuviera en conjunción con uno de los tuyos, tenderíamos a estar de acuerdo en las cosas que se relacionan con esos planetas. Pero la situación sería mucho más dinámica y tensa si uno de mis planetas yin estuviera en conjunción con uno de tus planetas yang, o viceversa. Digamos que fueran mi Luna y tu Urano. Eso podría significar que anhelo que haya intimidad y cercanía en nuestra relación (la Luna), mientras que tú prefieres la libertad y la autonomía (Urano). Tú estimularás mi necesidad de intimidad o despertarás al niño que hay en mí (tu Urano sobre mi Luna), pero yo haré aflorar tu necesidad de independencia (mi Luna sobre tu Urano).

Probablemente a estas alturas ya habréis adivinado que para mí el objetivo de la vida no es la seguridad, la paz ni la comodidad. Creo que esta última provoca estancamiento, y que la incomodidad nos mantiene vivos y nos hace crecer. No quiero decir que jamás hayamos de tener momentos de paz y serenidad, pero si las cosas se vuelven demasiado formales y pacíficas, podemos atascarnos y perder el impulso que nos lleva a seguir creciendo y evolucionando. Si Beethoven se hubiera quedado totalmente satisfecho con su primera sinfonía, tal vez nunca habría compuesto las siguientes. Yo creo que lo que da dinamismo a una relación son la tensión y el reto. Si ya os habéis dicho todo lo que teníais que deciros, y entre vosotros no hay ninguna tensión ni incomodidad, es probable que no veáis sentido alguno a continuar con la relación. Una buena relación debe proporcionarnos paz y comodidad, pero no creo que esos sean los únicos logros y objetivos de la existencia. Crecer y evolucionar no es nada fácil ni cómodo. Quiero decir que la vida no es cómoda después de haber mordido la manzana y haber sido expulsados del Edén. En realidad, no sé cómo se puede «des-morder» la manzana. Probablemente el mundo más cómodo que hayamos conocido jamás sea el útero, y tal vez ni siquiera el útero haya sido demasiado cómodo para algunas personas.

Oyente: ¿Qué puedes decirnos de los contactos por sinastría con los planetas exteriores?

Richard: Los contactos con los planetas exteriores siempre aportan algún elemento de lo transpersonal o lo mítico. En general observaréis que, hablando arquetípicamente, Neptuno y Plutón sugieren figuras femeninas, aunque Hades también puede ser una figura masculina. Urano siempre tiende a ser más yang y masculino.

Oyente: Has hablado de la casa doce como representante de las características que intenta enmascarar el Ascendente; pero, ¿qué pasa si el signo que está en la cúspide de la casa doce es el mismo que el del Ascendente?

Richard: Sí, eso podría suceder, pero quizá la situación cambiaría si trabajaras con otro sistema de casas. Cuando hablo del signo que está detrás del Ascendente me estoy refiriendo a él en un sentido más bien arquetípico que literal. Yo diría que el signo que precede al del Ascendente es el signo natural de la casa doce, aunque en realidad esté en la once. ¿Comprendéis lo que quiero decir? En todo caso, los planetas que hay en la doce son más importantes que el signo que está en la cúspide. Pero si tenéis a Escorpio en la cúspide de la casa doce, y también a Escorpio en el Ascendente, ello podría significar que ciertas características del arquetipo de Escorpio han sido rechazadas y recluidas en el inconsciente. De modo que hay cosas de Escorpio que aceptáis y utilizáis para fabricaros vuestra máscara, pero hay otros aspectos que quedan ocultos bajo esa máscara. Quizás el carácter emocional y el erotismo de Escorpio estén en la superficie, pero la parte que busca el poder se oculta, convirtiéndose así en el rasgo inconsciente que es necesario integrar si uno quiere llegar a estar más completo.

Oyente: He comprobado que si Urano destaca en una carta natal o en una sinastría, las relaciones a largo plazo pueden ser muy difíciles de mantener.

Richard: Sí, estoy de acuerdo contigo. No es que sea algo imposible, pero sí que es difícil de mantener si tratas de jugar según las reglas habituales. Si eres el tipo de persona lo suficientemente individuada para haberte apartado del mito familiar y de los mitos sociales con los que te educaron, puede que seas capaz de crearte tus propias reglas. Por ejemplo, quizá decidas que lo que te va mejor es un matrimonio abierto. O tal vez estés casado o comprometido con alguien en plan monógamo, pero no convivas con esa persona. O si lo necesitáis, tu pareja y tú podéis tomaros vacaciones por separado. Con un Urano fuerte (al igual que con un Neptuno y un Plutón fuertes), lo normal y lo habitual no funcionan. Y también os meteréis en problemas si intentáis buscar lo transpersonal en lo interpersonal. Pero otra cosa me acaba de venir a la cabeza. He visto relaciones que han funcionado con un contacto Venus-Urano en un emplazamiento fuerte en ambas cartas o en la sinastría, pero en cada uno de estos casos las dos personas colaboraban en algún tipo de empresa o actividad creativa. En otras palabras, ambos canalizaban sus energías creativas hacia el mismo objetivo, lo cual servía para descargar el lado vagabundo de Urano. Pero por regla general, con Urano, seguir un camino habitual o tradicional no funciona.

Oyente: La astróloga Isabel Hickey hablaba de la casa doce como aquella en la que hallamos lo que nos sustenta o lo que nos lleva a la ruina. ¿Puedes relacionar esto con lo que has dicho sobre la influencia de la casa doce y el inconsciente en nuestras relaciones y nuestra elección de profesión?

Richard: Bueno, puedo daros un ejemplo. Una psicoanalista fue clienta mía. Tiene a la Luna en conjunción con Plutón en Cáncer en la casa doce, y uno de los problemas de los que habló en la primera sesión de terapia fue que tenía grandes dificultades para separarse de sus clientes. Dicho sea de paso, trabaja principalmente con mujeres (Plutón es el regente de su casa cuatro, que en su caso vi como más representativa de la madre que del padre). Esta terapeuta ha introducido su contacto entre la Luna y Plutón en su trabajo con las mujeres, en el cual es realmente brillante. Su modo de evocar imágenes femeninas es excepcional, e incluso ha publicado libros sobre el tema. Pues bien, su madre era una de esas grandes madres devoradoras tipo Gorgona, y en realidad mi clienta todavía no había cortado el fuerte cordón umbilical que la mantenía atada a ella. De hecho, su madre vivía en una residencia para ancianos y le estaba exigiendo a su hija que la sacara de allí y se la llevara a vivir con ella. No mucho después de que se planteara este conflicto, mi clienta manifestó los primeros síntomas de un cáncer de mama. Afortunadamente se lo detectaron a tiempo y fue posible extirparlo, pero eso le hizo pensar que debía de haber algo canceroso en su intensa necesidad de brindar nutrición emocional. Al final se dio cuenta de que había hecho una inversión de papeles con su madre, y de que estaba llevando algo de su propia madre devoradora interior al trabajo con sus clientes en la terapia, razón por la cual le costaba tanto separarse de ellos. Era un material extraordinariamente intenso. Lo que estoy diciendo es, pues, que la casa doce puede ser para nosotros un almacén de una maravillosa energía creativa, desde el cual podemos tener acceso al manantial de las grandes imágenes y arquetipos colectivos, pero también puede ser un ámbito muy doloroso y potencialmente destructivo. La astrología tradicional se ha referido siempre a la doce como la casa de los enemigos secretos, pero en la mayoría de los casos, el enemigo secreto está en nuestro interior, y no hay que buscarlo fuera. Puede salir de repente de tu armario psíquico por la noche, pero no es nada que vaya a salir del armario de tu dormitorio para atraparte. El lado autodestructivo de la casa doce se origina en la incapacidad, la renuncia, la falta de valor o lo que sea, que nos impide integrar el material que esta casa guarda. Un planeta en la casa doce es como una espada de doble filo: nos permite matar dragones, pero con ella también podemos suicidarnos.

Los indicadores de las relaciones
en la carta de Isadora Duncan

Como Isadora Duncan tuvo ciertamente algunas relaciones interesantes, he pensado que podíamos usar su carta (véase carta 1, p. 246) para ilustrar y fundamentar algunas cosas de las que hemos hablado estos días. Fue una mujer muy avanzada para su época, especialmente en lo que respecta a su valeroso individualismo, que se manifestó tanto en su vida como en su trabajo y en sus relaciones. De ella he oído contar una anécdota, que tal vez sea un invento, pero a mí me gusta pensar que es verdad. Isadora estaba en una fiesta cuando se acercó a un matrimonio para decirle a la mujer: «Señora, me gustaría pedirle prestado a su marido por esta noche. Se lo devolveré mañana, y estoy segura de que todos nos beneficiaremos de la experiencia», tras lo cual se fue tranquilamente con él. Empecemos por la forma en que yo clasifico las funciones en la carta.

He aquí una lista de las funciones que tomo en consideración: las modalidades (cardinal, fija y mutable); los elementos (fuego, aire, tierra y agua); los signos personales, sociales y universales, y las casas personales, sociales y universales. También os explicaré cómo califico todo esto. Atribuyo un punto a cada planeta, salvo el Sol y la Luna, que reciben dos, y el planeta que rige al Ascendente, que obtiene un punto extra. Esto significa que en total hay trece puntos. Por ejemplo, si el Ascendente fuera Leo, el planeta regente sería el Sol, que obtendría tres puntos (dos por ser el Sol y uno por ser el regente del Ascendente). Si el Ascendente fuera Cáncer, entonces la Luna recibiría sus dos puntos habituales pero también un punto extra como regente del Ascendente, es decir, tres puntos. Dicho sea de paso, es el mismo sistema que empleo en la forma-

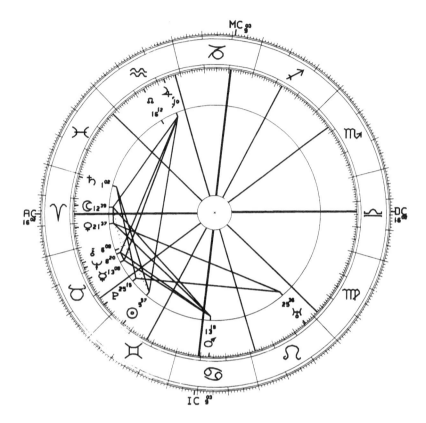

MODALIDADES	FUNCIONES	ORIENTACIÓN
Cardinal 6	QUE FALTAN	POR CASAS
Fija 5	Ninguna	Personal 8
Mutable 2 (☉)		Social 1 (♉)
	STELLIA	Universal 4
ELEMENTOS	No hay	
Fuego 5		ORIENTACIÓN
Aire 3	AISLADOS	POR SIGNOS
Agua 2 (♂)	☉ Mutable	Personal 11
Tierra 3	♂ Agua	Social 1 (♉)
	♉ Signos sociales	Universal 1 (♃)
	Casas sociales	
	♃ Signos universales	

Carta 1. Isadora Duncan, nacida en San Francisco el 27 de mayo de 1878, a las 2.20 de la madrugada, LMT [Local Mean Time, es decir, hora media local]. Datos del nacimiento tomados de Lois Rodden, *Profiles of Women,* American Federation of Astrologers, Tempe, AZ, 1979. Carta calculada por Astrodienst con el sistema de casas de Plácido.

ción de psicoterapeutas para enseñarles a captar con rapidez las partes psicológicamente potentes de una carta. Es mi sistema particular, y podéis tomar de él lo que queráis. En realidad no importa por qué función empecéis, pero ahora preferiría comenzar por las modalidades.

Empezaremos por contar los planetas cardinales de Isadora y asignarles puntos. Tenemos un punto por Saturno en Aries, dos puntos por la Luna en Aries, un punto por Venus en Aries y dos puntos por Marte en Cáncer, que obtiene un punto extra como regente del Ascendente. Esto nos da un total de seis puntos para los planetas en signos cardinales. Pasemos ahora a los signos fijos. Un punto por Júpiter en Acuario, un punto por Neptuno en Tauro, un punto por Mercurio en Tauro, un punto por Plutón en Tauro y un punto por Urano en Leo, lo que da a los signos fijos un total de cinco puntos. Y en cuanto a los signos mutables, recorriendo la carta no encontramos más que un planeta en Géminis, pero como es el Sol le corresponden dos puntos. Sin embargo, como podéis ver, el Sol figura como aislado en la carta de Isadora porque es el único planeta en un signo mutable, y esto es algo que es importante señalar.

Sigamos ahora de la misma manera, esta vez considerando el equilibrio de los elementos. Si contamos los planetas en signos de fuego, tenemos un punto para Saturno en Aries, dos para la Luna en Aries, uno para Venus en Aries y uno para Urano en Leo, lo que hace un total de cinco puntos para el elemento fuego. Al contar los planetas en signos de aire, vemos que Isadora recibe un punto por Júpiter en Acuario y dos por el Sol en Géminis, lo que da tres puntos para el elemento aire. Marte en Cáncer es el único planeta en un signo de agua, y vale dos puntos porque es el regente del Ascendente, de modo que el elemento agua obtiene dos puntos. También deberíais fijaros en que Marte es un planeta aislado, porque es el único que está en un signo de agua. (Os ruego que recordéis que al evaluar si algo es o no un elemento aislado os podéis despistar si os fijáis sólo en los puntos; como veis en este caso, Marte está aislado en un signo de agua, pero vale dos puntos por ser el regente del Ascendente.) Mercurio, Neptuno y Plutón están en un signo de tierra, de modo que a la tierra le corresponden tres puntos. Al sumar el fuego y el aire, obtenemos ocho puntos para los signos yang, y sumando la tierra y el agua, obtenemos cinco puntos para los signos yin.

A continuación podemos sumar el número de puntos para los planetas situados en signos personales, sociales y universales. Si empezamos por los personales, tenemos un punto para Saturno en Aries, dos para la Luna en Aries, uno para Venus en Aries, uno para Neptuno en Tauro, uno para Mercurio en Tauro, uno para Plutón en Tauro, dos para el Sol en Géminis y dos para Marte en Cáncer, lo que nos da un total de once puntos para los signos personales. Esto nos dice ya que esta esfera es una función enormemente dominante. Es obvio que si una cosa es tan dominante en una categoría, a las otras cosas de la misma categoría habrá que catalogarlas como inferiores. Con un desequilibrio tan grande en la orientación por signos de Isadora Duncan, era de esperar que en torno de ello se manifestara algo excepcional. Sólo hay un planeta en un signo social, Urano en Leo, que recibe un punto, y que por lo tanto es un planeta aislado. Y como Júpiter en Acuario es el único que está en un signo universal, recibe otro punto y también es un planeta aislado.

Oyente: ¿No solías dar también un punto al Medio Cielo y otro al Ascendente?

Richard: Sí, pero cambié de opinión al respecto. Veo a los planetas como energías dinámicas de orden arquetípico y psicológico, que están vivas, funcionan y se mueven. El Ascendente y el Medio Cielo son indudablemente puntos importantes en una carta, pero no tienen el mismo dinamismo que una energía planetaria. Sin embargo, si queréis asignar un punto extra al Ascendente y otro al Medio Cielo, hacedlo.

Lo siguiente que hemos de considerar es la orientación por casas. Las primeras cuatro casas son las personales, y ella tiene a Venus, Neptuno y Mercurio en la primera, lo cual significa tres puntos, a Plutón y el Sol en la segunda, que suman tres puntos, y a Marte en la cuarta, a quien le corresponden dos puntos; en total, son ocho puntos para las casas personales. Como Isadora sólo tiene un planeta en las casas sociales, Urano en la quinta, que obtiene un punto, eso hace de Urano un planeta aislado en dos casos (como único planeta en un signo social y como único planeta en una casa social). Automáticamente, uno quiere empezar a interpretar lo que significa todo esto, y ya estoy oyendo exclamaciones en el grupo. Al recorrer las casas universales, vemos a Júpiter en la once y a Saturno y la Luna en la doce, de modo que esto hace un total de cuatro puntos para las casas universales. No olvidemos que a la Luna le corresponden dos.

Empecemos a analizar parte de la información que hemos reunido hasta ahora en cuanto a lo que esperaríamos que Isadora encontrara o consiguiera en una relación. En primer lugar, deberíamos tener en cuenta que esta es la carta de una mujer nacida en 1878, en plena época victoriana, que fue un período muy represivo para las mujeres. Y sin embargo, sabemos que se las arregló para liberarse de esa represión y vivir de una manera sumamente individualista. Podríamos decir que fue la excepción a la regla de su época, lo que nos llevaría a la conclusión de que en su carta debe de haber algo excepcional que lo indique. ¿Qué planeta creéis que se relaciona con el hecho de ser excepcional? Sí, Urano, y mirad lo que ya hemos descubierto: que es un planeta doblemente aislado. Los otros planetas aislados son el Sol, Marte y Júpiter. ¿Qué sabemos de todos estos planetas? Sí, que todos son masculinos, planetas yang. O sea que lo que estamos diciendo es que aquí hay una persona poderosamente influida por planetas masculinos, por planetas yang. Lo que sin embargo no sabemos, en principio, es si ella reconocerá e integrará esa energía y expresará de un modo activo su *animus,* o si proyectará su energía masculina, buscándola en un hombre muy yang, o si hará un poco de cada una de estas dos cosas. El tipo de mujer habitual entonces habría aspirado casi con toda seguridad a introducir esa poderosa energía yang en su vida mediante el matrimonio. Y si no conseguía «casarse» con su energía yang, probablemente la habría negado o reprimido, o quizá la habría sublimado (aunque durante ese período de la historia no había muchas formas en que una mujer pudiera sublimar esa clase de energía). Por lo que sabemos de la vida de Isadora, parece que ella reconoció y llegó a expresar una buena parte de su energía yang, pero además la buscó en el tipo de hombres que la atraían. E incluso se podría decir que en parte la sublimó en su trabajo de pionera de la danza moderna.

Recuerdo en este momento un episodio de la vida de Isadora que describe muy bien el tipo de mujer que era. Cuando bailaba sobre un escenario, solía ponerse una especie de túnica griega sin nada debajo, y si la luz le daba de forma directa se le podía ver muy claramente el cuerpo a través de la ropa. La primera noche que bailó en Boston, la mayor parte del público la abucheó y los críticos la pusieron como un trapo, acusándola de llevar a cabo un intento exhibicionista de desvirtuar las artes. Dicho sea de paso, Isadora era una de esas personas a quienes Europa adoraba, pero que fue muy menospreciada en Estados Unidos, especialmente porque vivió en una época durante la cual ese país estaba en una de las rachas de puritanismo en las que recae de cuando en cuando. De todas maneras, la noche siguiente reapareció en el escenario de Boston, y se cuenta que alguien del público le gritó que las partes privadas de la gente no tenían nada de artístico. Su reacción ante esto fue avanzar por el escenario hacia las butacas, soltarse la parte superior de la túnica, tomarse con ambas manos los pechos desnudos y proclamar, dirigiéndose al público: «¡Esto, Boston, es arte!». Consiguió un aplauso clamoroso y siguió bailando. Es decir que aquí tenemos a una mujer realmente excepcional, con una vida excepcional. Muchos de los hombres más famosos de su época fueron sus amantes, y algunas de las mujeres más famosas de entonces se contaron entre sus más íntimas amigas, entre ellas la aclamadísima actriz Eleonora Duse. Mi primera maestra de interpretación fue una alemana que había sido amiga de Isadora, y me la describió como una mujer morena y no demasiado delgada que se transformaba en un ser realmente magnífico y mágico cuando empezaba a bailar. Con frecuencia, en fiestas privadas se retiraban los platos de la mesa e Isadora empezaba a bailar encima de ella. Todo el mundo se sentaba y le miraban los pies, que se movían con tal rapidez que ni se podía ver que tocaran la mesa: literalmente, daba la impresión de estar suspendida en el aire... Era algo mágico de verdad.

Volvamos a su carta, donde podemos ver el fuerte énfasis en los signos y planetas yang o masculinos, y también que el modo cardinal y el fijo son más dominantes que el mutable, que en su caso es una función inferior. De hecho, su Sol en Géminis es un planeta aislado a este respecto. Ahora bien, sólo echando un vistazo a la carta no sabemos realmente lo que ella hará con su función inferior mutable. ¿La proyectará sobre alguien? ¿La suprimirá? ¿La compensará de alguna manera? La mutabilidad se puede describir como cambio, fluctuación y necesidad de variar, todo lo cual coincide con el hecho de que Isadora fue una especie de Don Juan femenino, una auténtica seductora de hombres. Cuando le preguntaron por qué no sentaba la cabeza y hacía las cosas típicas que cabía esperar de una mujer de su época, su respuesta fue preguntar si las abejas se casan con las flores, y ahí se acabó el interrogatorio. De modo que ya veis cómo su función inferior mutable tuvo un papel muy dominante en su vida. Además, utilizó de otras maneras su poder solar mutable (el Sol aislado en Géminis). No sólo fue bailarina, sino también profesora de danza. Escribió, viajó mucho, y apoyó decididamente la revolución comunista en Rusia. La mutabilidad tiene mucho que ver con la comunicación, e Isadora se metía siempre en dificultades debido a lo que solía llamar su «fiebre aftosa», que se apoderaba de ella cuando, con una voz desagradablemente alta y ronca, se empeñaba en pontificar ante su público sobre temas sociales. La fuerte incidencia de planetas en Aries, a caballo sobre su Ascendente, da como resultado una persona muy prepotente. Lo que tenemos aquí es, pues, a una mujer extraordinariamente yang en una sociedad donde se esperaba que las mujeres fueran yin. Una de las cosas interesantes respecto de una función inferior (y no estoy usando este término en sentido junguiano, sino en sentido astrológico) es que en cierto modo recuerda a la casa doce: alberga el potencial de una gran creatividad, que sólo espera ser aprovechada. Otra cosa es que la función inferior lleva implícita la tendencia a adueñarse, en momentos de crisis, de la función superior o dominante y a sepultarla en el inconsciente.

Oyente: ¿Podrías repetir lo último que has dicho?

Richard: Lo que quiero decir es que la función inferior lleva oculto dentro de sí un gran potencial creativo. En la medida en que no esté integrada en la conciencia, tiene también la tendencia a apropiarse de la función dominante y relegarla en el inconsciente, especialmente en épocas de crisis.

Quizás una metáfora os ayudará a entender con más claridad lo que quiero decir. La función inferior es como un niño pequeño que normalmente se porta bien, pero que de vez en cuando os monta un numerito en público, por lo general en momentos de tensión. Además, una función inferior puede proporcionaros una solución creativa que os libere de un problema. Y con frecuencia actúa, para bien o para mal, como una vía de expresión del inconsciente, tanto el personal como el colectivo. He dicho ya que sólo echando un vistazo a una carta no se puede saber si una función inferior se manifestará de forma positiva o negativa. La función inferior puede convertirse en una especie de fuerza impulsora, en un *daimon* en el sentido griego del término. O bien actúa como una especie de bufón que periódicamente tira de la alfombra sobre la que estáis, haciéndoos trastabillar, algo que en ocasiones puede asustaros y hacer que os sintáis muy mal, y que sin embargo también puede ser una experiencia positiva para el proceso de individuación y el crecimiento de la conciencia. Os daré un ejemplo de lo que esto significa. Si Marte es un planeta aislado en vuestra carta, eso puede indicar un arquetipo o manera de ser que no habéis integrado en vuestra vida. Estoy pensando en una mujer que conozco, cuya función dominante es el agua, con Marte aislado en Leo en la casa doce como único planeta en fuego, su función inferior. Tenía sesenta y ocho años y vivía en Nueva York, cuando un día iba caminando por el Central Park y alguien trató de arrancarle el bolso. Pues bien, ella es una mujer muy menuda, apenas llega al metro y medio, y para colmo padece artritis. Pues terminó por dar a aquel sujeto una paliza que por poco le cuesta la vida. Y nadie se quedó más sorprendido que ella. No podía creer lo que le había pasado; sólo recordaba que el ataque la enfureció y decidió que no estaba dispuesta a aguantar aquello. Me contó que se había sentido como si se hubiera convertido en un tigre. O sea que ya veis cómo su función inferior pasó a primer plano en un momento de crisis, relegando su función dominante, el agua, a la sombra. ¿Qué os parece lo que hizo? ¿Estuvo bien o mal? Después de todo, el incidente podía haberle costado la vida. Sea como fuere, se sentó encima de su atacante (un adolescente mucho más alto que ella) y empezó a pedir auxilio a gritos hasta que llegó gente para sacar al chico de debajo de ella y llevárselo. Mi reacción es decir: «¡Bien por ella!». En todo caso, este es un ejemplo de cómo puede actuar la función inferior. Puede expresarse negativamente y meteros en dificultades, pero también puede manifestarse de forma muy positiva, y a veces ambas situaciones se dan mezcladas. Ronald Reagan es otra persona con el fuego como función inferior, pero se sabe que en casos de crisis suele echar mano de ella bajo la forma de un enorme optimismo que lo lleva a ver el mejor lado de las cosas. Ya sabéis, como cuando en las películas del Oeste el protagonista dice: «No es nada, muchachos», después de haber recibido un balazo. Y al día siguiente os saludará con una broma y os dirá que se encuentra muy bien. Por otra parte, como su función inferior es el fuego, que arde incesantemente en su inconsciente, también da la sensación de que, en lo más profundo, es un belicista de pura cepa. Su fuego, esa explosiva y autoafirmativa agresividad, está reprimido, y cuando aflora es probable que lo haga de tal forma que lo desborde.

Hemos establecido ya que la carta de Isadora muestra ocho puntos en los elementos yang y cinco en los elementos yin. Ser tan yang es siempre un problema para una mujer, así como ser demasiado yin lo es generalmente para un hombre. Si ella hubiera venido a consultarme, me habría interesado mucho saber cómo se las había arreglado su familia con sus características yang, tal como se revelan en todo ese material ariano congregado alrededor de su Ascendente. Todo eso debe de haber aflorado muy pronto en su vida, y me pregunto qué hizo con ello su familia. Está bien claro que ella tenía un complejo materno, porque su madre era de ese tipo «especial» para hijas con dotes artísticas, la subió a empujones al escenario y la acompañó en todos sus viajes por Europa. O sea que Isadora debe de haber tenido un problema enorme para romper su vínculo umbilical con su madre, una mujer muy competitiva y colérica que vivió sus propios deseos de atención y de aplauso por mediación del talento de su hija. El hecho de que Isadora tenga a la Luna y Saturno en la casa doce también indica problemas parentales, pero con esto me estoy adelantando.

Entre sus elementos no hay una función fuertemente dominante, aunque predomina el fuego, lo cual significa que fue en esencia una mujer fogosa, que de un modo u otro necesitaba crear y expresarse, y consiguió hacer ambas cosas. Además, los hombres que hubo en su vida fueron creativos y expresivos, personas importantes, políticos y artistas famosos entre otros, y esto no sólo refleja el lado fogoso de Isadora, sino también a su Marte aislado. Con un planeta muy yang, como Marte, en un signo de agua, se sintió atraída por hombres muy violentos, locos y de temperamento poético. En realidad, uno de sus grandes amores fue un famoso poeta ruso, uno de esos poetas locos, apasionados y emocionales, que terminó suicidándose. A mí todo esto me plantea la cuestión de cómo se las arregló ella para integrar su Marte aislado en Cáncer, que indica un *animus* de agua, y esto despierta mi curiosidad por la forma en que Isadora expresaba y manejaba su cólera y su necesidad de autoafirmación. Con un planeta tan yang como Marte en un signo de agua, no puede menos que haber una buena cantidad de sentimientos tensos y eróticos hirviendo y burbujeando en su interior. Su Marte se encuentra en la casa cuatro, y yo diría que este emplazamiento está conectado con su madre, es decir con aquel de los padres que asumió la función de nutrirla afectivamente, porque normalmente asocio la casa cuatro con aquella parte del entorno familiar que asume esa función, convirtiéndose en un nido, y la la casa diez con la parte que nos hace mirar hacia el futuro y nuestro destino en el mundo, aunque no creo que siempre se pueda asignar la casa cuatro a la madre y la diez al padre, ni viceversa. En el caso de Isadora, sospecho que la cuarta se refiere en realidad a su madre, con quien mantuvo durante toda su vida una relación de amor-odio. Isadora empezó muy pronto a tener amantes, en un intento de escapar del dominio de su madre, algo que en la carta está indicado por el hecho de que Marte en la casa cuatro se halla en cuadratura con la Luna en la doce. Tal como vimos en una conferencia anterior, los contactos Luna-Marte equiparan la nutrición emocional (la Luna) con la cólera y las peleas (Marte), y este fue exactamente el tipo de experiencia que Isadora tuvo con su madre: estar constantemente peleando con esa colérica figura materna sumergida que intentaba vivir su vida a través de su hija, cuyos logros y aventuras, sin embargo, no dejaba de censurar.

Isadora nació con el regente de la casa cuatro (la Luna) en la doce, que, si recordáis lo que hablamos sobre el significado de la casa doce, es una indicación de problemas para romper el vínculo umbilical con la madre; hasta la propia Isadora admitía que siempre tuvo problemas para desengancharse de ella, y que sólo alcanzó definitivamente su liberación después de la muerte de su madre. Aunque Isadora llegó a tener intimidad con mujeres muy notables y de gran sensibilidad, también tendía a ser sumamente competitiva en esas relaciones, porque ellas eran, asimismo, mujeres poderosas por derecho propio. La mayor parte de sus amistades eran hombres, ya que a las mujeres, en general, les resultaba muy difícil tratar con ella. En resumidas cuentas, yo diría que Isadora tenía un *animus* bastante bien desarrollado, lo cual astrológicamente se puede ver, en parte, como una compensación de su Marte, un planeta yang, aislado en agua.

Su Marte aislado significa también que la sexualidad era importante para ella, y que además debía de estar conectada (por el hecho de tener emplazado el planeta en Cáncer) con un abundante material emocional. Al examinar la carta, lo primero que diría es que se trata de una persona con relaciones muy tormentosas. Quizás esto fuera exactamente lo que ella quería y necesitaba; al fin y al cabo, fijaos en el tipo de equipaje que llevaba, constituido por las peleas y luchas por el poder con su madre. Su imagen del amor se reflejaba muy claramente en la cuadratura de Marte en la casa cuatro con la Luna en la doce. La historia de su vida está llena de problemas centrados en el amor y el dolor, en el amor y la cólera, y en la asociación de la nutrición emocional con el enojo y la lucha por la independencia. En pocas palabras, Isadora tenía un gran conflicto entre su necesidad canceriana de fundirse con otra persona y el impulso ariano de ser un espíritu libre.

Ahora veamos cuál era su orientación: personal, social o universal. Este es el lugar en el que encontramos un mayor desequilibrio, porque su función dominante pesa tanto en la categoría de lo personal que nos dice con toda claridad que era una persona muy centrada en sí misma, preocupada por sus propias necesidades y placeres. Esto tiene que haber entrado en conflicto con el mensaje social de su época, que decía que las mujeres debían preocuparse principalmente de las necesidades de los demás, que estaban hechas para dedicarse al prójimo y dejar de lado sus propias necesidades sin pensárselo dos veces. De haber sido otro tipo de mujer, Isadora podría haber compensado su fuerte orientación hacia lo personal mostrándose sumamente receptiva a las necesidades de los demás, pero su Urano aislado en un signo social apunta en la dirección contraria. La verdad es que fue una persona muy centrada en sí misma y orientada hacia sí misma. No es mi intención sugerir que sea malo estar centrado en uno mismo; en realidad, algunas de las personas más creativas del mundo tienen muchos planetas en los signos personales, lo cual significa que su energía está a su disposición para que la usen en sí mismas en vez de dispersarla dándola a los demás o al universo. Fijaos en un genio como Bach, con cuatro planetas en Aries, y veréis que con frecuencia el genio creativo se congrega alrededor de planetas emplazados en los elementales signos de Aries y Tauro. Estos signos están sumamente ocupados en ser ellos mismos, y no se dejan distraer por lo que hacen los demás ni por lo que los demás puedan necesitar de ellos.

Oyente: ¿Qué tipo de mensajes crees que transmitió Isadora a sus dos hijos?

Richard: Creo que el principal mensaje que recibieron fue que su madre era diferente. Con frecuencia viajaban con ella. Como probablemente sabéis, los dos niños se ahogaron en un trágico accidente: iban en coche con su niñera, y el vehículo se precipitó desde un puente. Como consecuencia de ello, Isadora tuvo una crisis nerviosa. Acudió a Eleonora Duse, la gran actriz trágica de su época, en busca de consuelo, y durante el largo período de depresión que atravesó, la Duse fue la única persona con quien podía estar. Cuando salió de la depresión desencadenada por la trágica pérdida, Isadora decidió abrir una escuela para enseñar danza según sus métodos a niños y jóvenes, y terminó por fundar academias en Moscú, París y Estados Unidos con ese fin. Como estaba diciendo, su fuerte orientación dominante hacia lo personal significa que sus orientaciones hacia lo social y lo universal eran inferiores. Sus academias, que podríamos ver como un servicio ofrecido a otras personas, nacieron como resultado de su tragedia personal. Su orientación social inferior por signos y casas (Urano es el único planeta en una casa social y también el único en un signo social) es una indicación de que se abrió a los demás canalizando su inconsciente personal de una manera sumamente excepcional, creativa, ingeniosa e iconoclasta.

Un planeta aislado en un signo social indica también que ella tendía a ver las relaciones de una manera diferente a la de sus contemporáneos, y esto está reforzado por el hecho de que el planeta aislado en un signo social era Urano, que además también era un planeta aislado en una casa social. No cabe duda de que Isadora era ya por naturaleza totalmente inadecuada para adaptarse a las reglas sociales vigentes en su época. Y cabe preguntarse qué habría sucedido si hubiera intentado meterse a la fuerza en semejante molde. La función social inferior la habría atrapado desde abajo, y realmente se lo habría hecho pasar muy mal, en especial porque el planeta implicado era Urano, al que yo asocio con el arquetipo del embustero, con ese tipo de fuerza que «sin querer» empuja a Humpty-Dumpty y lo hace caer del muro. Dicho de otra manera, si ella hubiera tenido menos conciencia de su necesidad de espacio y de libertad en las relaciones, y hubiera tratado de ser la señora de Joe Smith, la mujer del barbero, y de vivir en un pueblo pequeño haciendo las cosas que hace la gente en los pueblos pequeños, Urano habría tomado cartas en el asunto y, simplemente, no habría permitido que las cosas siguieran así. De hecho, Urano intervenía en sus relaciones cada vez que se volvían demasiado restrictivas. Cuando Isadora empezaba a sentirse limitada por una relación, no había manera de que siguiera allí, despertándose cada mañana junto a su compañero. En ese momento, todo se acababa; ella se iba. En muchos sentidos era una Aries típica y arquetípica, que muy raras veces se ve expresada tan claramente en una mujer.

En la carta de Isadora, Júpiter en Acuario en la casa once es un planeta aislado en un signo universal, el signo regido por Urano, que está aislado por partida doble. Esto acentúa fuertemente el lado uraniano y acuariano de su personalidad; es más, creo que no es posible ser mucho más uraniano que esta mujer. Yo relaciono la casa once con las causas, y su Júpiter aislado en la once indica el compromiso de Isadora con el comunismo y el socialismo, así como su forma de vincular la enseñanza de la danza y de otras actividades creativas con la idea de liberar la mente de los jóvenes. Solía enfrentarse con la gente para criticarles, en tono de prédica, su corrupta moral convencional, porque creía que la sexualidad y el cuerpo eran cosas buenas, y que el puritanismo y cualquier otra clase de dogma represivo eran nocivos y lo único que hacían era crear problemas. La expulsaron de un montón de países; literalmente, la llevaron a la frontera y le dijeron que se fuera. Como os podéis imaginar, no le fue demasiado bien en Suiza, aunque en Francia y en Rusia la adoraban. De hecho, los rusos la consideraron una revolucionaria en un país revolucionario. La medida en que Isadora expresó su lado yang significa que vivió de manera muy diferente a como vivían la mayoría de las mujeres de entonces.

Vamos a resumir lo que hemos aprendido de ella hasta el momento. Su carta muestra un gran predominio de los signos personales, y ligeramente menor de las casas personales, todo lo cual significa que se sentía más cómoda con las cosas que tenían que ver con ella personalmente. Tanto los signos y las casas sociales como los signos y las casas universales palidecen por comparación con el énfasis en lo personal. Sabemos también que fue una mujer de naturaleza fuertemente yang, y cuando proyectaba esta parte de su psique, las proyecciones eran muy poderosas, tal como se puede ver en su atracción por hombres sumamente intensos, apasionados y creativos. E incluso si hubiera encontrado a un hombre capaz de hacerse cargo por completo de su *animus,* altamente emotivo y creativo, del inconsciente de Isadora habría emergido, con una intensidad volcánica, material suficiente para desequilibrar la relación. En otras palabras, si ella hubiera encontrado a un hombre capaz de expresar su creatividad en tal medida que eso significara no permitirle a ella misma sacarla fuera, eso la habría forzado inevitablemente a intentar destruir la relación, porque Isadora necesitaba expresar por sí misma su Sol, su Marte y su Júpiter. Tal como fueron las cosas, nunca tuvo relaciones prolongadas, y aquí entramos en una cuestión de valores. ¿Qué es una buena relación? Sospecho que mucha gente evalúa una buena relación por su longevidad, pero cabe preguntarse si esta norma se puede aplicar a las personas fuertemente uranianas. Hay quienes se cargan de reproches si rompen una relación, o si ésta falla, porque eso contradice el mito de que las relaciones deberían ser eternas, y entonces piensan que, si a ellos no les duran, el fallo tiene que ser suyo.

He oído a algunas personas que se describen a sí mismas como dobles o triples perdedoras cuando se refieren a su falta de éxito en las relaciones. Me parece terrible que digan algo así, cuando en cambio deberían decir: «Soy un triple ganador porque he estado enamorado o casado tres veces, y cada una de ellas, mientras duró, fue una maravilla; aprendí y crecí mucho gracias a esas relaciones, y maduré lo suficiente para saber cuándo se habían terminado y había llegado el momento de seguir adelante. Todo eso ha formado parte de mi proceso de individuación». Pero si el mito de vuestra sociedad dice que «se casaron y vivieron felices para siempre», eso sí que es un problema. Un montón de gente se aferra a una relación cuando ya hace tiempo que se ha acabado, para no sentir que algo funciona mal en ellos y que por eso no pudieron sacarla adelante.

Pasemos ahora a examinar otros factores de la carta de Isadora. El Descendente y la casa siete son importantes en cuanto a las relaciones, y en su carta encontramos allí a Libra. Isadora solía decir que le gustaban los hombres guapos, porque ella ya era bastante fea por los dos. También decía que sus dones estaban en los pies, y no en la cara. O sea que con Libra en la casa siete, es como si buscara añadir más belleza a su vida mediante los hombres con los que se relacionaba. En realidad, era muy atractiva. En su autobiografía, escribe que Afrodita recibió su nacimiento con una sonrisa, una descripción muy adecuada de su Venus en el Ascendente. Hay muy poca cosa en el lado occidental de la carta. Si se une esto con su énfasis en la orientación personal, tanto por casa como por signo, se puede deducir que para ella era muy difícil dar mucho de sí misma a los demás en un sentido interpersonal, y que lo que realmente buscaba en una relación era alguien que le hiciera de espejo. Venus, el regente de su casa siete, está en la primera: todo vuelve a ella. A partir de toda la información que hemos reunido hasta este momento observando la carta, me da la impresión de que a la mayor parte de los hombres les resultaría muy difícil mantener una relación con ella, especialmente al tipo de hombre tradicional de su época. Incluso el regente de la casa siete está en la primera, lo cual dice: «Todo vuelve a mí». Le atraían los hombres muy apuestos y fogosos, pero siempre se planteaba la lucha por quién había de asumir el papel dominante en la relación. Ella decía que su sueño era encontrar a un hombre que fuera capaz de domarla y controlarla. Evidentemente, jamás lo encontró, porque en realidad no era eso lo que quería. ¿Cómo podía haberlo querido, cuando se defendía como una tigresa para asegurarse de que no perdía el poder ni el control en sus relaciones íntimas? Durante años estuvo exigiendo con la mayor prepotencia a uno de sus amantes que se casara con ella, hasta que, cuando por fin él cedió y consintió en casarse, ella lo abandonó, y se inventó la excusa de que él la había ofendido para justificar el hecho de haber puesto fin a la relación. Aquel hombre era un alcohólico, y poco después de separarse de Isadora, se suicidó. Aunque ella se sintió muy mal por ello, es indudable que con la forma en que solía poner fin a sus relaciones dejó tras de sí una estela de gente sumamente dañada. Todo esto es típico de una persona con una fuerte influencia uraniana y marciana. ¿Qué otros factores quisierais examinar en su carta, en lo que se refiere a las relaciones?

Oyente: No hay ninguna oposición en su carta.

Richard: Efectivamente, y eso es algo que hay que considerar cuando se trata de las relaciones. Las oposiciones dan equilibrio, objetividad y la capacidad de contemplar las cosas con una clara perspectiva. Nos hacen capaces de ver a los demás. Una falta de oposiciones indica que, en realidad, el nativo no puede ver a los demás con objetividad, es decir, sin tener en cuenta sus propias necesidades y deseos, un rasgo más destacado aún en este caso por la fuerte orientación personal centrada en Aries y Marte. Como dije antes, incluso el regente de la casa siete (la casa de los demás) está emplazado en la primera, la más personal de todas las casas.

Oyente: ¿Dirías tú que hay un *stellium* en Aries, al tener tres planetas y el Ascendente en este signo?

Richard: De hecho, yo considero que un *stellium* es un grupo de cuatro o más planetas, pero hay muchos astrólogos que se conforman con tres. Lo que a mí me parece interesante es que tenga tres planetas en Aries y tres en Tauro, los dos signos más primitivos y primarios del zodíaco. Os ruego que no toméis equivocadamente estos términos en el sentido de «no evolucionados». Por primitivo entiendo fundamental y próximo a la naturaleza, y en contacto con la energía de la libido. En el caso de Isadora, todos los mensajes que la sociedad de su época emitía sin cesar en el sentido de que las mujeres debían suprimir su libido y consagrarse a servir las necesidades ajenas cayeron, simplemente, en oídos sordos.

Oyente: ¿Y dónde está la empatía? En esta carta yo no encuentro nada que se relacione con ella. Quizá venga indicada por la Luna en la doce, pero está en cuadratura con Marte. Y la falta de empatía se ve también en la falta de oposiciones. Probablemente ella tuviera poca conciencia de lo que les hacía a los demás. Tal vez no entendiera por qué no eran como ella.

Richard: Estoy de acuerdo contigo. Ese Marte aislado en Cáncer también nos confirma que estaba centrada en sí misma. Indudablemente era sensible a sus propios cambios anímicos, y tendía a perder los estribos si alguien hacía algo que la molestara, pero lo más probable es que fuera incapaz de entender por qué ciertas cosas herían a la gente o por qué a veces eran los demás los que perdían los estribos. Al fin y al cabo, Marte es un planeta muy centrado en sí mismo, y Cáncer es un signo personal.

Oyente: Tiene un quincuncio fuera de signo entre Saturno y Urano. ¿Podrías decirnos algo sobre esto?

Richard: Saturno en la casa doce significa que una parte de ella deseaba secretamente controlar, y aquello era paradójico, porque su lado uraniano predicaba la doctrina de la libertad, el amor libre y la necesidad de dejar que cada cual hiciera lo que le apeteciera. Es casi como si ella dijera: «Está muy bien que seáis libres y hagáis lo que queráis, pero así y todo yo quiero tener cierto control sobre vosotros». Este quincuncio indica también un conflicto innato entre su necesidad de seguridad y estabilidad y la otra, fuertemente uraniana, de autonomía e independencia. Digamos de paso que Isadora no conoció a su padre. Su ausencia está indicada en la carta por el hecho de que Saturno, el regente de su casa diez (la del padre), se encuentra en la doce, la casa de lo que está oculto o es misterioso. Su madre fue para ella más o menos padre y madre. A Isadora le disgustaban intensamente las figuras de autoridad; veía a los padres y a las figuras paternas como algo malo, y proyectaba este complejo sobre aquellas personas que tenían poder en el Gobierno y sobre la clase dirigente. En otras palabras, su rebelión contra lo establecido podía ser consecuencia de la cólera que sentía contra su padre ausente, y de su rebelión contra el empeño de su madre en organizarle la vida. Habitualmente, Isadora no sólo tomaba partido por los revolucionarios, sino que incluso los estimulaba. Yo atribuiría toda esta dinámica a su quincuncio entre Saturno y Urano.

Oyente: ¿Qué orbe asignas a un quincuncio?

Richard: Para los quincuncios uso un orbe de cinco o seis grados, pero en realidad cada cual puede escoger el orbe que mejor le funcione según su experiencia.

No hemos comparado la carta de Isadora con ninguna otra, y sin embargo, después del análisis que hemos realizado, ya tenemos una visión bastante clara de cómo eran para ella las relaciones. Lo que hemos hecho es disponer el escenario para la sinastría, al ir descifrando su forma de ser como persona y de qué manera afectaba esto al modo en que establecía sus relaciones y al tipo de problemas con que se encontraba en el proceso. Ahora, la sinastría será mucho más fácil con toda la información que ya hemos obtenido sobre Isadora a partir de su carta. Continuemos, pues, examinándola en busca de los factores que tienen que ver con las relaciones. A este respecto, siempre vale la pena fijarse bien en Venus, porque muestra arquetípicamente las cualidades que buscamos en otra persona para que nos haga sentir más completos. Y en la carta de Isadora, Venus es excepcionalmente importante como indicador de las relaciones, porque también es el regente de su casa siete. Se puede aprender muchísimo del planeta que forma el aspecto más exacto con Venus en cualquier carta, que en este caso es Urano, que está en trígono con Venus. Esto, por sí solo, nos dice que lo que ella buscaba en las relaciones y en el matrimonio era la magia.

Urano, que es un planeta transpersonal, en aspecto con Venus, que es un planeta interpersonal, significa que lo que ella buscaba era despertar por mediación del amor o, a la inversa, ser ella quien despertara a la otra persona. Las cosas mágicas, translúcidas, relucientes, escandalizadoras, liberadoras, que despiertan y no atan ni limitan, formaban una parte importante de su mito personal sobre lo que debían suponer el amor y las relaciones. Y de hecho, se las arregló mucho mejor que la mayoría de la gente para llegar a vivir todo esto.

En la carta de Isadora, Venus forma otros dos aspectos, aunque más amplios: una conjunción con la Luna (a nueve grados de la exactitud) y una cuadratura con Marte (a ocho grados de la exactitud). Marte en cuadratura con Venus refleja el hecho de que sus relaciones estaban cargadas de pasión, de sexualidad y de conflictos de poder. En las conferencias anteriores hablamos bastante de los aspectos entre la Luna y Venus, y los relacionamos con un conflicto interior entre el lado maternal, lunar, de una mujer, y su lado sensual y creativo, propio de Afrodita o Venus. Los contactos Luna-Venus también suelen manifestarse en forma de conflictos y competición entre madre e hija, lo que yo llamo «el síndrome de la manzana envenenada». Es exactamente lo que sucedió entre Isadora y su madre: cuando Isadora empezó a florecer, en su adolescencia, su madre comenzó a ejercer una violencia psicológica sobre ella.

Oyente: ¿Puedes decirnos algo más sobre el lado femenino de Isadora?

Richard: Los dos principales planetas femeninos, la Luna y Venus, están en Aries, es decir, bajo el dominio de Marte, de modo que incluso su feminidad estaba teñida por su fuerte propensión a autoafirmarse y por sus características de persona yang, de tipo guerrero. La Luna y Venus en cuadratura con Marte indican lo mismo. Cuando bailaba era una mujer sensible y muy creativa de un modo femenino, pero en realidad no manifestaba muchos de los otros rasgos que normalmente asociamos con «lo femenino». Su actitud en las relaciones era en gran medida masculina, y con frecuencia era ella quien perseguía y seducía, en vez de dejarse perseguir y seducir.

Oyente: ¿Dirías tú que era una mujer dominada por el *animus*?

Richard: Es una pregunta difícil, y no estoy seguro de ser capaz de responderla. Los junguianos considerarían probablemente que estaba dominada por el *animus*: montaba en cólera de un modo explosivo, solía atacar físicamente a la gente que estaba en desacuerdo con ella, se liaba a puñetazos con la mayoría de los hombres con quienes se relacionó y por lo general provocaba en ellos reacciones coléricas. Por otra parte, se podría decir que no era que estuviera dominada por el *animus,* sino más bien que su lado femenino era, por naturaleza, muy masculino. En otras palabras, expresaba su feminidad de una manera sumamente enérgica.

Oyente: ¿Cómo era con sus hijos?

Richard: No olvidéis que tenía a Urano en la quinta casa. Raras veces veía a sus hijos, y yo diría que no fue una madre nutricia. Estaban básicamente al cuidado de niñeras. Isadora solía entrar en su habitación deprisa y corriendo, les demostraba gran amor y después no los veía durante una semana. Pero sin duda los amaba; la verdad es que amaba a todos los niños en general. Fundó incluso una escuela para trabajar con ellos, pero no era cariñosa de la manera que solemos esperar que lo sea una madre con sus hijos. En ella no había mucho de la Gran Madre arquetípica; sin embargo, eso no significa que estuviera dominada por el *animus.* Pienso que en muchos sentidos era una mujer bastante individuada, pero también muy perturbada. No creo que nadie pueda tener una carta tan desequilibrada y no llevar una vida perturbada.

Oyente: Afrodita era muy fuerte en ella.

Richard: Sí, tenía a Venus muy cerca del Ascendente, y era básicamente Afrodita en el aspecto sexual. Decía: «Tú me gustas, te deseo, y quiero que hagas cosas que me den placer», y en algún momento terminaba por decir: «Te lo agradezco mucho, pero ya no me interesas. El siguiente, por favor». En eso se parecía mucho a Afrodita, que a mi modo de ver es uno de los arquetipos de lo femenino, aunque nuestra sociedad generalmente no la considere femenina. Pero lo es de una manera venusiana. Con frecuencia confundimos la feminidad con la Luna, y nos olvidamos de que tiene también otros aspectos.

Oyente: Tu modo de considerar las funciones dominantes e inferiores no coincide con la forma en que las veía Jung.

Richard: Sí, creo que a este respecto es mejor que aclaremos las cosas. Yo discrepo mucho de las tipologías junguianas, específicamente de la forma en que Jung clasificaba las funciones, que en mi opinión era demasiado estrecha. Creo que la variabilidad de la psique humana es mayor de lo que pensaba Jung. Estoy familiarizado con su sistema, pero el que yo uso tiene muchas más posibilidades. Por ejemplo, no creo que el hecho de que la función dominante sea la intuición signifique necesariamente que la función inferior sea la sensación. Es una bonita teoría, pero dudo que las cosas sean tan fijas o tan rígidas. Ni siquiera me gusta correlacionar las cuatro funciones junguianas (intuición, sensación, pensamiento y sentimiento) con el fuego, la tierra, el aire y el agua. Jung tenía algunas grandes ideas sobre la dinámica psíquica de los tipos intuitivo, sensorial, intelectual y sentimental, pero yo creo que los elementos astrológicos expresan mucho mejor todo eso. El sistema que os he presentado hoy abre muchas más posibilidades, porque permite que alguien con una función dominante intuitiva o de fuego tenga el pensamiento como función inferior. Y, como acabo de decir, los junguianos estrictos dirían que eso no es posible, que alguien cuya función superior sea la intuición tendrá automáticamente la sensación como función inferior.

Oyente: Por regla general, ¿los planetas aislados implican siempre sobrecompensación?

Richard: No, no necesariamente. Depende de cuál sea el planeta aislado y de la forma en que la persona interprete la situación. Algunas personas no sobrecompensan los planetas aislados; lo que hacen es negarlos por completo. Mucha gente con Marte como planeta aislado simplemente niegan que alguna vez sientan enojo, en vez de sobrecompensar a su Marte aislado actuando de una manera muy yang y prepotente.

Oyente: ¿Puedes explicar la diferencia entre la orientación por signo y la orientación por casa?

Richard: Un signo es una energía arquetípica, una deidad o fuerza a la que hay que honrar. Una casa es simplemente un área de la vida en donde se manifiesta la energía arquetípica que representa el signo. Los signos muestran impulsos y necesidades, y las casas, la esfera de la vida donde se expresan tales impulsos y necesidades. Por ejemplo, Eleanor Roosevelt tenía montones de planetas en los signos personales, pero estaban en casas universales. Su impulso y su necesidad personales eran abrazar causas y hacer algo por el bien de la mayoría. En realidad, su función dominante no era la personal, sino la social, y ella la expresaba también en la esfera de la vida representada por las casas universales. Solía decir de sí misma que era la boca y las piernas de su marido. Franklin D. Roosevelt tenía una función social inferior, y su mujer se hacía cargo de ella. Él no tenía más que un planeta en un signo social, que era Urano emplazado directamente sobre el Ascendente. Todo el mundo lo veía como una gran persona dotada de mucho encanto, pero en realidad no era así; era sumamente retraído y tenía muy pocos amigos. Eleanor asumía por él la función social, pero lo hacía valiéndose del tipo de causas que se asocian con las casas universales.

El arte de la sinastría: Comparación de las cartas de Zelda y F. Scott Fitzgerald

Quiero que estudiemos ahora la sinastría entre las cartas de Zelda y F. Scott Fitzgerald (véanse las cartas 2 y 3, en las páginas 266 y 267). Creo que una de las mejores maneras de aprender astrología es leer la biografía de alguien que a uno le interese y al mismo tiempo ir haciendo el estudio de su carta. Es una manera de aprender muy amena, y además inofensiva, ¡especialmente si la persona ya ha muerto! Hay una buena biografía de Zelda, escrita por Nancy Milford,[1] y de ella obtuve la información sobre su vida. Dediquemos ahora algún tiempo a estudiar cada carta por separado para ver qué es lo que nos revelan en cuanto a la forma y la capacidad de relacionarse de esta pareja. Empezaremos por Zelda. (Como podéis ver, he tratado sus modalidades, elementos, polaridades y orientación por signos y casas con el mismo sistema que empleamos al analizar la carta de Isadora.) Entonces, fijémonos en los indicadores de las relaciones. ¿Qué es lo primero que os llama la atención al mirar la carta de Zelda?

Oyente: Que le falta tierra.

Richard: Sí, es cierto, no tiene ningún planeta en tierra, y en cambio tiene cinco en fuego. En realidad, según mi sistema de asignar puntos a los emplazamientos, por el fuego y el aire le corresponden diez puntos,

1. Nancy Milford, *Zelda,* HarperCollins, San Francisco, 1983.

265

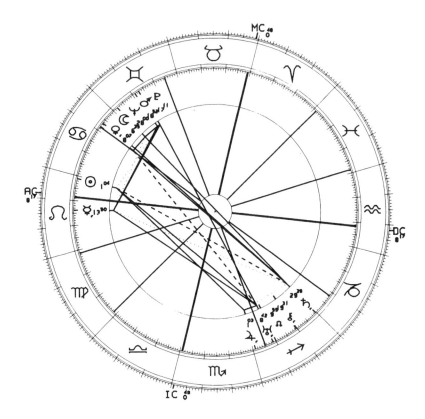

MODALIDADES	FUNCIONES	ORIENTACIÓN
Cardinal 3	QUE FALTAN	POR CASAS
Fija 4	Tierra	Personal 2
Mutable 6		Social 2
		Universal 9
ELEMENTOS	STELLIA	
Fuego 7	Casa 11	ORIENTACIÓN
Aire 3		POR SIGNOS
Agua 3	AISLADOS	Personal 6
Tierra 0	No hay	Social 4
		Universal 3

Carta 2. Zelda Fitzgerald, nacida en Montgomery, Alabama, el 24 de julio de 1900, a las 5.33 de la madrugada, CST [Central Standard Time, es decir, hora central estándar]. Datos del nacimiento tomados de Lois Rodden, *Profiles of Women,* American Federation of Astrologers, Tempe, AZ, 1979. Carta calculada por Astrodienst con el sistema de casas de Plácido.

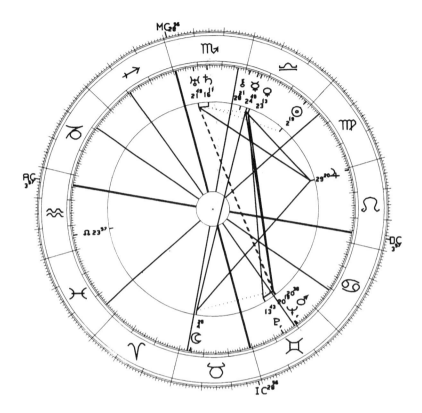

MODALIDADES	FUNCIONES	ORIENTACIÓN
Cardinal 4	QUE FALTAN	POR CASAS
Fija 6	Signos universales	Personal 3
Mutable 3		Social 7
	STELLIA	Universal 3
ELEMENTOS	No hay	
Fuego 1 (♃)		ORIENTACIÓN
Aire 7	AISLADOS	POR SIGNOS
Agua 3	♃ Fuego	Personal 5
Tierra 2 (☽)	☽ Tierra	Social 8
		Universal 0

Carta 3. F. Scott Fitzgerald, nacido en St. Paul, Minnesota, el 24 de septiembre de 1896, a las 3.30 de la tarde. LMT [Local Mean Time, es decir, hora media local]. Los datos del nacimiento fueron tomados del certificado de nacimiento. Carta calculada por Astrodienst con el sistema de casas de Plácido.

mientras que por el agua y la tierra no tiene más que tres. Esto significa que es mucho más yang que yin. Como Isadora, Zelda era una mujer muy fuerte. Su lado yang se puede ver en la forma en que tomó la iniciativa en la elección de sus amigos masculinos (algo que vimos también en la vida de Isadora). Cuando conoció a Scott, Zelda decidió que ese era su hombre, y tomó la determinación de casarse con él. Siempre había tenido la fantasía de casarse con un hombre importante, y el apuesto triunfador que era F. Scott Fitzgerald, reconocido ya entonces como un escritor de renombre, satisfacía sus expectativas. En este sentido, Zelda iba en busca de un hombre capaz de expresar la poderosa y deslumbrante energía de su *animus,* tal como lo muestra claramente su Sol en Leo, en trígono con su conjunción Júpiter-Urano en Sagitario.

Oyente: Su lado yang, ¿no se contradice fuertemente con su conjunción Luna-Venus en Cáncer?

Richard: Así es, pero esto hay que considerarlo con más detenimiento. Recordad que los aspectos Luna-Venus pueden indicar un complejo materno, o lo que yo llamo «el síndrome de la manzana envenenada». De hecho, Zelda tenía una relación complicada con su madre, que ahora os explicaré. Zelda creció en Alabama, y sus padres provenían de familias sureñas muy refinadas. Su padre era juez y se mostraba más bien distante (Zelda tiene al Sol en la casa doce, y eso puede indicar un padre ausente). La madre estaba consagrada a su hija, hasta el punto de que intentó vivir a través de ella. Zelda era la belleza de Montgomery, en Alabama, y asumió realmente el papel de frívola y coqueta, al estilo de Scarlett O'Hara al comienzo de *Lo que el viento se llevó.* Fue sexualmente precoz y tuvo muchos pretendientes. Aunque su madre fuera toda una dama, que siempre se comportaba de la forma apropiada, de hecho favoreció las aventuras amorosas de Zelda, pero de todas maneras lo hizo de un modo ambivalente y no pocas veces cambió de actitud para condenar la promiscuidad de su hija. Zelda tenía dos hermanas, y su madre siempre dejó muy claro que quería que todas sus hijas estuvieran más cerca de ella que del padre. Solía decirles que su padre era un juez muy importante y, por lo tanto, un hombre muy ocupado, y que ellas debían dejarlo tranquilo para que pudiera hacer bien su trabajo.

Sea como fuere, Zelda se casó con Scott Fitzgerald, y los dos se convirtieron en los arquetipos vivientes de la época dorada de los «felices años veinte». Vivían de prisa y bien, eran miembros de la *jet-set,* bebían mucho, se instalaron en París y conocieron a todo el mundo que valía la pena conocer. Pero tanto Zelda como Scott tenían una gran falta de tierra. Ella no tenía ningún planeta en este elemento, y él sólo a la Luna en Tauro, de modo que entre los dos no tenían más que un planeta en tierra. La falta de tierra es una indicación de que, como pareja, eran manirrotos con el dinero. Aunque Scott ganara muchísimo con sus escritos, siempre acababan gastándoselo todo. Zelda era el prototipo de la joven de los años veinte, que se mofaba de las normas morales de la época, y da la impresión de que, para el colectivo, encarnaba alguna imagen arquetípica, tal como lo muestran todos esos planetas en la casa once (la de los grupos y la sociedad) y también su Sol en Leo en la casa doce (la del inconsciente colectivo). Aunque tuvo muchos intereses artísticos, jamás consiguió hacer algo tangible con su propia creatividad, lo que quizá se relacione con la falta de tierra en su carta, pero también es verdad que Scott actuó con ella como un vampiro, usándola como modelo para los principales personajes femeninos de sus obras. Solía leer el diario de Zelda y copiar literalmente párrafos enteros para usarlos en sus novelas. En cierto sentido, estuvo violando constantemente la intimidad de su mujer y utilizando a Zelda para la creación de sus magníficos personajes.

La quinta casa es la de la autoexpresión creativa, y, como podéis ver, en la carta de Zelda los planetas de la quinta se oponen a los de la undécima. Al igual que con cualquier oposición, hay la tendencia a identificarse con un lado y proyectar el otro. Al parecer, a ella la consumía la casa once (las fiestas, la vida social y el hecho de encarnar una imagen del colectivo), mientras que la energía creativa y el sentido de la individualidad de su Sagitario en la casa cinco fueron monopolizados por Scott. El yo de Zelda desapareció casi por completo. La única vez que consiguió terminar de escribir una novela, Scott hizo todo lo posible por impedir que se publicara. Zelda también intentó iniciar una carrera como bailarina, pero nuevamente fue él quien sofocó la tentativa. Entre los dos existió una competitividad tremenda, y Scott siempre supo arreglárselas de una manera u otra para frustrar la creatividad de su mujer. Las dificultades de Zelda con su casa cinco se reflejaron también en la relación problemática y distante que tuvo con su hija, la única de la pareja. Con el paso de los años, la diagnosticaron como maníaco-depresiva y tuvo numerosas crisis nerviosas. Ella y Scott terminaron por separarse, y finalmente Zelda murió en un incendio, en una clínica para enfermos mentales.

Oyente: ¿No crees tú que el Sol de Zelda, en Leo en la casa doce, contribuyó a que fuera tan autodestructiva? Realmente, armoniza con eso de morir en un incendio en una clínica para enfermos mentales.

Richard: Sí, estoy de acuerdo contigo. Su Sol en la casa doce indica una tendencia natural hacia la entropía, como si alguna parte de ella no quisiera tomar forma y hubiera preferido no haber salido jamás del útero. Es la cuestión de «ser o no ser». El Sol en la casa doce también puede ser tremendamente creativo, porque la permeabilidad de sus límites le confiere la capacidad de actuar como mediador de las imágenes del colectivo, o de encarnar sus ideales y arquetipos, algo que ella expresó en su papel de prototipo de la chica de los años veinte. Y sin embargo, ese mismo emplazamiento le confería un yo muy débil e inestable, por lo cual le resultaba difícil autodefinirse. En relación con esto, el Sol en la casa doce es una espada de doble filo: ofrece el don de un gran potencial creativo, pero al mismo tiempo puede estar indicando una terrible confusión cuando se trata del propio sentimiento de identidad personal.

Ahora, volvamos nuestra atención a la carta de Scott. Observad que no tenía más que un planeta en fuego, Júpiter en Leo en la casa siete. Su falta de fuego hacía que se sintiera atraído por la gente que lo tenía, que poseía una forma de energía que él necesitaba, y Zelda tenía cinco planetas y el Ascendente en fuego. Scott, además, tenía a la Luna como único planeta en tierra, y una Luna aislada suele ser una indicación de la importancia del *anima,* de las mujeres y de la madre en la vida de una persona. Con frecuencia se encuentra un fuerte complejo materno cuando la Luna está aislada. En cierto sentido, Scott era un *puer* clásico, es decir, el eterno adolescente. Estaba cosido a las faldas de mamá, y le costó muchísimo despegarse de ella. Su madre era la Madre Terrible arquetípica. Como ella había deseado desesperadamente una niña, vistió a Scott como a una niña hasta que tuvo cuatro o cinco años. También es interesante observar que aunque Scott era muy yang (en su carta vemos que los signos yang tienen ocho puntos, y los signos yin cinco), Zelda era más yang que él (en su carta los signos yang tienen diez puntos, y los signos yin sólo tres). Ella solía acusarlo de ser homosexual, y la verdad es que en una fotografía de Scott Fitzgerald, disfrazado para una fiesta en el Harvard Hasty Pudding Club, se lo puede ver como una Gibson Girl,* con uno de aquellos gran-

* La imagen idealizada de la joven estadounidense de 1890, tal como la veía el dibujante Dana Gibson. *(N. del E.)*

des sombreros de ala y todo. Después de cubrir el pie de la foto, se la mostré a un grupo de mis alumnos y les pregunté quién les parecía que era. «Oh, una de esas hermosas cantantes o actrices del siglo pasado», me respondieron.

En realidad era un hombre muy guapo y de aire más bien decadente. Tuvo una intensa relación con Ernest Hemingway, y mucha gente que los conocía pensó que en ella había fuertes componentes homosexuales. También quisiera señalar el quincuncio entre su Sol en Libra y su Luna en Tauro. Se podría pensar que como ambos signos están regidos por Venus, un quincuncio entre ellos no debería plantear mayores problemas, pero estos dos signos pueden representar un conflicto entre dos imágenes diferentes de lo femenino. El lado que en Scott corresponde a su Sol en Libra es puro, frío, estético y distante, más interesado por la ropa, las modas y el ideal de la belleza femenina que por una mujer de carne y hueso. Esto entra en conflicto con su Luna en Tauro, que es el lado al que le interesa la carne, pero que también en algún sentido personifica a la madre. Además de este quincuncio, la Luna forma otro aspecto mayor, un trígono con Júpiter en la casa siete, que me hace pensar que él buscaba, por mediación de su pareja, algo lunar o maternal. Me imagino que Scott esperaba recibir de Zelda algo así, un amor maternal positivo y diferente del que había recibido de su madre real. Pero, incluso aunque Zelda consiguiera brindarle ese amor maternal que él necesitaba, Scott tenía una Luna aislada muy ávida, de manera que, fuera lo que fuese lo que ella le diera, para él nunca hubiera sido suficiente, y habría seguido siempre exigiendo más y más. Su Luna está también en semicuadratura con su conjunción Marte-Neptuno en Géminis, otra indicación de lo frustrado que se sentía en su intento de conseguir la satisfacción de sus necesidades lunares. Recuerdo haber leído que mientras estaban en París, cuando Zelda sentía la compulsión de comprar y derrochar sin freno, solía arrastrar consigo a Scott, algo que a él le encantaba, por lo menos al principio, porque le admiraba (su Luna en trígono con Júpiter) la forma en que ella se consentía y se mimaba. Le divertía contar a sus amigos interminables y maravillosas historias sobre las cosas disparatadas e inverosímiles en que ella se gastaba el dinero. En realidad, las heroínas de sus novelas mostraban con frecuencia esa misma autocomplacencia compulsiva que a él le fascinaba en Zelda. Sin embargo, con el correr del tiempo empezó a criticarla y a culparla constantemente por la forma en que dilapidaba el dinero. Es decir que las mismas características de ella que en cierto modo satisfacían necesidades de él y lo fascinaban, también podían, al mismo tiempo, fastidiarlo y sacarlo de quicio.

Quisiera que os fijarais en algunas cosas más de la carta de Scott. Júpiter a 29° de Leo y Urano a 21° de Escorpio forman la única cuadratura, muy amplia, que hay en su carta. A veces pienso que a las personas que no tienen cuadraturas les resulta más difícil manejar los conflictos cuando se les plantean. No se trata de que no los tengan, sino de que, cuando surgen, no se sienten preparadas para afrontarlos. Tienen tendencia a desplomarse bajo el peso de la presión y el esfuerzo. Observad también que tiene a Júpiter en la casa siete, a 29° de Leo. He comprobado que los planetas emplazados en el grado 29 de cualquier signo pueden ser muy engañosos, como si estuvieran haciendo equilibrio en el borde y a punto de convertirse en alguna otra cosa. En todo caso, como ya he dicho, esa energía jupiteriana locamente expansiva está en la séptima casa, la de los demás, la de lo que proyectamos sobre el mundo y la de la pareja. Ya veis cómo esto coincide con el Sol y el Ascendente en Leo de Zelda. De hecho, su Ascendente está en el mismo signo que el Descendente de Scott, y el Ascendente de él se encuentra en el mismo signo que el Descendente de ella. Este tipo de doble ligadura indica generalmente una atracción muy fuerte basada en proyecciones recíprocas.

Oyente: A mí me llama la atención que Scott tenga al Sol y Venus en la casa ocho. He observado que los que tienen planetas en ella suelen encontrarse con que esos planetas están un poco fuera de su alcance, o con que no pueden conectar fácilmente con esas energías en sí mismos. El Sol representa al padre, y Venus es la capacidad de tener una relación consciente, y a mí eso me dice que, de niño, probablemente Scott tuvo muy poco contacto con su padre, y por lo tanto nunca llegó a tener un yo fuerte que lo separase de su madre. Necesitaba encontrar y redimir su Sol y su Venus en la casa ocho, y su incapacidad para redimir esos arquetipos perdidos se nota en la forma en que despojaba a Zelda, en cómo le robaba material de su diario y le arrancaba su energía psíquica.

Richard: Sí, está muy bien lo que señalas. Estoy de acuerdo en que, psíquicamente, Scott fue un vampiro para Zelda y terminó por agotarla. Odio tener que decirlo, pero esas cosas suceden en las relaciones. Su Luna aislada, allí sola en Tauro, casi en el fondo de su carta, pero en conjunción con el Medio Cielo de Zelda, también podría tener algo que ver con esto. Cuando digo que él actuó con ella como un vampiro, no quiero decir que Zelda fuera una víctima inocente, porque siempre tiene que haber dos para bailar en pareja. Creo que «el que vacía» y «el vaciado» están de acuerdo en bailar juntos. Si habéis visto la película *Drácula,* de Bram Stoker, no se os habrá escapado que hay una connotación fuertemente sexual en eso de que un vampiro os chupe la sangre. En su huida nocturna por alguna comarca solitaria y aterradora, la víctima siempre lleva un largo camisón transparente que deja vislumbrar las formas de su cuerpo, y todo recuerda un poco la escena entre Lucifer y Eva. Aunque en cierto sentido Zelda me da más pena que Scott, sinceramente no puedo decir que fuera una víctima por completo inocente. Tendemos a sentir pena por ella porque terminó hecha un verdadero despojo, y sin embargo la vida de Scott tampoco fue nada envidiable. Acabó en Hollywood, alcohólico perdido, escribiendo guiones para películas de serie B, y murió sin un centavo; de modo que también él sufrió mucho.

Ahora vamos a analizar algunos aspectos en sinastría para ver adónde nos lleva eso. Cuando hago una sinastría, me esfuerzo por no prejuzgar qué puede significar un aspecto entre las dos cartas. No estoy de acuerdo en que la conjunción entre Marte en la carta de un hombre y Venus en la de una mujer haya de significar siempre éxtasis sexual; un contacto Marte-Venus también puede manifestarse de otras formas. En las relaciones, al igual que en las demás cosas de la vida, el todo es mayor que la suma de las partes, de manera que os ruego que tengáis cuidado y no os apresuréis demasiado en juzgar cómo se manifestarán ciertos contactos. Tengo la sensación de que la mayoría de las personas tienden a pensar en una relación como si fuera una entidad en sí misma. Aunque eso sea cierto en parte, también creo que las dos personas que participan en ella siguen jugando según sus propias reglas. Cada persona tiene su propia agenda o su propio contrato, que en la mayoría de los casos nunca se estipula abiertamente, y eso puede dar origen a gran parte de las dificultades con que se enfrenta la gente en una relación. Por ejemplo, yo puedo pensar que soy tu padre, pero tú puedes pensar que soy tu hijo, o necesitar que sea tu hijo y no tu padre. Muchas personas se pasan años en una relación sin saber realmente a qué están jugando.

Os sugiero que elijamos un planeta en una carta y veamos qué aspectos forma con los planetas de la otra. Dejadme que empiece con Saturno en la carta de Scott, a 16° de Escorpio en la casa nueve. En su carta, Saturno está en quincuncio con Plutón, Neptuno y Marte, y en conjunción con Urano. Veamos ahora qué aspectos forma con los planetas de Zelda. ¿Tiene ella algo alrededor de los 16° de un signo? Sí, el Saturno de Scott está en quincuncio con la conjunción Marte-Plutón en Géminis de Zelda, y en cuadratura con su Mercurio y su Ascendente en Leo. Observemos también que ambos tienen a Marte en Géminis en conjunción con Neptuno y Plutón, lo cual significa que el quincuncio de Saturno con estos planetas en la carta de él se reproduce en la de ella. Esto debe de significar que Zelda resaltaba las paradojas y frustraciones internas de Scott indicadas en su carta por el quincuncio de su Saturno con Plutón, Neptuno y Marte. El quincuncio es siempre un aspecto paradójico. Me imagino que Scott empujaba a Zelda a coquetear (a asumir la energía de Géminis), al comprarle ropa y presentarle a todos esos hombres interesantes, y después se recostaba en su butaca y se excitaba mirando cómo ella coqueteaba con esos hombres y los seducía. Pero con Saturno en Escorpio en quincuncio con la energía de Géminis, podéis estar seguros de que más adelante se lo haría pagar. Dicho sea de paso, yo creo que un contacto natal entre Marte y Plutón es, de por sí, un indicador de problemas sexuales. De alguna manera Plutón intensifica el carácter sexual de Marte y le da un tinte subterráneo, que sugiere que el impulso sexual tiene algo de peligroso. O sea que tanto Scott como Zelda llevaban en sí este problema Marte-Plutón, y su relación lo destacaba, porque el contacto Marte-Plutón de él está en conjunción con el de ella. ¿Y qué tenéis que decir sobre el Saturno de Scott en cuadratura con el Mercurio y el Ascendente de Zelda?

Oyente: ¿No podría indicar que entre ellos había una relación muy kármica, es decir que todavía seguían expresando algo proveniente de una vida anterior compartida?

Richard: Nunca sé qué contestar cuando la gente me dice que una relación es muy kármica, porque una de dos, o toda relación es kármica o ninguna lo es. No creo que algunas relaciones sean especialmente kármicas y otras no. Además, pienso que introducir el concepto del karma en una lectura astrológica puede ser no sólo delicado, sino también peligroso. Yo jamás lo haría. Puedo pensar en eso en privado, para mis adentros, pero con un cliente no hablaría de ello en absoluto.

Creo que la cuadratura del Saturno de Scott con el Mercurio y el Ascendente en Leo de Zelda fue una combinación muy estimulante para la carrera de él. Estos aspectos en sinastría son una indicación de la forma en que Scott se valió de la *persona* de Zelda —es decir, del carácter extravertido y leonino de su Sol, y de su Mercurio en ascenso en Leo— para estimular su propia creatividad, por ejemplo, mediante sus incursiones en los diarios de ella para robarle material (Mercurio en Leo en la casa uno en la carta de ella). Sin embargo, la personalidad Leo de ella, sumamente extravertida, aunque estimulante para Scott con respecto a su trabajo y su carrera, seguramente hizo que el Saturno en Escorpio de él pareciera más cohibido de lo que en realidad estaba. O sea que al mismo tiempo que conseguía de ella algo que necesitaba, Scott se resentía con Zelda por poseer esas mismas cualidades que a él le servían.

Fijémonos ahora en dónde está Saturno en la carta de ella, para ver las cosas desde su punto de vista. ¿Con qué nos encontramos? Su Saturno está a 29° de Sagitario, de modo que aquí volvemos a encontrarnos con el grado 29 de un signo, algo que yo siento siempre como una indicación de inestabilidad en lo que respecta al planeta y el signo afectados. Recordad que Scott tenía a Júpiter en la casa siete a 29° de Leo, lo cual, a mi modo de ver, indica algo inseguro e inestable que él proyectaba en sus parejas. Y nos encontramos con algo similar en la carta de ella, con su Saturno a 29° de Sagitario, lo cual ciertamente nos habla de sus proyecciones sobre su padre y sus problemas con él. Ahora bien, su Saturno está en cuadratura con el Sol de él al comienzo de Libra, en trígono con su Luna a 4° de Tauro, en sextil con su Venus y su Mercurio en Libra, en trígono con su Júpiter en Leo, y en oposición con su Marte y su Neptuno a 20° de Géminis. Esto nos dice que su Saturno está mucho más activado por la carta de él que lo contrario. Decididamente, yo diría que el Saturno de Zelda está relacionado con los problemas que tuvo con su padre. Ella vivió una niñez de gran privación emocional en lo que respecta a su relación con su padre, y de ahí que tendiera a volver a convocar aquello en su matrimonio. En otras palabras, de forma inconsciente y compulsiva buscó a un hombre con quien pudiera experimentar el mismo tipo de privaciones a que la había sometido su padre. También es interesante observar que su Saturno a 29° de Sagitario forma exactamente un trígono con el Júpiter a 29° de Leo de Scott. Aunque estos dos planetas estén conectados por un trígono, yo diría que el Júpiter de él estimulaba negativamente al Saturno de ella, haciendo que se alimentara de su falta de confianza en sí misma. Es como si el Júpiter de Scott incitara al Saturno de Zelda a expresarse más, pero en el proceso estableciera también que ella debía fracasar o no estar a la altura. Esencialmente, Scott le decía que tratara de hacer cosas, de esforzarse por tomar las riendas, pero cuando Zelda lo intentaba, él le hacía sentir que no lo había hecho lo suficientemente bien. Es como si el Júpiter de Scott empujara al Saturno de Zelda a aventurarse en un dominio en donde ella se sentía frágil y vulnerable, y en el que era incapaz de arreglárselas.

Oyente: ¿Y qué hay del trígono del Saturno de ella con la Luna de él?

Richard: Bueno, en cierto sentido ella hizo de progenitor (Saturno) del niño interior de él (la Luna). Dedicó muchísimo tiempo a corregir los libros de su marido, revisándolos a fondo y ayudándole a reescribir algunos pasajes, algo que él no reconoció nunca. Y además tenemos al Saturno de Zelda en cuadratura con el Sol de él, lo cual para Scott podía ser estimulante porque el Saturno de ella (su inseguridad y su vulnerabilidad) movilizaba su poder solar y su creatividad. Sin embargo, me pregunto si ella, por su lado, no se sentiría disminuida o rebajada (su Saturno) por el reconocimiento que él recibía por su creatividad (el Sol), mientras que la de ella seguía sin ser reconocida.

Oyente: ¿Cómo los afectó el hecho de tener un hijo?

Richard: Scott era un *puer* clásico, y Zelda una típica *puella* (la versión femenina del eterno adolescente). Cuando un *puer* y una *puella* se casan, los dos quieren tener el papel del hijo en la relación. Ninguno de ellos está capacitado para ser padre o madre, porque tener un hijo significa que cada uno debe reconocer la responsabilidad que le impone el papel y, por consiguiente, ambos tienen que renunciar a seguir maniobrando para conseguir la posición del niño. El auténtico perdedor en esta situación es el niño de verdad, que puede terminar cargando con el resentimiento de ambos padres. Zelda empezó a mostrar síntomas maníacodepresivos poco después del nacimiento de su hija.

Tomémonos ahora un minuto para observar la relación entre sus respectivos Soles y Lunas. El Sol de Zelda está a 1° de Leo, y el de Scott a 2° de Libra, lo cual significa que están en sextil. La Luna de ella está a 6° de Cáncer, y la de él a 4° de Tauro: también están en sextil. Pero ya habréis observado que el Sol de él a 2° de Libra está en cuadratura con la Luna de ella a 6° de Cáncer, y el Sol de ella a 1° de Leo está en cuadratura con la Luna de él a 4° de Tauro. Como ambas Lunas están en sextil, yo diría que las figuras femeninas internas de ambos se llevaban bien. El sextil entre las Lunas sugiere también que al principio el niño interior de cada uno debió de haberse sentido atraído por el del otro, como si al estar juntos se dieran mutuamente una sensación de seguridad o como si se sintieran bien jugando juntos. El hecho de que también ambos Soles estén en sextil me hace pensar que la relación entre sus respectivas figuras masculinas internas era armoniosa. Sin embargo, los verdaderos problemas aparecen cuando analizamos la cuadratura entre el Sol de Scott y la Luna de Zelda, y la cuadratura entre el Sol de ella y la Luna de él: las cuadraturas recíprocas entre estos planetas significan que el lado masculino de él (su Sol) y el lado femenino de ella (su Luna) no se llevaban bien entre sí, y que el lado masculino de ella (su Sol) no se entendía con el lado femenino de él (su Luna). De modo que las figuras femeninas interiores de ambos se llevaban bien, sus niños interiores jugaban bien juntos, y sus figuras masculinas interiores podían relacionarse entre sí, pero el lado masculino de él tenía problemas con el lado femenino de ella, y el lado masculino de ella los tenía con el lado femenino de él.

Por el momento debemos dejarlo aquí, pero tengo la esperanza de que todo lo que hemos dicho hoy os haya proporcionado una cierta comprensión intuitiva de cómo abordar el arte de la sinastría. Y como creo que podremos seguir profundizando el tema en el debate, espero poder responder entonces a vuestras preguntas.

Debate y conclusiones

Tal como os prometí, dedicaremos esta sesión a las preguntas que queráis hacerme y a un debate. Quizá deseéis preguntarme cosas sobre la sinastría de este estilo: «¿Qué pasa si el Marte de una persona está en oposición con el Neptuno de otra?». Sería útil que especificarais por qué tipo de relación estáis preguntando. No me gusta poner rótulos a las relaciones, pero saber si estáis hablando de las cartas de una madre y su hijo, de un marido y su mujer, de dos amantes o de dos amigos, me permitirá responder mejor a la pregunta.

Oyente: ¿Qué pasa si Venus en una carta está en conjunción con Plutón en la otra, y las dos personas son amantes?

Richard: Venus estimulará a Plutón, lo cual significa que la clase de amor que puede ofrecer la persona A (la definida por Venus) removerá en la persona B (la definida por Plutón) miedos profundos, material reprimido o asuntos que tienen que ver con el poder y la sexualidad. La persona B podría asustar y alejar a la persona A, o hacerle pasar por una serie de situaciones difíciles que, finalmente, la transformaran de alguna manera, quizá llevándola a una comprensión más profunda de sí misma y de la relación en general. Por supuesto, en esa relación habría algo de tipo obsesivo, compulsivo o apasionado. Como Venus y Plutón son complementos arquetípicos al ser regentes de Tauro y Escorpio, respectivamente, entre estos dos planetas ya se da una atracción dinámica o danza, de modo que es probable que las personas que los tengan en conjunción por sinastría sientan en muchos sentidos una atracción recíproca irresistible.

Si Plutón es el seductor o el violador (y no me refiero sólo al nivel físico), entonces Venus sería la persona seducida o violada. Pero es sumamente probable que Venus quiera que la violen o la seduzcan. Si alguna vez habéis presenciado el apareamiento entre animales, habréis visto una danza maravillosa entre Venus y Plutón. Cuando el macho la aborda, la hembra reacciona por lo general apartándose, pero enseguida se da la vuelta para mirarlo por encima del hombro. Después puede ser que empiece a revolcarse sobre el lomo, y el macho, que tal vez al principio no estaba tan interesado en ella, empieza a preguntarse qué es lo que pasa. Se acerca a la hembra para olerla, y ella lo mira como diciéndole: «Déjame en paz». Entonces él piensa: «A ver, un momento; aquí los mensajes no son nada claros». Después ella vuelve a alejarse unos cuantos pasos y se da la vuelta para mirarlo otra vez, y él empieza de nuevo a perseguirla. Lo que está pasando ahí es algo del tipo Venus-Marte, pero también huele fuertemente a Plutón, porque el macho (que en este caso es Plutón) termina por forzar a Venus a consumar el acto sexual. Sin embargo, yo alegaría que durante todo el tiempo la hembra (Venus en este caso) realmente quería que la sedujeran, pero necesitaba alguien más exaltado para hacer que sucediera. O sea que en este sentido, Venus es la provocadora, la que provoca y seduce a Plutón para que él la seduzca. La aparente inocencia de Venus es una manera de excitar a Plutón para que éste actúe, como pasaba en la historia de Core y Hades. Por regla general, Plutón quiere atraernos para hacernos salir de nuestro territorio; esa es su táctica. Un aspecto Venus-Plutón entre dos cartas puede ser un contacto muy difícil y engañoso, en especial si se da entre un padre o una madre y su hijo, porque entonces impregna invariablemente la relación de un tinte erótico.

Oyente: ¿Qué pasa si la sinastría entre dos personas muestra unos cuantos quincuncios?

Richard: En ese caso puede haber entre las dos personas un continuo sentimiento de estar tratando de alcanzarse y comunicarse, pero sin que ninguna de las dos esté muy segura de cómo conseguirlo. Entonces, cuando una está hablando de rinocerontes, la otra habla de piñas. Y sin embargo, en el malentendido puede haber algo atractivo y compulsivo que confiere a la relación, y a cada una de las personas implicadas, un aire de fascinación y de misterio. Es como si estuvieran constantemente tratando de entenderse la una a la otra. Piensan que ya han sido bastante claras, o que han entendido lo que la otra persona decía, pero entonces sucede algo que las sume en la duda y la confusión. Tienen una conversación que les parece que aclara un poco las cosas, pero al cabo de unos minutos ya no sienten en absoluto que se hayan comunicado. En muchos casos, los quincuncios entre dos cartas pueden ser aspectos muy eróticos o sexuales, porque a menudo a estas personas la gente misteriosa les resulta atractiva, pero también las hace sentirse continuamente frustradas e insatisfechas, como si estuvieran tratando de meter un taco cuadrado en un agujero redondo.

Oyente: ¿Qué pasa si mi Luna está en quincuncio con tu Mercurio y, al mismo tiempo, tu Luna está en quincuncio con mi Mercurio, de manera que el contacto se produce en ambas direcciones?

Richard: Con frecuencia los quincuncios provocan crisis, y se puede extraer de ellos una enorme cantidad de soluciones creativas. El quincuncio es una paradoja, como navegar hacia el oeste para llegar al este. ¿Comprendéis lo que quiero decir? Es como el concepto de inocularle a alguien el germen de una enfermedad para impedir que se contagie. Hacer algo así parece absurdo, y sin embargo, cuando uno deja de pensar en el asunto, de hecho la cosa adquiere sentido. Entonces, la Luna en quincuncio con Mercurio podría significar dificultad en la comunicación recíproca de los sentimientos. Quizá pienses que la otra persona entiende lo que estás tratando de explicarle, pero en realidad ella está entendiendo algo completamente diferente de lo que quieres decir. Por esta razón, los quincuncios Luna-Mercurio dificultan la comunicación, y sin embargo este tipo de problema puede llevarte a encontrar maneras bastante ingeniosas de conseguir que la otra persona comprenda cómo te sientes.

Oyente: ¿Qué pasa con un contacto Luna-Plutón entre dos cartas?

Richard: La Luna brinda nutrición emocional, y se puede sentir violada por Plutón cuando está en aspecto con él por sinastría. El lado erótico de Plutón puede parecerle amenazador o invasor a la madre interior o al niño interior de la persona que tiene a la Luna en contacto con él. Los aspectos por sinastría entre la Luna y Plutón son especialmente difíciles en las cartas de un padre o una madre y su hijo, porque hay algo potencialmente incestuoso cuando estos dos planetas se unen. Es como si la nutrición emocional quedara contaminada por lo erótico, por el sexo y el poder, por el deseo de seducir y de vencer. Creo que la gente que nace con un aspecto natal entre la Luna y Plutón carga con alguna clase de cinta grabada o de mito en relación con la nutrición emocional. Si el Plutón de tu madre o de tu padre contacta por sinastría con tu Luna, puede ser que sientas que te llegan mensajes incestuosos o eróticos de ellos, o que los veas como personas cuyo objetivo es el poder. En otras palabras, no hay solamente leche en tu biberón, sino también algo plutoniano. El problema se intensifica si tu padre, por ejemplo, no satisface las necesidades eróticas de tu madre, quien por lo tanto se vuelve hacia ti (el hijo) en busca de esa clase de satisfacción. O puede ser tu padre quien lo haga si tu madre no satisface sus necesidades eróticas. A los niños, estas cosas les causan una gran confusión, por el tabú del incesto, e incluso las relaciones adultas pueden complicarse debido a este problema, si la persona se siente incómoda ante la idea de un contacto sexual con alguien muy allegado.

Oyente: ¿Y qué pasa si Venus en Acuario en la carta de una mujer está en un semisextil exacto con Venus en Piscis en la carta de un hombre? Esas dos personas son amantes.

Richard: Para mí, el semisextil es un aspecto muy curioso, y francamente no estoy demasiado seguro de cómo interpretarlo. En realidad es muy similar al quincuncio, porque vincula signos de dos elementos, modalidades y polaridades diferentes. Con el semisextil entre Acuario y Piscis tenemos conectados un signo yang y uno yin, un signo fijo y uno mutable, un signo de aire y uno de agua. Aunque estén, digámoslo así, viviendo uno al lado del otro, son muy diferentes. Como signo de aire, Acuario podría tener miedo de deslizarse en el desorden y el caos de Piscis. Venus en Acuario quizá diría: «Todavía no estoy en Piscis, pero ya tengo la sensación de ir en esa dirección, o sea que me siento tironeada hacia allá aunque sea un sitio muy diferente de donde estoy ahora». Por su parte, Venus en Piscis se vuelve hacia atrás, diciendo: «Ya no estoy en Acuario, y no quiero volver a ese desapego ni a esa amplia visión de conjunto».

Vistos bajo esta luz, cada uno de los planetas en semisextil refleja a menudo las características inconscientes del otro. El hombre que tiene a Venus en Piscis quizás ande en busca de una figura idealizada, de una Virgen perfecta, y le gustaría proyectar esta imagen sobre su amante. Pero ella tiene a Venus en Acuario, y eso la hace más fría, desapegada y distante de lo que le gustaría a su pareja, de manera que lo más probable es que él termine insatisfecho. Pero esta insatisfacción podría ser buena si le hace tomar conciencia de que lo que está buscando es una proyección excesivamente idealizada que nadie puede encarnar en la realidad mundana y cotidiana. A la mujer con Venus en Acuario tal vez le pase algo similar. Está con un hombre de tipo neptuniano, con Venus en Piscis, pero lo que ella busca en realidad es un hombre de tipo uraniano o acuariano. Los dos están buscando alguna especie de magia en su relación, pero la que él quiere es una magia de fusión, mientras que ella desea una magia más uraniana, capaz de tomar distancia y de observar.

Oyente: Mi hijo es Acuario, y tiene al Sol en conjunción con la Venus y el Ascendente de su padre. ¿Qué te dice a ti esto?

Richard: Eso significa que la identidad personal que va desarrollando tu hijo (su Sol) sintoniza con la *persona* de su padre (Venus en ascenso en Acuario). Si el padre está incómodo con su propia máscara o *persona*, entonces no le gustará nada ver que su hijo expresa estas características. Pero si el padre se siente bien con su *persona* venusiana y acuariana, también se sentirá estrechamente identificado con su hijo Acuario. Esto podría estar muy bien, pero también podría crear dificultades cuando al hijo le llegue el momento de separarse de su padre y ser alguien por sí mismo.

Oyente: ¿Qué pasa si la Venus de una mujer está en aspecto con el Marte de un hombre?

Richard: Todo el mundo habla con gran entusiasmo de los contactos Marte-Venus en sinastría como indicativos de un gran entendimiento sexual, pero yo creo que se exagera mucho al respecto. Por lo que he podido comprobar, es probable que la agresividad y la falta de tacto de Marte molesten mucho a Venus, que entonces se resistirá a sus requerimientos amorosos. Y si Venus se retrae, probablemente eso induzca a Marte a ser aún más molesto. Lo más seguro es que le eche a ella la culpa de sus problemas, por ser demasiado orgullosa y coqueta, y ella lo culpará a él por empeñarse en avanzar como un tanque. Venus y Marte pueden estar demasiado polarizados, especialmente si se encuentran en cuadratura o en oposición. Venus en conjunción con Marte es mejor como aspecto en sinastría, ya que por lo menos están en el mismo signo y, por consiguiente, funcionando con la misma energía. Yo llegaría incluso a decir que los contactos Venus-Plutón (de los que ya hemos hablado) son más prometedores en cuanto a tener una buena relación sexual que los aspectos entre Venus y Marte.

Oyente: ¿Cómo es que los gemelos suelen ser tan diferentes cuando sus cartas son casi exactamente iguales?

Richard: La razón de esto es que, para diferenciarse entre sí, pueden vivir partes muy diferentes de su carta. Uno de ellos quizá tome partido por el padre y asuma sus rasgos, mientras que el otro puede ponerse del lado de la madre y hacerse cargo de sus características. Para ello, cada uno favorece aquellos aspectos de su carta que cuadran con lo que ha asumido. Si tienen el mismo Ascendente, es frecuente que uno de ellos viva de forma extrema ciertos rasgos del signo, mientras que el otro, para diferenciarse y definirse a sí mismo, asumirá de hecho las características opuestas a aquellas con las que se ha identificado su hermano y, por consiguiente, expresará de forma más abierta los rasgos del signo del Descendente. No hace mucho trabajé con unos trillizos, dos mujeres y un hombre. Descubrimos que el contrato tácito estipulado entre ellos decía que el varón debía expresar todos los planetas y signos del *animus* de su carta, y a las mujeres les tocaba repartirse los planetas y signos femeninos –o yin– de su horóscopo. Las tres cartas eran casi exactamente iguales, pero cada uno de los trillizos expresaba diferentes partes de su carta.

Oyente: ¿Puedes decirnos algo sobre las personas nacidas con Urano en el Ascendente?

Richard: Sí, pero brevemente. Cualquier planeta transpersonal que forme algún aspecto con el Ascendente, en particular una conjunción, cuadratura u oposición, indica que, por mediación de tu máscara o *persona,* estás congregando o expresando algo que proviene del inconsciente colectivo. Esto te convierte generalmente en una persona carismática o fuera de lo común, pero puede crearte problemas para sentirte cómodo contigo mismo. Es probable que la gente te use a modo de pantalla, para proyectar sobre ti algo mágico o desmesurado, lo cual puede hacer que te sientas especial o diferente de la masa, y sin embargo, interiormente no estás en paz. Los padres de un hijo nacido con algún aspecto próximo a la exactitud entre Urano, Neptuno o Plutón y el Ascendente suelen tener problemas para entender a ese niño. La mayoría de los padres quieren que sus hijos sean normales y capaces de adaptarse fácilmente a la vida, pero un niño con Urano en el Ascendente será cualquier cosa menos normal. Es necesario que los padres aprendan a amar a esta clase de niños en la medida suficiente para dejarlos en libertad de ser quienes son por naturaleza.

Oyente: ¿Tú utilizas los asteroides?

Richard: No, porque prefiero trabajar con una carta que no esté atestada. No quiero decir que no asigne ninguna importancia a los asteroides, pero si hay demasiados factores en la carta, me cuesta más ver cuál es la imagen global o la *gestalt* que me está mostrando. La misma sensación tengo al usar el punto Este, el vértice, Vulcano, Lilith o cualquiera de los hipotéticos planetas transplutonianos. Así se puede llegar a añadir tal cantidad de información que uno termina por ver en la carta cualquier cosa que se le ocurra. Lo único que yo necesito es la sustancia de la carta, que me proporciona todo lo que necesito saber.

Oyente: ¿Qué sistema de casas sueles usar?

Richard: La cuestión de los sistemas de casas es uno de esos temas en los que los astrólogos suelen ponerse muy dogmáticos. Yo no entiendo a qué viene tanto escándalo, porque cada sistema de casas está basado en su propia lógica particular y es congruente con su propio sistema lógico. Yo prefiero el de Plácido y en ocasiones el de Koch, y también he experimentado con el de Campanus. El único sistema que realmente no me interesa es el de casas iguales. No quiero decir que sea erróneo, sino que simplemente no lo encuentro demasiado interesante. Lo que podríais hacer es levantar la misma carta con un par de sistemas de casas diferentes y ver qué os parece. Pero yo no creo que haya ninguna respuesta categórica a la cuestión de qué sistema de casas es mejor o peor. Se trata de una opción personal.

Oyente: Yo no he entendido la distinción que has hecho entre los planetas y el Ascendente.

Richard: Para mí, el Ascendente es un «punto de salida», una especie de

puerta que da al mundo, que permite entrar en él y salir de él. Los planetas, en cambio, son entidades o seres; son dioses y representan fuerzas
psicodinámicas vivientes y activas. Aunque el Ascendente es muy importante psicológicamente, no es una fuerza psicodinámica, sino más
bien un punto en el espacio, lo cual es muy diferente de ser una energía.
Los planetas son energías. Si tienes un aspecto entre Marte y Júpiter, por
ejemplo, Marte está enviando su energía a Júpiter, que a su vez está enviando su propio tipo de energía a Marte. Los aspectos entre planetas indican un intercambio de energías, de las diferentes naturalezas de los
planetas implicados. El Ascendente, por el contrario, es un punto neutral. Es como una puerta que se abre y se cierra, y aunque tenga sus propias características arquetípicas, no creo que sea un tipo de energía de la
misma manera que lo es un planeta.

Oyente: ¿Puedes decirnos algo sobre Venus en aspecto con los planetas
exteriores en una carta natal?

Richard: En conexión con los planetas exteriores, Venus muestra una
tendencia a ir en busca de lo mágico y lo divino por mediación del amor
y las relaciones, y en este sentido, un aspecto de Venus con un planeta
exterior es un intento de mezclar o de fundir lo transpersonal con lo personal. Estos aspectos intensifican la toma de conciencia y la sensibilidad, y funcionan mejor cuando se los canaliza hacia algo creativo. Los
aspectos de Venus con Urano, Neptuno o Plutón son los que más perturbaciones y dolor causan a las personas que insisten en buscar una experiencia transpersonal por mediación del amor personal, porque el otro no
es una «transpersona», por decirlo con un neologismo. Un ser humano
no puede personificar lo colectivo. Claro que puedes ser una de esas ra-
rísimas personas como Elizabeth Barrett Browning, que esperó pacien-
temente la llegada de un poeta mágico sobre quien ella pudiera proyectar lo transpersonal, y a partir de entonces vivió feliz con esa proyección.
No seré yo quien diga si hizo bien o hizo mal, pero lo que sí digo es que
muchas personas se pasan la vida esperando que algo numinoso se intro-
duzca en una relación personal, algo que sea capaz de conducirlas a la
vivencia de lo colectivo. Y es obvio que les tocará sufrir mucho dolor,
desilusión y frustración si no renuncian a esa expectativa y aceptan el
hecho de que no existe una única persona que pueda serlo todo para otra.

* * *

Estamos llegando al final de la conferencia, y quisiera aprovechar el tiempo que nos queda para ver de qué manera os ha afectado lo que habéis aprendido esta semana. ¿Con qué sensaciones os ha dejado este seminario? Yo siento como si hubiéramos abierto una lata de lombrices y ahora los bichitos estuvieran retorciéndose al aire libre, y la cuestión es: ¿qué hacemos con todo esto? Ahora que ya sabemos más de los guiones, mitos y contratos con que andamos por el mundo proyectándolos en nuestras relaciones, ¿cómo ponemos orden en todo eso? ¿Hay alguna clave o solución que nos sane y nos convierta en seres más completos?

A estas alturas, ya debería estar claro que no hay respuestas categóricas, sino solamente preguntas. Podemos seguir esperando al mago que nos proporcione las respuestas correctas y las soluciones, pero como ya os dije en la conferencia inicial, el Mago de Oz no es lo que nos quiere hacer creer. No está por ahí esperándonos, y si cualquiera de vosotros cree haberlo encontrado, tarde o temprano él le demostrará que es un farsante y un charlatán. Sé que esta semana se han agitado muchas cosas en vuestro interior. Todos tenemos relaciones, y todos tenemos problemas en nuestras relaciones. He estado hablando de los tipos de problemas con que se encuentra la gente en sus relaciones, pero eso no significa que yo tenga resueltos los míos en este dominio. También sigo aún luchando con todo esto.

Una cosa que os sugiero es que vayáis con cuidado con lo que os ha sucedido esta semana. Necesitáis tiempo para procesar y elaborar los sentimientos que os ha removido el seminario. Es como si hubiéramos dejado caer una piedra en un estanque de agua, y las ondas no se hubieran producido todavía. Creo que es sumamente importante que seáis muy delicados con vosotros mismos durante el próximo par de semanas, y que antes de empezar a hacer nada demasiado drástico con vuestra vida dejéis, por algún tiempo, que el proceso que hemos iniciado aquí se desarrolle. Quizás os resulte difícil esperar sentados a ver qué pasa con lo que habéis aprendido, o con lo que estáis sintiendo como resultado de lo que os haya removido el seminario. Tened especial cuidado, en las próximas semanas, de no golpearos la cabeza con el martillo de Saturno, que con su estilo sin contemplaciones puede empezar a acorralaros diciéndoos cosas como ésta: «Qué idiota que eres. ¿Cómo no habías visto todo esto antes? ¿Por qué no te has dado cuenta hasta ahora de lo que has hecho con tu vida? ¿Cómo te ha llevado tanto tiempo descubrir y dar nombre a los mitos que han configurado tu vida? Más vale que empieces a enderezarte ya y te pongas a hacer todo lo que puedas para cambiar tu vida y tus pautas de conducta». No os castiguéis ni os juzguéis con demasiada severidad. No seáis muy duros con vosotros mismos, porque no os servirá de nada, e incluso puede dañaros. En cambio, sería un buen momento para que invocarais a vuestra madre interior, dulce y afectuosa, una buena ocasión de demostraros que ella está siempre ahí, dispuesta a ayudaros de la mejor manera cuando la necesitéis. Mi lema es: «Cada cosa en su momento». Esta semana habéis aprendido cosas que constituyen un reto para vuestro trasfondo básico y vuestro sistema de creencias, pero antes de decidiros a hacer nada, dejad que todo eso se asiente. Ahora es más importante que nunca que seáis bondadosos y pacientes con vosotros mismos.

Tal vez alguien esté pensando que ya sabe qué es lo que necesita para cambiar y mejorar, pero no entiende por qué todavía no ha emprendido la acción necesaria para que ese cambio se produzca. Quizás os estéis preguntando cuándo vais a cambiar de una vez. Ya os mencioné la cita de Hamlet que tengo en la pared de mi estudio, y que dice que la disposición lo es todo. Plutón es el planeta que más tiene que ver con la transformación, y sabe que debemos reunir una masa crítica de energía antes de poder dar esos importantes primeros pasos que nos llevarán más allá de nuestro trasfondo básico. Salir de nuestros propios límites es un acto de heroísmo y de coraje, y para dar este paso hemos de ser muy delicados y pacientes con nosotros mismos. En este momento me ronda la imagen de un estanque de aguas tranquilas; tal vez estéis mirando sus profundidades y os estéis preguntando cuántas piedras y guijarros tenéis que echar dentro de él para que suceda algo importante y el estanque empiece a desbordarse. Yo no puedo deciros cuánto tiempo os llevará cambiar ni cuánta energía tendréis que reunir para hacerlo. Pero puedo instaros a confiar en el cambio, porque el cambio *existe,* y vendrá, ya se está acercando a vosotros. También os animo a que busquéis un aliado, un buen amigo o un terapeuta que pueda ser vuestro colaborador y vuestro guía, alguien que esté dispuesto a apoyaros en vuestros esfuerzos por dar el primer paso que os haga ir más allá de vuestro trasfondo básico. Recordad esa variedad de liebre americana que recorre en círculos el perímetro de su territorio, volviendo continuamente sobre sus pasos. Supongo que no queréis ser durante toda la vida como esa liebre que da vueltas y más vueltas por el mismo sitio, siempre en busca de más respuestas antes de iniciar un cambio importante en vosotros mismos, siempre preguntándoos «por qué». Después de cierto punto, ya no es «por qué» lo que tenéis que preguntar, e insistir en ello no os proporcionará las respuestas.

Finalmente, todo se reduce al hecho de que hay una línea que tenéis que atravesar. Ahí es donde empieza la lucha con el dragón. Entonces es cuando hace falta que salga a escena, a primer plano, vuestra parte valiente, esa que no teme enfrentarse con la muerte, porque renunciar a las viejas pautas y dar un paso que nos adentre en territorio nuevo es algo que se siente como un enfrentamiento con la muerte. Afrontar un cambio importante es tan aterrador como morir. Y tal como decía Jung, no cambiamos mientras no hemos sufrido lo suficiente. No cambiamos mientras no estamos realmente motivados para hacerlo. Nos enfrentaremos con una gran resistencia al cambio que proviene de nuestro propio interior, y esa es nuestra parte de Tauro, es Gea, que nos tironea hacia atrás e insiste en que no debemos morder la manzana. Y sin embargo, Gea está en conflicto con otra parte nuestra que nos insta a morderla, a cambiar y a crecer. La tensión entre el deseo de mantenerlo todo tal como está y el de desbaratar lo que existe para dar entrada a algo nuevo es un conflicto interior que tiene lugar siempre dentro de nosotros. Por eso necesitamos contar con un amigo o un aliado, con alguien que nos diga: «Yo no puedo dar ese paso en tu nombre, pero estaré a tu lado cuando hayas llegado al punto en que ya te encuentres fuera del círculo mágico que te circunda». Y además de un amigo o un aliado, también os hará falta paciencia, porque esto lleva tiempo.

No puedo sacarme de la cabeza la obra de teatro *La muerte de un viajante,*[1] de Arthur Miller. Hay un momento en que Willy Loman, este moderno héroe trágico, grita que se debe prestar atención. También nosotros necesitamos prestar atención, no sólo a lo que hacemos en nuestras relaciones, sino también a lo que sucede en nuestro interior. Y al decir esto no me refiero a estar perpetuamente examinándonos frente a un espejo. Prestarnos atención a nosotros mismos significa prestar atención a nuestra voz interior. Significa guardar el silencio necesario para oír nuestra voz interior. De hecho, la astrología puede ser peligrosa si empezamos por pensar que una carta es algo que nos dará todas las respuestas y nos resolverá todos los problemas. Eso no pueden hacerlo las cartas astrales. Y, como ya os he dicho, no os deis prisa en correr en busca de vuestras efemérides cuando iniciáis una relación. Durante un tiempo, dejad que esta sea lo que tenga que ser, antes de imponerle el es-

1. Arthur Miller, *Death of a Salesman,* Penguin, N. York, 1976.

pecial lenguaje de la astrología. Dadle tiempo para que sea lo que es antes de empezar a analizarla astrológicamente.

Jung dijo una vez que el proceso de individuación consta de tres partes o fases: la comprensión intuitiva, el aguante y la acción. La psicología sólo es necesaria durante la primera fase. En la segunda y la tercera, el papel predominante corresponde a la fortaleza moral. Y creo que esto es lo fundamental. El cambio proviene de la fortaleza moral, que yo definiría también como el coraje de emprender la acción. Sólo Cronos, el Tiempo, sabe cuándo estamos preparados para hacerlo. Cuando esté madura, la manzana se desprenderá por sí sola del árbol.

Sobre el Centro
de Astrología Psicológica

El Centro de Astrología Psicológica de Londres ofrece seminarios públicos y un programa especial de formación profesional, diseñados para fomentar el enriquecimiento mutuo de la astrología y la psicología profunda, la humanista y la transpersonal. El programa incluye dos aspectos. Uno es una serie de clases que abarcan desde cursos de astrología para principiantes hasta seminarios avanzados de interpretación psicológica del horóscopo. Los seminarios incluidos en este volumen son representativos de este último aspecto, aunque el mismo seminario nunca se repite textualmente, porque el contenido cambia de acuerdo con las características del grupo participante y en función de las nuevas investigaciones que constantemente tienen lugar en el campo de la astrología psicológica. Todos estos seminarios y clases, tanto para principiantes como para estudiantes avanzados, están abiertos al público. El segundo aspecto del programa es una formación profesional en profundidad, estructurada y de tres años de duración, que se certifica con un Diploma en Astrología Psicológica tras haberla completado con éxito. Los principales objetivos de los tres años de formación profesional son los siguientes:

- Proporcionar a los estudiantes una base de conocimientos amplia y sólida no sólo en el ámbito del simbolismo y las técnicas de la astrología tradicional, sino también en el campo de la psicología, de modo que puedan entender e interpretar la carta astral a la luz del pensamiento psicológico moderno.

- Poner al alcance de los estudiantes psicológicamente capacitados la posibilidad de supervisar casos, y formarlos en técnicas de asesoramiento psicológico que puedan elevar el nivel y la eficacia de la consulta astrológica.

- Estimular la investigación de los vínculos entre la astrología, los modelos psicológicos y las técnicas terapéuticas, para contribuir así al enriquecimiento del caudal ya existente de conocimientos astrológicos y psicológicos.

El programa de formación profesional en profundidad no se puede hacer por correspondencia, ya que el trabajo de supervisión de los casos forma parte integral de los estudios. Para completarlo se precisan normalmente tres años, aunque si es necesario el alumno puede prolongar este período. La formación incluye aproximadamente cincuenta seminarios (que pueden abarcar un día entero o distribuirse en breves clases semanales vespertinas) y cincuenta horas de trabajo en grupo para la supervisión de casos. Las clases y los seminarios se distribuyen básicamente en dos categorías: el simbolismo y la técnica de la astrología (historia de la astrología, comprensión psicológica de los signos, planetas, casas, aspectos, tránsitos, progresiones, sinastría, etcétera) y la teoría psicológica (historia de la psicología, mapas psicológicos, psicopatología, simbolismo mitológico y arquetípico, etcétera). Los grupos de supervisión de casos se reúnen los días laborables por la tarde, y cada uno está formado por doce personas como máximo. Todos los supervisores tienen formación psicoterapéutica y astrológica. Cada estudiante dispone de la oportunidad de presentar una carta con la que esté trabajando para que sea estudiada en grupo. Al final del tercer año se exige la presentación de un trabajo escrito de quince a veinte mil palabras, de tema libre –material de casos, investigación, etcétera–, siempre dentro del dominio de la astrología psicológica. Cuando la calidad de estos trabajos aconseje su publicación, el Centro se encargará de facilitar su difusión en el campo astrológico.

El hecho de haber completado los seminarios y satisfecho las exigencias de supervisión da derecho a un certificado que lo acredite. La aceptación de la tesis confiere a su autor el derecho al Diploma en Astrología Psicológica expedido por el Centro y al uso del título D. Psych. Astrol., que reconoce su capacidad para aplicar los principios y las técnicas que ha aprendido a sus actividades profesionales, ya sea como consultor astrológico o como especialización adicional a otras formas de asesoramiento psicológico. Las perspectivas de la carrera son buenas, dado que hay una creciente demanda de los servicios de astrólogos profesionalmente capacitados y de terapeutas de orientación astrológica. Para completar su formación profesional, el Centro exige que todos los estudiantes se sometan, durante un mínimo de un año, a una forma reconocida de psicoterapia con un psicólogo o psicoanalista de su propia elección. Esta exigencia se fundamenta en la convicción de que ningún profesional responsable, de la orientación psicoterapéutica que fuere, puede tratar con sensibilidad y prudencia la psique de otra persona si no ha tenido antes la experiencia personal de someterse a una psicoterapia.

Los seminarios que incluye este libro son sólo seis de los cincuenta o más ofrecidos por el Centro. Los volúmenes anteriores de la serie de Seminarios de Astrología Psicológica son:

volumen I: *El desarrollo de la personalidad;*
volumen II: *La dinámica del inconsciente;*
volumen III: *Los luminares;* y
volumen IV: *Los planetas interiores.**

Como ya se ha dicho, estos seminarios no se repiten nunca exactamente de la misma manera, ya que las contribuciones y el material de los casos varían de uno a otro grupo, además de que tanto los directores de los seminarios como otras personas que trabajan en este mismo campo están constantemente haciendo aportaciones nuevas.

Si el lector desea obtener más información sobre los seminarios públicos o la formación profesional en profundidad que ofrece el Centro, le rogamos que se dirija a:

The Centre for Psychological Astrology
P.O. Box 890
Londres, NW5, 2NE
Gran Bretaña

Su solicitud de información debe incluir, si no proviene de Gran Bretaña, un cupón postal internacional para los gastos de envío.

---

* Todos publicados en castellano por Ediciones Urano. *(N. del E.)*

Últimos títulos publicados

Karen Hamaker-Zondag
LA CASA DOCE

Ediciones URANO incorpora a su colección *Nuevas Tendencias* un nuevo texto de astrología escrito desde la perspectiva de la psicología junguiana. Considerada durante mucho tiempo como la casa del infortunio, la enfermedad y la enemistad secreta, hoy la nueva astrología la restituye a un lugar donde la casa doce adquiere fama de ser una de las casas más ricas en significados de la carta astral.

Pensada como una casa portadora de una gran potencia negativa, Karen Hamaker-Zondag asegura que su influencia es mucho más benéfica que lo que piensa la mayoría de astrólogos. En realidad, lo que actúa negativamente en la casa doce es la falta de entendimiento del modo en que esta casa actúa en la carta astral. Relacionada con las fantasías de cada persona, las facultades de comunicación telepática y la capacidad de simbolización, esta casa puede restituirnos un sentido profundo de unidad en la vida.

El efecto que los planetas tienen en esta casa, la manera en que la casa pone de manifiesto nuestras herencias parentales y ancestrales, la acción del destino y de los procesos inconscientes, están aquí desarrollados de un modo claro y atractivo.

Liz Greene y Howard Sasportas
LOS PLANETAS INTERIORES

He aquí una de las últimas colaboraciones entre estos dos grandes astrólogos de la psicología humanista, ambos fundadores del hoy internacionalmente famoso *Centro de Psicología Astrológica* de Londres. Y aquí también un nuevo título de la Colección *Nuevas Tendencias* que será de mucho interés para los lectores dedicados a la astrología.

El tema central del libro es una investigación de Mercurio, Venus y Marte, planetas que se encuentran en el origen de la constitución del ego, del yo de cada persona. Son los planetas que están relacionados con nuestros deseos, necesidades y sentimientos más íntimos y que, por su intensidad, muchas veces están considerados como aspectos de la personalidad que deben ser censurados y reprimidos.

Cómo entender estos deseos, necesidades y sentimientos profundos es uno de los objetivos de este libro. El otro es, basándonos en el reconocimiento de tales sentimientos, saber cuál es nuestra personalidad auténtica, reconociendo al mismo tiempo los arquetipos psicológicos que darán forma a las energías del resto de nuestro horóscopo.

Darrell T. Hare
RAMAR

La historia inolvidable de un conejo que tiene un alma bella y alas de arcoiris. En un país distante conocido como el Mundo de Enmedio, un joven conejo alado se prepara para efectuar su primer viaje a la Tierra transformado en ser humano. Mientras aprende sobre lo que encontrará en la Tierra, se le acercan otros espíritus que también tienen la forma de animales. Las recientes experiencias terrenales que ellos relatan informan a Ramar sobre el camino que habrá de recorrer.

Thomas Moore
REFLEXIONES

He aquí el tercer libro de Thomas Moore que Ediciones Urano presenta a la consideración del público. Despúes de *El cuidado del alma* y *Las relaciones del alma*, *Reflexiones* sobre la vida retirada toca un aspecto más biográfico del autor, ya que se refiere a la experiencia monástica de su juventud. Thomas Moore, terapeuta, escrito, estudioso de la mitología y de la música, es también un excelente comunicador de las impresiones más sutiles que la vida del seminario deja en el alma de los jóvenes.

Pero la contemplación, la meditación y la experimentación de las emociones profundas que la vida de monje conlleva, no se limita a un período de la vida ni a los individuos que allí se retiran. Thomas Moore nos dice que todos podemos participar de sentimientos más puros en la vida de cada día. Sólo tenemos que detenernos y dar a nuestra alma la posibilidad de experimentar su razón de ser.

James Jennings
EL PEQUEÑO GEORGE

En el departamento de cuidados intensivos de un centro de neonatología, dos recién nacidos, uno al costado del otro, luchan por sus vidas. Los padres de ambos niños, provenientes de medios diferentes, se unen en la necesidad de dar lo mejor de su amor a sus hijos. Pero ellos no saben que uno de ellos, el Pequeño George, tiene una misión muy especial que cumplir.

En medio de la actividad febril de un hospital se desarrolla la historia de un ángel, el Pequeño George, que captará ciertamente el afecto y la atención de todos cuantos se acerquen a él.

Louise L. Hay
LA TOTALIDAD DE LAS POSIBILIDADES

¿Cómo liberarnos de las limitaciones que nos hemos ido imponiendo a lo largo de nuestra vida? En dos casetes que prolongan sus enseñanzas, Louise L. Hay nos enseña a crear pensamientos positivos para mejorar la calidad de nuestra vida, para obtener la totalidad de las posibilidades que la vida nos ofrece. Para ello debemos partir de la consideración de que nuestras mentes no constituyen sino una pequeña parte de una Inteligencia Infinita que todo lo sabe.

Los juicios del tipo «No hay bastante», «No me merezco tal cosa», «No soy lo suficientemente fuerte o joven para hacer esto» o «No soy del sexo adecuado para llevar a cabo tal empresa», no constituyen sino autolimitaciones que terminan por arrojarnos a la inactividad y la frustración.

Con Louise podemos aprender a avanzar hacia el futuro, a alejarnos de nuestras ideas y creencias limitadoras y por tanto a controlar no sólo nuestras mentes sino también nuestras vidas.

Louise L. Hay
TUS PENSAMIENTOS CREAN TU VIDA

Un nuevo vídeo de Louise L. Hay, la ya famosa terapeuta y maestra metafísica. El amor que uno puede experimentar por uno mismo está en la base de un método que nos enseña a crear en nuestras vidas aquello que deseamos. Pero también su filosofía constituye una explicación sobre cómo nuestras ideas y creencias pueden producirnos el sentimiento de insatisfacción y la falta de armonía que pueden conducirnos hacia la enfermedad o los trastornos psicológicos.

¿Cómo convertir esas ideas y creencias causantes de enfermedad en actitudes creadoras de aspectos positivos en nuestra vida? He aquí la clave de la respuesta para esta pregunta. Louise Hay nos la revela asegurándonos que el comienzo del cambio significa aprender a amarnos cada día más, ya que, combinando el amor con nuestra disposición a amar, podemos crearnos la vida que de veras deseamos.

Robert U. Akeret
HISTORIAS DE UN TERAPEUTA VIAJERO

¿Sirven para algo las terapias psicológicas? ¿Cómo evoluciona cada paciente después de un terapia? Estas son las preguntas que se formuló el doctor Robert Akeret antes de emprender un viaje para visitar a algunos de los que habían sido sus pacientes. Con la curiosidad propia de alguien que había atendido y se había adentrado en los problemas de numerosas personas, Akeret nos presenta a sus pacientes y a sus historias particulares en un libro sorprendente: Naomi, una chica del Bronx que decidió convertirse en Isabella, una bailadora flamenca; Charles, un domador de circo que se enamoró de un oso polar; Seth, obsesionado con fantasías sadomasoquistas; Sasha, un escritor francés premiado, con una fuerte inclinación por la explotación de sus mujeres; Mary, la joven con inclinaciones asesinas.

Con el brillante enfoque que nos proporcionan algunas novelas de detectives, Akeret nos ofrece unas historias de psicoterapia con fascinantes detalles.

Dr. Walter Pierpaoli y Dr. William Regelson
EL MILAGRO DE LA MELATONINA

Los doctores Pierpaoli y Regelson son los científicos que efectuaron la investigación original sobre la melatonina publicada por la Academia Nacional de Ciencia y la Academia de Ciencias de Nueva York, ambas en Estados Unidos. *El milagro de la melatonina* constituye una explicación autorizada de ese descubrimiento revolucionario y lo que éste significa para nosotros y significará en el futuro. Además, se incluyen sencillas instrucciones para hacer que la melatonina tenga efectos benéficos para cada lector.

Los autores explican en forma clara, sencilla y convicente el funcionamiento de la melatonina, la manera de administrarla y qué podemos esperar al hacerlo. Mencionan también otras importantes investigaciones que en estos momentos se están realizando en todo el mundo y que sugieren que la melatonina es un agente del sueño (seguro y no adictivo) y que, además, puede prolongar la vitalidad sexual, atenuar los efectos del envejecimiento, reducir los efectos del *jet lag,* estimular el sistema inmunitario, aumentar nuestra resistencia al cáncer y otras enfermedades, bajar el nivel de colesterol en la sangre y aliviar el estrés.

Wong Kiew Kit
EL ARTE DEL CHI-KUNG

Cuentan los viajero que vuelven de China que a menudo han observado, en las primeras horas de la mañana, a numerosos grupos de personas que, en plazas y parques, practican tai-chi y otras variedades de chi-kung. Se los reconoce porque, en movimientos silenciosos, despliegan brazos y piernas en imitación, nos enteramos después, de algunos animales.

El chi-kung, nacido de la soledad de los monasterios chinos, es el arte de cultivar y desarrollar nuestra energía, para la salud, para la fuerza interior y para la claridad mental. Practicado regularmente, en sesiones diarias de unos pocos minutos, concede longevidad y energía para enfocar los trastornos físicos y mentales más difíciles. La vida sexual y laboral, tan sensibles al estrés de nuestra época, y el deporte, también encuentran en la práctica del chi-kung un medio de superar problemas y dificultades.

Mary Bond
TÉCNICAS DE ROLFING-MOVIMIENTO

Gran parte de las tensiones físicas y el estrés que experimentamos son el resultado de un cuerpo desequilibrado. Cuando nuestra estructura corporal habitual está caracterizada por la inclinación o el torcimiento, algo ha ocurrido para que el cuerpo haya adoptado esta disposición construida a partir de la tensión. Mary Bond nos demuestra cómo el tejido conectivo que constituye el soporte de nuestros órganos y mantiene nuestro cuerpo en una postura determinada, es muy flexible y se puede adaptar a nuevos y saludables modelos de posturas y movimientos.

La técnica de Rolfing-movimiento combina la manipulación física con el mensaje verbal para dirigir nuestra conciencia a las sensaciones interiores de tensión y equilibrio. He aquí un libro que nos ayudará a descubrir una nueva libertad de expresión en nuestro cuerpo que significará un aumento de nuestra salud y vitalidad.

Paul R. Scheele
PHOTOREADING
Sistema de lectura con toda la mente

¿PhotoReading sólo significa leer más rápido? Evidentemente no: con PhotoReading podemos «aprender» a leer procesando el texto escrito de una manera más veloz de la que habitualmente efectuamos con el sistema de lectura que hemos aprendido a utilizar desde que éramos escolares.

¿Podemos incrementar el número de 200 palabras por minuto que normalmente somos capaces de leer y entender? PhotoReading nos permitirá leer cerca de 1 página por segundo, es decir unas 25.000 palabras por minuto, lo que incrementa en 125 veces la velocidad normal de lectura.

Pero PhotoReading significa también la posibilidad de procesar la información que adquirimos mediante la utilización de técnicas basadas en la Programación Neurolingüística, el Procesamiento Preconsciente y el Aprendizaje Acelerado.

Dr. Lair Ribeiro
VIAJAR EN EL TIEMPO

Prepárese para una de las aventuras más fascinantes: el viaje a través del tiempo. He aquí un curso sorprendente del doctor Ribeiro en el que expone la manera de reconducir los acontecimientos de la vida de cada uno.

Uniendo pensamiento y acción y aplicando estos conocimientos a su mundo profesional, en la formación laboral y en las relaciones sociales, es posible asumir el control de cada situación, independientemente del tiempo en el que los hechos tienen lugar.

Todos tenemos la capacidad potencial de viajar en el tiempo y la posibilidad de dejar de quejarnos por nuestra vida presente porque se ha quedado prisionera en algún lugar de nuestro pasado. Recurriendo a la tecnología de la Programación Neurolingüística, hágase dueño de su tiempo, constructor de su pasado e inventor de su futuro, aprendiendo a transformar en realidades sus mejores sueños.

Robert Masters
NEUROCOMUNICACIÓN

Los lectores que disfrutan investigando la relación entre el cerebro y el cuerpo encontrarán en *Neurocomunicación* un motivo de alegría, pues el libro de Masters se dirige precisamente a esos niveles de cada uno que están situados más allá del área donde rige, se entiende y se pone en práctica ellenguaje de uso cotidiano. He aquí una nueva visión de las posibilidades que tiene cada persona ya que, asegura Robert Masters, son los propios pensamientos los que nos debilitan o fortalecen.

Es el pensamiento la fuente de toda creación, y su poder para influir en el plano físico ya es conocido desde hace muchos años por la hipnosis y una multitud de terapias.

He aquí, entonces, una manera sencilla y elegante de comunicarse con la mente, de obtener, de forma inmediata un conocimiento experimental de la vasta inteligencia que nos mueve.